Vorwort

Zwei Jahre vor Ausbruch des Zweiten Weltkrieges wurde ich geboren. Meine Erinnerungen reichen bis in das Jahr 1942 zurück. Die schwere Zeit des Krieges und der Nachkriegszeit habe ich bewusst erlebt.

Mit Gründung der Deutschen Demokratischen Republik ging es uns im Osten von Deutschland zunächst besser als in den ersten schweren Jahren der Nachkriegszeit. Viele Menschen glaubten an eine gerechtere Welt ohne soziale Unterschiede, an Gleichberechtigung.

Es zeigte sich aber bald, dass die „Diktatur des Proletariats" auch nicht das war, was sich die Mehrheit der Menschen im Osten erhoffte. Millionen Bürger kehrten der DDR den Rücken und suchten ihre Zukunft im Westen des Landes. Aufmerksam habe ich als Ostberliner seit 1953 die Entwicklung verfolgt.

Meinen beruflichen Weg habe ich wie meine Eltern in der Gastronomie gesucht.

Erst nach der politischen Wende 1989 konnte ich wie viele andere den Kontakt mit den ehemaligen Kollegen in Westberlin wieder aufnehmen. Wir konnten uns durch den Mauerbau 28 Jahre lang nicht sehen.

Am 1. Juni 1990, einen Monat vor der Währungsunion, eröffnete ich mein erstes eigenes Restaurant. Nach über 30 Jahren Wartezeit.

In der Gastronomie erlebte ich in den vielen Jahren unglaubliche Geschichten. Der Weg zum Ziel erfolgte über nicht geahnte politische Hürden, die mit dem System verwurzelt waren und nicht nur der Gastronomie im Wege standen.

Es gab nicht nur Schwierigkeiten und Probleme in der DDR, sondern auch schöne Zeiten und wertvolle Begegnungen mit den unterschiedlichsten Zeitzeugen, die unvergessen bleiben. Das Leben kann man nicht festhalten, aber die Erinnerungen.

Die DDR von Anfang an erlebt, begann ich 1953 als Page im übrig gebliebenen

HOTEL ADLON.

*„Mach so schnell du kannst, hier wegzukommen.
Du hast hier im Osten keine Zukunft!"*

Das sagte ein Stammgast des Hotel Adlon im Jahre 1955 zu mir als Kellnerlehrling.

Die Mauer stand noch nicht, ich bin trotzdem geblieben.

Zunächst habe ich als Kellner und später als Leiter in den unterschiedlichsten gastronomischen Betrieben meine Erfahrungen gesammelt.

Viele Köche und Kellner in der DDR waren gut ausgebildet. Es gab hübsche kleine Bars und große, gut eingerichtete Hotels und Restaurants.

Was ich durch den Mauerbau hinter den Kulissen der Restaurants erlebt habe, beschreibe ich aus meinen Erinnerungen und Aufzeichnungen.

Alle Schilderungen entsprechen der Wahrheit.
Keine Orte, keine Personen oder Handlungen sind erfunden.
Die DDR beschreibe ich so, wie ich sie erlebt habe.

Dramatische Kindheitserinnerungen

Die Eltern waren ehrbare Leute und der Sohn wurde Kellner. Dieser Sohn bin ich, an einem sonnigen Sonntag im Oktober des Jahres 1937 in Berlin im Bezirk Prenzlauer Berg geboren. Tatsächlich hatte mein Vater auch den Beruf eines Kellners erlernt. Er wurde 1887 geboren und war bei meiner Geburt bereits 50 Jahre alt. Nach seiner dreijährigen Ausbildungszeit im Hotel Kaiserhof zu Berlin arbeitete er in führenden Hotel-Restaurants in Österreich und in der Schweiz. Ab 1927 als Oberkellner (Chef de Rang) bei Lutter & Wegner in der Charlottenstraße 49 in Berlin, bis zur Zerstörung des Hauses durch den Krieg im Frühjahr 1944.
Meine Mutter arbeitete ebenfalls bei Lutter & Wegner und hatte eine leitende Stellung in der Verwaltung.
Lutter & Wegner bestand aus dem legendären Weinkeller und den im Hochparterre gelegenen Weinstuben.

In die Weinstuben gelangte man von der Straße in das Hochparterre. Rechts und links daneben ging es durch kleine Türen ziemlich steil die Treppen hinab in urige Weinkeller. Dieses Haus wurde durch viele Prominente berühmt.

Es verkehrten dort bekannte Schauspieler, Komponisten und Dirigenten. Nach den abendlichen Konzerten kamen viele Besucher aus den in der Nähe liegenden Konzert- und Opernhäusern. Es waren auch Studenten und einige, die berühmt werden wollten oder es auch wurden. Es war die Stammkneipe von E.T.A. Hoffmann. Hier dichtete, schrieb und zechte er reichlich. Nach seinem Tode wurde ein Kellerraum „Hoffmanns-Keller" getauft.

Führende Hotels und renommierte Restaurationsbetriebe wie zum Beispiel L. & W. wurden beauftragt, Premierenfeiern in den Theatern oder auch Opernbälle in der Staatsoper Unter den Linden in Berlin zu arrangieren. Catering-Firmen waren noch unbekannt. Lutter & Wegner bekam den Auftrag mitzuhelfen, im Hotel Kaiserhof am 10. April 1935 die Hochzeit von General Hermann Göring auszurichten.
Göring war Ministerpräsident und Reichsminister der Luftfahrt, Stellvertreter von Hitler. Niemand ahnte zu der Zeit von einem Weltkrieg mit einem solchen katastrophalen Ausmaß.

Mein Vater arbeitete als Kellner auf dieser Hochzeit und hatte die Menükarte aufgehoben.

Hochzeit Göring im Kaiserhof
10. April 1935

Helgoländer Hummer überbacken
Mathaus Müller rot
Schildkrötensuppe
Alter Sherry
Steinbutte mit frischen Spargelspitzen
Serringer Vogelsang Auslese
Gänseleberparfait in Portweingelee
Rüdesheimer Hinterh. Spätlese
Mastpoularde gebraten / Salat Waldorf
Assmannshäuser Höllenberg / Steinberger Auslese
Halbgefrorenes "Bremer Art"
Graf Kesselstadt / Majoratsfüllung
Käsegerichte

Diese Speisenfolge soll Hermann Göring angeblich als Gourmet selbst befohlen haben. Seiner Figur nach war er aber wohl eher ein Gourmand als ein Gourmet.
Nach dem Krieg wurde er zum Tode verurteilt. Er entzog sich feige der Hinrichtung durch die Einnahme von Gift.

Belegschaft von Lutter & Wegner beim Kameradschaftsabend am 12.02.1936, meine Eltern vorne rechts 2. und 3. Person

Das Jahr 1936 war für alle Gastronomen in Berlin ein großes Erfolgsjahr.
Jeder Kellner oder auch Koch, der in einer
„Ordentlichen Stellung" war, hat durch viel Arbeit und viele zusätzliche Stunden auch beträchtliches Geld verdient. Es war das Jahr der großen Olympiade. Mein Vater kaufte noch im gleichen Jahr von seinem verdienten Geld von Späth (bekannt durch Späths Baumschulen) in Späthsfelde nahe Baumschulenweg in Berlin ein Grundstück.

1942 war ich 5 Jahre alt und bin immer gern mitgegangen, wenn es hieß, Papa von der Arbeit abzuholen. Das ging natürlich nur, wenn er Frühdienst an einem Sonntag hatte und meine Mutter nicht arbeiten musste.
Von da an habe ich auch meine Erinnerungen.

Einmal stand er schon vor einer Eingangstür des Weinkellers und erwartete uns. Er klapperte mit seinem Wechselgeld in der Hosentasche. Als ich ihn fragte, warum er das macht, antwortete er:
„Du hast doch eben die Pferdekutsche mit den zwei Schimmeln vorbeifahren gesehen. Wenn man dann mit dem Geld in der Tasche klappert, vermehrt es sich schneller. Weiße Pferdchen bringen Glück." Das wunderte mich. War es tatsächlich so? Er glaubte wohl selbst nicht daran.
Die Kollegen meines Vaters rissen sich geradezu darum, mir alles zu erklären. Ich war der kleine, gern gesehene Liebling von allen. Alles durfte ich mir im Office ansehen. Mich beeindruckte besonders der Speisenpaternoster. Das schmutzige Geschirr wurde in eine große Kiste hineingestellt und verschwand nach oben durch die Kellerdecke wie von Geisterhand gezogen. Daneben kam eine große Holzkiste mit dampfenden, wohlriechenden Speisen herunter.
Die Küche befand sich im Hochparterre. Es roch immer angenehm nach Mittagessen und der Duft breitete sich in allen Räumen aus.
Es war das dritte Kriegsjahr des Zweiten Weltkrieges, die Lebensmittel waren rationiert.
Man konnte bei L. & W. preiswert speisen, vorausgesetzt man hatte an der mitgebrachten Lebensmittelkarte noch entsprechende Abschnitte für Fleisch und Fett. Auf der Speisekarte war nicht nur der Preis des Gerichtes, sondern auch die Grammzahl von Fleisch und Fett angegeben. Diese kleinen, einen Zentimeter großen Marken musste der Kellner von der Karte abschneiden. Später kamen noch gesonderte Kartoffelkarten hinzu. Deshalb gehörte zu den Utensilien eines Kellners eine kleine Schere, die mein Vater an einem kurzen Silberkettchen in der Westentasche trug. Nach Feierabend musste er die Marken sortieren und auf einen Erfassungsbogen kleben. Ich schaute meinem Vater dabei über die Schultern und interessierte mich für alles, was er tat.

Mich wunderte, wie das alles funktionierte und das jeder genau wusste, was er zu machen hatte. Manchmal saßen die Kellner einfach herum, hatten viel Zeit und spielten mit mir. Ein anderes Mal liefen sie wie aufgescheucht hin und her. Mein Papa musste mir alles erklären, und mitunter hatte ich den Eindruck, er tat das ungern. Während er mir in Ruhe etwas begreiflich machen wollte, unterbrach er einfach hektisch und war nicht mehr zu sehen. Er konnte neue Gäste begrüßen.

Dass mein Vater an seinem Beruf hing, der ihm alles bedeutete, sollte mir erst später grausam bewusst werden.

Er erzählte zu Hause meiner Mutter von den Restauranterlebnissen. Manchmal durfte ich als kleiner Bengel zu Hause auch zuhören, obwohl es nicht üblich war, dass Kinder bei Gesprächen von Erwachsenen lauschten, denn sie hatten sich im Kinderzimmer aufzuhalten. Er berichtete meiner Mutter:
„Es gab gestern Abend wieder einen kolossalen Theaterstoß. Das Publikum, die Gäste sind sonnabends nicht so attraktiv wie an den anderen Tagen. Sonnabends gehen wohl die Gäste aus, die es sich in der Woche nicht mehr leisten können.
Zum Wochenende kommen immer weniger gut Bemittelte. Stell dir vor, heute wurde ein Kellner auf der Stelle entlassen", erzählte er. *„Dieser Kellner wollte einem Liebespaar einen einfachen billigen Wein zu einem höheren Preis verkaufen. Was der Kellner nicht ahnte, dass dieser unbekannte Gast ein guter Weinkenner war und der Schwindel sofort aufflog. Die Zunge des Gastes ließ sich nicht betrügen. Der Kellner hatte das Flaschenetikett von einer leeren verkauften teuren Weinflasche abgelöst und heimlich auf eine billigere geklebt."*

Was ich damals als kleiner Junge nicht verstand, erzählte mir meine Mutter in späteren Jahren. Viele Zusammenhänge, die die Gastronomie betrafen, konnte ich von meiner Mutter erlernen.

Mein Vater vertrat den Standpunkt, dass man zum Kellner geboren sein muss. Er dient dem Wohle des Gastes, hat dessen Vertrauen niemals zu missbrauchen und eine Berufsehre zu vertreten. Er ist der unmittelbare Vertreter des Gastgebers. Nicht nur durch die Qualität der Speisen, sondern auch mit gut ausgebildeten, höflichen Kellnern steigen die Umsätze und damit das Ansehen eines Hauses.

Die Kellner erhielten ein Fixum als monatliches Entgelt, und die Trinkgelder mussten versteuert werden. Hierbei wurde wohl schon immer ein bisschen nach unten gemogelt. Niemand konnte ja genau feststellen, wie viele Trinkgelder wirklich in die Taschen der Kellner geflossen sind. Der umsatzstärkste Kellner bekam monatlich zusätzlich noch eine „Siegprämie" von Lutter & Wegner.

Jetzt schrieben wir das Jahr 1943.

Der Weltkrieg tobte bereits seit fast vier Jahren. Anfänglich blieb Berlin von Bombenangriffen verschont und der Krieg war weit weg, aber plötzlich wurden die Angriffe auf Berlin mit den schweren Bombardements immer heftiger.

Ich hatte noch drei Geschwister.

Mein älterer Bruder wurde nun mit 16 Jahren eingezogen. Er freute sich, in den Krieg zu ziehen und war davon überzeugt, für *„Führer und Vaterland"* den Krieg zu gewinnen. Auch meine Schwester, die 18 Jahre alt war, hatte keine Zweifel: *„Unser Führer wird es richten. Nur Deutschland kann den Krieg gewinnen."* Sie war als Sekretärin bei der Reichsjugendführung beschäftigt und Adolf Hitler war ihr heiß und innig geliebter „Führer". Über ihrem Bett hing ein Bild von ihm.

Mein Vater und meine Mutter wollten von der Überzeugung ihrer großen Kinder nichts hören. Es gab ständig heftige politische Diskussionen zu Hause, die ich aber als kleiner Junge nicht verstand.

Mein kleinerer Bruder Winfried war gerade ein Jahr alt.

Im Krieg, 1944, wurde ich eingeschult. Schon in der ersten Klasse wurden wir bei Bombenalarm nach Hause geschickt.

Wir mussten uns sputen, damit wir in unseren Luftschutzkeller kamen. Einmal brachten sie uns Schulkinder bei einem überraschenden Tagesangriff, schnell in den Keller eines nahegelegenen Kinderhorts. Als am späten Abend der Angriff vorbei war, durften wir nach Hause gehen. Mutterseelenallein als 6-jähriger kleiner Junge lief ich durch die brennende Knibrodestraße nach Hause. Alle Häuser links und rechts der Straße brannten lichterloh. Es war so heiß, dass man nicht auf dem Bürgersteig laufen konnte. Ich bin mitten auf der Straße schnell entlang gerannt. Keine Feuerwehren waren mehr einsatzfähig, aber sie hätten die verheerenden Brände ohnehin niemals mehr löschen können. Auf dem Gehsteig habe ich zwei tote Frauen mit einem kleinen verbrannten Kind liegen gesehen. Ich war erschrocken und traurig, als ich kurz in die offenen Augen des entstellten Mädchens sah. Niemand hat sich um die Toten gekümmert. Unterwegs hoffte ich, dass nicht auch unser Haus in der Immanuelkirchstraße brannte und dass meine Mutter noch lebte. Wir hatten wieder einmal großes Glück. Doch der Schulbetrieb wurde eingestellt.

Nun ertönten immer öfter in der Nacht die heulenden Sirenen. Dann mussten schnell alle Wohnungsfenster mit Rollos und Decken verdunkelt werden, damit kein Licht nach draußen schien und die Flugzeuge nicht aufmerksam wurden. Es war kurz nach Mitternacht nach einer lauten Sirenenwarnung.

Wir wollten gerade die Wohnung verlassen, da hörten wir in der Küche mehrmals laute Schreie bis in unseren vierten Stock vom Hinterhof: *„Bei Hoebels sofort das Licht ausmachen und die Wohnung verlassen. Kommen Sie sofort aus der Wohnung heraus!"* Ich zitterte vor Angst.

Jede Familie suchte mit der Taschenlampe den zugewiesenen Luftschutzkeller unter dem Mietshaus auf. Keine Straßenlaternen oder Lampen auf dem Hof waren erleuchtet, die Treppenhausbeleuchtung war außer Betrieb gesetzt.

Die gesamte Stadt Berlin war vor jedem Bombenangriff in der Nacht stockfinster.

Auf dem dunklen Hof zum Kellereingang war es spukhaft, gespenstisch, man durfte nur flüstern, und die Nachbarn aus dem Haus konnte man schemenhaft erkennen.

Viele Kinder aus unserem Haus weinten, weil sie bei Fliegeralarm immer aus dem Schlaf gerissen wurden. Mein kleiner Bruder schlief im Kinderwagen, der vom vierten Stock herunter und nach der Sirenenentwarnung wieder hinaufgetragen wurde.

Im Keller roch es modrig auch nach Holz und Kohlen, und es war klamm, feucht und kalt. Zusammengekauert und mit Decken über den Schultern saßen wir stillschweigend beieinander. Es waren Stiefelgeräusche vom Hof zu hören, von den Luftschutzwarten, die Stahlhelme trugen und Gasmasken vor dem Gesicht hatten. Für mich sahen sie furchterregend und gruselig wie Gespenster aus. Weil ich sie immer mit Alarm, Bomben und Feuer in Verbindung brachte, durfte mich keiner von diesen Ungeheuern anfassen.

Jeder hoffte und bangte, dass unser Haus nicht zerstört würde. Einige Frauen hatten die Hände zum Gebet gefaltet.

Todesangst war Tag und Nacht unserer ständiger Begleiter. Bevor eine Bombe in der Nachbarschaft einschlug, ging dem immer ein lautes, grelles Pfeifen voraus. Meine Mutter ermahnte mich, den Mund aufzumachen, damit das Trommelfell nicht platzt. Das vierstöckige Miethaus über uns vibrierte und es war als ob es bebte, wenn eine Bombe in der Nähe einschlug. Der Luftdruck und die Detonationen bei einem Bombenabwurf waren gewaltig. Dann rieselte von der Kellerdecke Putz von den Steinen zu uns hinunter. Einmal brachen ein paar kleine Steine aus der Kellerdecke heraus. Eine Frau hat laut geschrien, sie nahm an, dass unser Haus über uns zerstört wurde. Es war jedoch das große Eckhaus Greifswalder Straße/Heinrich-Roller-Straße neben unserer Schule.

Wenn die Sirenen wieder akustische Entwarnung gaben, kam ein Luftschutzwart und sagte, wir könnten wieder herauskommen. Dann krochen alle wieder gebückt aus den Kellern.

Mein Vater, der schon im Ersten Weltkrieg als Soldat gedient hatte, war so entkräftet und erschöpft, dass er in ein Krankenhaus eingeliefert werden musste.

Meine Mutter, eine couragierte Frau, beschloss mit meiner großen Schwester, dass die Familie auf dem Grundstück in Späthsfelde, etwa 15 Kilometer von Berlin entfernt, besser aufgehoben sein würde als in Berlin.

Auf dem gekauften Grundstück stand zu der Zeit nur eine kleine, spärlich eingerichtete Holzlaube mit einer winzigen Küche und zwei kleinen Wohnräumen.

Als mein Vater zeitweise das Krankenhaus verlassen durfte, baute er mit meiner Mutter und mit der Hilfe eines Nachbarn einen Splittergraben im Garten. Es war ein großes Loch in der Erde, etwa zwei Meter tief, nicht sehr breit aber circa drei bis vier Meter lang. Mit Bohlen und Brettern notdürftig abgestützt. Das Dach zu ebener Erde bestand aus dünnen Holzlatten, ein paar Balken und darauf Sand mit Grasbüscheln.

Wir konnten die Alarmsirenen von Berlin auf dem Grundstück nicht hören. Die Angriffswarnungen wurden von den Hausfrauen aus Baumschulenweg mit dem Schlagen von zwei großen Kochtopfdeckeln in Richtung Späthsfelde weitergegeben. So haben sich die Menschen untereinander geholfen.

Jeder wusste, dass er sich verkriechen musste, und wir waren sofort wieder in unserer Höhle im Erdloch.

Erst fand ich das als siebenjähriger Bengel spannend und aufregend. Später, als wir die ganze Nacht darin zubringen mussten, wurde es unheimlich. Der feine Sand rieselte ständig ein wenig durch die Behelfsdecke und ich konnte keine Nacht in dem dunklen Graben schlafen.

Von Weitem hörten wir schwere Detonationen. Wenn wir einmal die Köpfe aus der Erde steckten, sahen wir furchtbare, gewaltige rote Feuerballons und pechschwarze riesige Rauchwolken am Horizont im Himmel über Berlin.

Dazwischen waren Leuchtbomben zu sehen, die wie abgeworfene brennende Weihnachtsbäume aussahen.

Wir fühlten uns nicht sicher, aber zumindest etwas geschützt, als zwei Granaten nicht weit von unserem Loch im Grundstück einschlugen. Hätten sie unseren behelfsmäßigen Unterschlupf getroffen, wäre es unweigerlich unser Familiengrab geworden. Die Familie war mehr in der Nähe des Todes als am Leben. Meine Mutter war voller Sorgen und bangte um meine Schwester Gerda. Sie wollte unbedingt in Berlin bleiben und unsere Wohnung hüten, wie sie sagte. Es gab keinen Kontakt keine telefonische Verbindung.
Es war Anfang April 1945. Mein Vater wurde aus dem Krankenhaus ungeheilt entlassen. Bei uns in Späthsfelde sprach sich herum, dass bald die Russen kommen würden.
Immer wieder fragte ich meine Mutter:
„Mutti, wie sehen die Russen aus, sind sie so wie wir oder sind sie viel kleiner oder größer, sind sie schwarz oder weiß?"
Sie wusste es auch nicht.
Nur, dass die Iwans wie die Russen auch genannt wurden, von vielen Deutschen als ganz böse, primitive Menschen beschrieben wurden. *„Mutti, sind es etwa Menschenfresser?"*, fragte ich. Ich war gespannt und konnte es einfach nicht erwarten.
„Wann kommen denn nun endlich die Russen?"
Immer wieder dieselben Fragen und keineswegs befriedigende Antworten für mich.
Endlich war es soweit.
Eines Morgens gegen 9 Uhr. Die Russen kamen aus Richtung Baumschulenweg den Späthsfelder Weg entlang und bogen in die Johannisthaler Chaussee in Richtung Berlin ein.
Aufgeregt voller Spannung noch im Schlafanzug, stand ich auf Zehenspitzen in meinem Bett in der Laube und konnte sie durch das einzige obere Fenster nur von Weitem sehen.
Sie kamen langsam mit vielen Panzern, mit offenen und geschlossenen Lastkraftwagen. Dazwischen immer wieder etliche Pferdegespanne, die Geschütze zogen.
Viele Stunden lang. Das Gefolge nahm überhaupt kein Ende.
Meine Mutter seufzte tief und atmete auf. Sie sagte:

„Gott sei Dank, sie bleiben nicht hier, sie ziehen weiter in Richtung Berlin." Sie irrte. Es gab einen Stau. Nachmittags ging es schon nicht mehr weiter voran. Die Russen lagerten dort, wo sie gerade waren. Die gesamte Siedlung war mit Russen, deren Fahrzeugen und Panzern besetzt. Mit ihren Pferden und Wagen rissen sie die Zäune der Grundstücke ein und errichteten ihr Nachtlager. Sie besetzten nicht die kleinen Lauben, sondern die besseren Ein- und Zweifamilienhäuser im Ort, dadurch hatten wir Glück.

Am frühen Abend, es war noch nicht dunkel, kamen zwei Russen mit aufgepflanztem Bajonett im Anschlag auf unser Grundstück und inspizierten alles in der Laube.

Es waren mongolische Typen mit runden Gesichtern und asiatischen Augen. Sie sahen schmutzig aus und rochen unangenehm. Einer der Russen griff nach Vaters goldener Taschenuhr, die an der Wand hing, mit den Worten *„Uhri, Uhri!"* und steckte sie ein.

Mein kranker Vater stand daneben, und zum ersten Male habe ich ihn weinen sehen und schluchzen gehört. Die goldene Uhr mit Doppelkapsel war ein sehr wertvolles Stück. Die Russen suchten weiter, verschwanden jedoch schließlich ohne weitere Beute. Als es dunkel war, spät am Abend, kamen wieder zwei Russen und wollten etwas von meiner Mutter. Im Lichtschein der Kerze sagten sie wiederholt: *„Matka, Matka, Matka."*

Einer der Russen hielt ihr eine Pistole vor die Brust.

Meine Mutter sagte in meiner Gegenwart zu dem Russen: *„Schieß doch, schieß doch! Schieß doch endlich!"*

„Nein, Mutti, nein, bitte, bitte nicht, warum sagst du das?"

Ich flehte sie an und zerrte dabei mit beiden Händen an ihrem Rock. Warum sagte sie so etwas? War sie so stark oder so verzweifelt? Er hat nicht geschossen.

Mein Vater stellte sich auch nicht dazwischen. Ohne dass er das zu der Zeit wissen konnte, war dies sehr klug. Ältere Männer, Väter von Töchtern, die sich vor die Frauen stellten, wurden auf der Stelle vor den Augen der Mädchen erschossen.

Ich habe als siebenjähriger Junge zugesehen, wie eine Frau in einem Zweifamilienhaus, wo ich mit einem anderen Jungen spielte, nachmittags von einem Russen vergewaltigt wurde.
Als Kind konnte ich überhaupt nicht verstehen, was der Russe mit der Frau machte. Er lag auf ihr und sie hat schrecklich laut geschrien und gewimmert.
An einem frühen Abend habe ich am Gartenzaun beobachtet, wie unser Nachbar, der geholfen hatte, unseren Luftschutzgraben zu bauen, erschossen wurde. Der ältere Mann hatte sich gewehrt, während seine Tochter von einem anderen Russen vergewaltigt wurde. Man hörte am Tage und auch abends öfter laute, verzweifelte Hilferufe von Frauen und kurz danach Schüsse in der gesamten Umgebung von Späthsfelde.
In den folgenden Tagen bekamen wir mehrfach unverhofften Besuch anderer Russen auf unserem Grundstück. Meiner Mutter erklärten sie: *„Chleb, Margarin, Masslo."* Das hieß wohl: Brot, Margarine und Butter. Das sollten Versprechungen von Lebensmitteln für ihre zügellosen Taten an Frauen sein.
Sie ging sofort heraus aus der Laube, blies stark in die bereitgehaltene Trillerpfeife und schrie laut im Garten: *„Kommandantura! Kommandantura!"* Das half, die Russen verließen fluchtartig unser Grundstück. Sie hatten großen Respekt oder Angst vor ihren Vorgesetzten, vor ihren Kommandanten.
Meine Mutter erklärte mir: *„Wenn die Soldaten nicht gehorchen, bekommen sie Prügel!"*
Für uns begannen unerträgliche Wochen und Monate, weil wir nichts mehr zu essen hatten. Die Lebensmittelgeschäfte wurden erst von den Russen und dann die Reste von den Deutschen geplündert. Die Lebensmittelreserven, die meine Mutter eingeweckt und im Garten vergraben hatte, waren restlos aufgebraucht. Ich war noch zu klein, um zum Hamstern aufs Land zu fahren oder auf dem schwarzen Markt zu schachern, wie es damals viele taten. Mein Vater war zu krank und zu schwach. Meine Mutter musste sich um meinen kleinen Bruder Winfried kümmern. Der Hunger fing an wehzutun.

Es blieb uns nichts weiter übrig, als entweder betteln zu gehen oder zu verhungern. Mit einer großen Überwindung musste ich zu den Russen betteln gehen. Einen Kochtopf unter dem Arm zog ich zu den Russen, nicht weit von unserem Grundstück entfernt. Ich bekam gleich eine Kelle Gemüsesuppe aus der Gulaschkanone mit großen Fleischbrocken darin und einen Kanten dunkles Schwarzbrot. Überglücklich, voller Stolz und mit Freudentränen in den Augen schaute ich unterwegs ständig in meinen gefüllten Topf. Schnell lief ich nach Hause und passte dabei auf, dass ich nicht ein Gramm verschüttete. Zu Hause lobte mich meine Mutter in den höchsten Tönen: *„Du bist mein Kronsohn!"* Aber anstatt jetzt zu essen, nahm sie den Topf vom Tisch und sagte: *„Das wird eingeteilt!"*
Mir kullerten gleich die Tränen, weil ich großen Hunger hatte und mir völlig klar war, das reicht trotz Einteilung nicht weit. Mein Vater verzichtete zugunsten von uns Kindern und meiner Mutter auf einen Happen. Zwei Tage später bin ich von allein ohne Aufforderung meiner Mutter betteln gegangen. Ich merkte, dass die Russen kinderlieb waren und mir nichts tun würden. Manchmal schäkerten sie auch mit mir. Fast immer brachte ich Mittagessen im Kochtopf und Schwarzbrot oder eine Büchse mit Wurst oder Fleisch nach Hause.
Es war jetzt Mai 1945 und es sprach sich schnell herum, dass der Krieg zu Ende war. Wir hatten keinen Strom, kein Telefon und konnten kein Radio hören. Mein Vater machte sich zu Fuß auf den Weg zur Wohnung in Berlin, etwa 13 Kilometer Fußmarsch. Es fuhr noch lange keine Straßenbahn oder S-Bahn, von Autos auf den Straßen keine Spur.
Er wollte wissen, ob unsere Wohnung in Berlin noch existiert und was meine Schwester Gerda macht. Als er nach drei Tagen wieder zum Garten zurückkam, brachte er die Nachricht mit, dass das Haus Gott sei Dank noch stand, aber äußerst stark beschädigt war.
Das Dach und alle Fenster vom Haus waren kaputt, die gesamte Wohnungseinrichtung pechschwarz dick mit Ruß belegt.

„*Und was macht Gerda?*", fragte meine Mutter besorgt.
„*Gerda ist tot*", antwortete er. Meine Mutter brach zusammen. Gerda ist am 5. Mai durch eine Granate ums Leben gekommen. Sie wurde gegenüber unserer Wohnung, hinter der Kirche, nur ein paar Zentimeter tief in der Erde verscharrt. Genau drei Tage vor dem Waffenstillstand, denn am 8. Mai war der Krieg zu Ende. Mein Vater zimmerte mit einem Nachbarn eine Kiste, buddelte mit einer kleinen Kohlenschippe meine Schwester wieder aus und fuhr sie auf einem Handwagen auf den Georgenfriedhof Greifswalder Straße. Es war für ihn das schmerzlichste Erlebnis des Zweiten Weltkrieges.
Er träumte von einem Neuanfang und erkundigte sich, was aus Lutter & Wegner geworden war. Die Weinstuben im Hochparterre waren völlig zerstört, der Weinkeller aber nur zum Teil eingestürzt. Es hieß von der Betriebsleitung, jeder ehemalige Kollege, der noch lebte und mithalf, Lutter & Wegner wieder aufzubauen, würde seinen alten Arbeitsplatz zurückbekommen. Mein Vater glaubte daran, dieses Restaurant von den Trümmern befreien zu können und dass es wieder geöffnet würde.

Seine Hoffnung erfüllte sich für ihn leider nicht. Mit bloßen Händen half er, die Trümmer zu entfernen.
Doch der fortschreitende gesundheitliche Ruin kannte keine Gnade.

Immer zu Fuß die vielen Kilometer von Späthsfelde bis in die Charlottenstraße zu seinem ehemaligen Arbeitsplatz und wieder zurück. Manchmal mit einer einzigen Scheibe trockenem Brot. Meine Mutter warnte meinen Vater vor weiteren gesundheitlichen Folgen, aber sie konnte ihn nicht zurückhalten. Sein fleißiges Aufbauwerk dauerte noch nicht einmal eine Woche. Ausgezehrt, total abgemagert und auch noch mit einer Ruhr verstarb er vor meinen Augen am 12. Juli 1945 mittags auf seinem Feldbett in der Gartenlaube. Er kam in eine mannsgroße braune Papiertüte, die wir vom Bestattungsinstitut bekamen. Sie wurde oben zugebunden, und so wurde er dann begraben. Am Beerdigungstag war es schwül und warm und die Tüte war wohl nicht dicht genug. Hunderte Fliegen kreisten hastig und wie verrückt um die Papiertüte herum und begleiteten uns mit dem klapprigen hölzernen Handwagen auf dem langen schweren Weg durch den Ort, bis an das Grab in Baumschulenweg. Den ganzen Weg lang habe ich nur um meinen lieben Papa geweint.

Der Tod meines Vaters war für meine Mutter eine große Herausforderung. Mit zwei Kindern, ohne den Vater, den sie liebte, völlig mittellos, ohne Essen. Das Obst im Garten war noch nicht reif, vor Hunger habe ich die Äpfel trotzdem gegessen und ständig Durchfall gehabt. Im Garten und auf den Wiesen habe ich das wertvolle Unkraut Melde und Brennnesseln gepflückt. Es wurde wie Spinat zubereitet, ohne ein Gramm Fett. Von einer Nachbarin bekamen wir einmal Kartoffelschalen. Meine Mutter hat die Schalen gewaschen, durch den Fleischwolf gedreht mit Mehl gebunden und wollte davon Kartoffelpuffer braten. Weil kein Fett zum braten vorhanden war, versuchte sie es mit farbloser Schuhcreme, weil sie wusste, dass Schuhcreme Talg enthielt. Als sie die Schuhcreme in der Pfanne erhitzte, hat das so bestialisch gestunken, dass sie es sofort wieder gelassen hat. Wir hielten uns nur notdürftig über Wasser. Wenn es etwas zu essen gab, war es immer zu wenig, aber dennoch zum Verhungern zu viel.

Jetzt zogen wir wieder in unsere Wohnung nach Berlin.
Wir Kinder spielten in den Ruinen der zerstörten Häuser und tauschten gegenseitig zwischen den Trümmern gefundene kleine Granatsplitter aus.
Es gab wieder Strom, aber ständig ohne Ankündigung zu allen Tag- und Nachtzeiten Stromsperren über längere Zeiträume. Wenn wir abends im Dunkeln saßen und der kalte Wind durch die notdürftig mit Brettern und Pappe abgedichteten Wohnungsfenster blies, setzte sich die Mutter an das Klavier oder holte ihre Gitarre hervor und spielte und übte mit uns viele Volkslieder.
Im Spätherbst des Jahres 1945 wurde ich das zweite Mal eingeschult. Gleich in die zweite Klasse. Der nette alte Klassenlehrer bat uns, ob wir für ihn noch etwas übrig hätten. Wir sollten zu Hause fragen, ob er vielleicht eine Hose oder eine Jacke von den Vätern, die im Krieg gefallen waren, bekommen könnte. Möglicherweise auch eine Decke. Er war ausgebombt und hatte nur das, was er am Körper trug. Die Mehrheit der schulpflichtigen Kinder wurde durch den Krieg zu Halbwaisen, da die meisten Väter ihr Leben im Krieg lassen mussten.
Im Winter gingen die meisten Kinder mit Stofflappen um die Füße gewickelt und mit Holzpantinen zur Schule. Es klebte immer der Schnee unter den Pantinen. Alle paar Meter musste ich am Bordstein den Schnee von den Holzklotzen abklopfen, sonst hätte ich nicht weiterlaufen können.
Es wurde das Schüleressen eingeführt. Oftmals eine dünne Suppe mit Kohlrübenstückchen darin, aber wir hatten immer etwas Warmes im Magen. Manchmal zählten wir die wenigen Fettaugen auf der Brühe. Die Hungersnot ging weiter. Dazu erwartete uns noch der strenge, der entsetzliche Winter 1946/1947. Bittere Kälte mit Minustemperaturen um die 25 Grad überzog unser Land. Es gab keine Kohlen oder Holz, um die Öfen in den Wohnungen zu heizen. Tausende Menschen, die den Krieg glücklicherweise mit Ach und Krach überstanden hatten, sind erfroren. Es war wie ein Krieg ohne Bomben.

Einst zitterten wir vor Todesangst und nun vor Kälte. Dick eingemummelt und mit dem Wintermantel gingen wir ins Bett. In der Wohnung waren ständig weit unter null Grad. Die Wasserleitungen in Berlin waren alle eingefroren. Letzte Wassertropfen hingen wie kleine Eiszapfen am Metallwasserhahn in der Küche. Mir sind zwei Finger erfroren. Bei meinem kleinen Bruder Winfried waren es vier Finger und drei Zehen am Fuß. Die Haut der Glieder spannte sich, wurde rot, schwoll kräftig an und die Finger und die Zehen brachen dann bis zum Knochengewebe auf. Es eiterte fürchterlich aus den breit klaffenden Wunden, die erst mit Ichtholan-Salbe und Verbandsmaterial, aber später nur noch mit weißen Stoffresten notdürftig versorgt werden konnten.

Die Schulen konnten nicht geheizt werden und wurden wieder geschlossen. Nach 1948 ging es langsam bergauf. Wir hörten, dass es für jede Familie in Ostberlin von der amerikanischen Hilfsorganisation „C.A.R.E." ein Lebensmittelpaket in Westberlin gab. Zweimal holte ich ein solches schweres Paket aus dem Westsektor ab. Eine riesengroße Freude zu Hause. Im Paket befanden sich Mehl, Zucker, Milch- und Eipulver, Schokolade, Corned Beef, Kekse und anderes. Alles ohne einen Pfennig zu bezahlen. Meine Mutter hat das eingeteilt und in den Schränken wie Heiligtümer verschlossen. Zur Sicherheit hat sie die Schlüssel versteckt.

Alle Kinder aus den gesamten Kriegskinderklassen mussten aus Altersgründen nochmals eine Klasse überspringen.

1952 habe ich dann nach knapp sieben Schuljahren die erste Volksschule zu Berlin mit dem Abschluss der neunten Klasse verlassen. Meine Mutter redete auf mich ein, ich sollte unbedingt ein Maurer werden. *„Du könntest im Garten später ein Haus bauen."* Handwerk hatte immer einen goldenen Boden, meinte sie. Nun war ich von meiner Physiologie oder Erbanlage her alles andere als ein Maurer. *„Niemals werde ich diesen Beruf erlernen"*, versicherte ich meiner Mutter. „Sind das die Früchte meiner Erziehung?", musste ich oft hören.

Sie hatte mit der Post ein Antwortschreiben von der Schauspielschule aus Leipzig abgefangen, das an mich adressiert war. Dort hatte ich mich heimlich beworben. Es gab viel Ärger. *„Was soll bloß aus dir werden?"* Jeden Tag das gleiche Thema, ich konnte es nicht mehr hören. Sie machte sich große Sorgen um mich und lehnte Schauspielerei entschieden ab. *„Das ist nichts weiter als brotlose Kunst, die wenigsten Schauspieler verdienen gutes Geld"*, meinte sie. *„Dann würde ich gern Einzelhandelskaufmann werden, oder ich gehe in die Gastronomie."* Das habe ich immer wieder betont.
Der Bruder meiner Mutter, Onkel Erich, hatte in Westberlin im Jahre 1952 schon ein gut gehendes Lebensmittelgeschäft. Diesen Kaufmannsberuf hatte er vor dem Krieg von der Pike auf in einem guten Hause erlernt und konnte jede Hilfe gebrauchen. Im schneeweißen Kittel durfte ich im Geschäft helfen und auf den Lebensmittelmärkten in Tegel, Lübars und Tempelhof mit verkaufen. Ein Riesenspaß für mich.
Die Verkaufskultur mit der individuellen Bedienung hatte in Westberlin 1952 schon wieder einen hohen Stellenwert erreicht. Hier spürte ich zum ersten Mal die großen Unterschiede zwischen Westen und Osten. Man konnte über das vielseitige Warenangebot und über die Mengen nur staunen. Wir handelten in Westberlin 1952 bereits mit 50 Sorten Käse, 6 Sorten Butter, vielen Sorten Kaffee, Kaffeesahne in bunten hübschen Dosen, mehreren Sorten frische Eier, jeder Menge Backzutaten und vielem anderen. Die Schaufenster der Geschäfte in Westberlin waren sauber, voll und bunt, die im Osten blieben grau und leer. In manchen Lebensmittelgeschäften bei uns konnte man durch unsaubere Schaufensterscheiben lediglich ein Bild von Stalin und daneben eine verstaubte Grünpflanze betrachten, die meist auch noch dürstete. Sporadisch gab es eine Sorte Schnittkäse. Sofort bildeten sich lange Schlangen von Menschen vor dem Ost-Geschäft.
Lebensmittelkarten gab es im Westen bis 1950, im Osten bis 1958, Kartoffel- und Kohlenkarten bis in die 60er-Jahre.

Dabei kam mir als 15-jähriger Bengel in den Sinn, dass die Deutschen im Westen den Krieg doch genauso verloren hatten wie wir im Osten. Warum gab es solche krassen Unterschiede? Bei uns öffneten HO-Geschäfte, eine staatliche Handelsorganisation. Dort konnte man Lebensmittel ohne Marken kaufen, nur teurer. Wir glaubten, künftig würde die Versorgungslage besser, weil es jetzt die entsprechenden Waren bei der HO gab. Plötzlich immer unerwartet waren bestimmte Sortimente wieder über Wochen vergriffen. Man wartete ständig auf Nachschub. Es gab die Möglichkeit, als Ostberliner in Westberlin sämtliche Nahrungsmittel einzukaufen, für uns zu einem hohen Umrechnungskurs. Kaffee, Südfrüchte oder grüne Heringe waren für meine Mutter durch ihren geringen Verdienst kaum erreichbare Luxusartikel.

Die Geldwechselstuben schossen in Westberlin wie Pilze aus der Erde. Einige Westberliner kauften in Ostberlin ihre Lebensmittel, hauptsächlich Fleisch, aber auch Zucker und Mehl ein, weil sie ihr angesehenes Westgeld umtauschten und dafür mehr als das Vierfache an Ware im Osten erhielten.

Mein Onkel brachte mir im Lebensmittelgeschäft nicht nur das kaufmännische Einmaleins bei, sondern auch Verkaufsmethoden und die Präsentationen der verschiedensten Lebensmittel in vorbildlichster Schaufenstergestaltung.

Für meine von ihm ständig gelobte Tüchtigkeit und meinen Fleiß bekam ich jeden Sonnabend lediglich einen Lohn von 5 Westmark und eine 50-Gramm-Tüte Jacobs-Kaffeebohnen für meine Mutter. Er vertrat den Standpunkt, wenn ich mir die 5 Westmark in Ostmark umtauschen würde, hätte ich genauso viel wie ein Lehrling im Osten, 20 Ostmark die Woche.

Das war meiner Mutter zu viel. Von einem Lehrvertrag wollte er nichts wissen. Ich sollte weiter schwarzarbeiten, das wäre profitabler für ihn.

Meine Mutter bestand aber auf einem Lehrvertrag und einem ordentlichen Abschluss für mich.

HOTEL ADLON

Die Lösung kam vom Himmel gefallen.
Meine Mutter begegnete auf der Straße zufällig dem ehemaligen Butterlieferanten von Lutter & Wegner, Herrn Max Lehmann. Dieser hatte wieder eine kleine Lebensmittelfabrik in Ostberlin, es war mehr ein Auslieferungslager.
Es dauerte nicht lange, bis meine Mutter ihre Sorgen mit ihrem „Kronsohn Wolfgang" zur Sprache brachte.
Lehmann belieferte ehemals namhafte Restaurants und Hotels, die wiedereröffnet worden waren. Dazu zählte auch das Hotel Adlon. Er kannte den Direktor und versprach ein Wort für mich einzulegen. Vierzehn Tage später hatte ich den Vorstellungstermin, nicht beim zuständigen Personalchef des Adlon, sondern gleich beim Direktor. Zu Hause gab es viele gute Anweisungen und Verhaltensregeln von meiner Mutter für meinen ersten Auftritt.
Sie machte sich große Sorgen, ob meine Vorstellung auch wirklich gelingen könnte. Höflichkeits- und Anstandsregeln wurden zu Hause, wie bei Theaterproben, immer wieder von Mutter abgefragt. Aufgeregt übertraf der Vorstellungstermin alle Vorstellungen, die ich im Kopf schon mehrmals durchgespielt hatte.
Unerwartet, entgegen allen Prüfungen zu Hause, lief das Einstellungsgespräch völlig anders ab.
Der Direktor Paul, wie er mit Zunamen hieß, war ein kleiner, leicht korpulenter Herr. Er betonte in dem Gespräch:
„Wir brauchen junge Menschen mit einer neuen Einstellung zur Gesellschaft. Nur in unserer neuen politischen Gesellschaftsordnung können sich junge Menschen entfalten und in Frieden leben. Der Staat tut alles, um gerade jungen Arbeitern und Bauern eine neue Zukunft zu bieten. Du musst wissen, dass in der Deutschen Demokratischen Republik zum ersten Mal in der Geschichte Deutschlands allen Menschen das gesamte Volkseigentum gehört."

Statt eines Einstellungsgespräches sollte es wohl mehr ein politisches Aufklärungsgespräch sein. Er redete ohne Unterlass und pausenlos immer wieder auf mich ein:
"Der Klassenfeind sitzt im Westen, dort sind imperialistische, kriegerische Kräfte am Werk, die das friedliche Aufbauwerk unserer Arbeiter und Bauern in der DDR zerstören wollen" usw. Das ging so etwa eine Stunde.
Nicht eine einzige Frage hatte ich zu beantworten, auf die ich alle von meiner Mutter gut vorbereitet worden war.
Er erklärte mir auch, er sei Tischler von Beruf und gehöre seit Jahren der Arbeiterbewegung an. Er war sicher ein überzeugter Kommunist und wurde vermutlich vom Staat für diese Funktion als Direktor eingesetzt.
Der Direktor eines Hotels war Tischler von Beruf, nicht Koch oder Kellner? Das konnte ich nicht begreifen. Vorsichtshalber, um keinen Fehler zu begehen, stellte ich keine Fragen und machte keine unnötigen Bemerkungen.
Von mir und meiner Vergangenheit wollte er überhaupt nichts wissen. Er wollte noch nicht einmal meine nicht gerade rosigen Schulzeugnisse sehen, die ich unter dem Tisch in einer alten, abgewetzten, ledernen Aktentasche deponiert hatte. Aufrecht im Stuhl sitzend, Brust raus, Bauch rein, wie Mutter gepredigt hatte, war ich nur ein guter, disziplinierter und aufmerksamer Zuhörer. Das war das Einstellungsgespräch für das Hotel Adlon. Kein Wort fiel zu meinen erwartungsvollen neuen großen Aufgaben. Sicher erschien ich dem Herrn Direktor sympathisch. Vermutlich hatte ich tatsächlich eine gute Figur in meinem neuen dunkelblauen Anzug mit weißem Oberhemd und dezenter Krawatte gemacht. Dafür hatte meine Mutter schon lange vorher gespart und ein paar silberne Suppenlöffel und Bestecke verkauft.
Zuletzt fragte mich der Direktor, ob ich bereit wäre, im Hotel-Adlon eine Jugendgruppe und später eine FDJ-Gruppe (Freie Deutsche Jugend) ins Leben zu rufen. Ich bejahte das, obwohl ich bis dahin nicht einmal FDJ-Mitglied war.

Zum Schluss des Gespräches fast nebenbei:
„Bevor du als Lehrling im Adlon beginnst, musst du dich ein Jahr als Page bewähren. Danach beginnst du eine dreijährige Kellnerlehre. Während deiner Lehrzeit arbeitest du auch für ein halbes Jahr in der Küche und ein halbes Jahr im Büro."
Ich bekam dessen ungeachtet das Wichtigste für mich an dem Tag, den Termin für die Einstellung: Es war Donnerstag, der 12. März 1953. Sollte das ein Glückstag in meinem Leben werden? Auf jeden Fall wurden an diesem Tag meine beruflichen Weichen gestellt.
Das Hotel Adlon stand auf dem Boden der DDR auf der Ostseite des Brandenburger Tores und gehörte zu einer GmbH.
Diese GmbH hatte für meine Mutter einen grauenhaften Namen: B.B.B. (Berliner-Beherbergungs-Betriebe). Dazu gehörten das Hotel Adlon, das Hotel Coburger Hof gegenüber vom Bahnhof Friedrichstraße, das Hotel Albrechtshof in der Albrecht Straße und das Gesellschaftshaus in Berlin-Grünau. Vom Gebäude des ehemaligen Adlon stand nur noch ein Seitenteil, der Westflügel. Der Eingang befand sich in der Wilhelmstraße 70a. Das Adlon wurde im Krieg nur geringfügig zerstört und erst kurz vor Kriegsende durch ein Großfeuer vernichtet. Die Ursache soll Brandstiftung oder leichtsinniger Umgang mit Kerzen im Weinkeller gewesen sein.
Es gab im stehen gebliebenen Westgebäude immerhin noch 87 Zimmer, davon vier Luxus-Suiten (damals Luxus-Salons) mit jeweils zwei geräumigen Zimmern, ausgestattet zusätzlich mit Konzertflügel. Diese großen Salons hatten auch ein prachtvolles Badezimmer mit Badewanne, Toilette und Bidet. Die 45 Einzelzimmer und 42 Doppelzimmer waren fast alle in ihrem Ursprung mit der damaligen exzellenten Ausstattung, den Samtvorhängen, den dicken Teppichen, den Mahagonimöbeln und den pompösen, kaiserlichen hohen Betten erhalten geblieben. Nur die Außenfassade des stehen gebliebenen Adlons machte keinen einladenden Eindruck mehr. Zuviel Rauch und Schmutz durch das Feuer hatten die Fassade stark angegriffen.

Die nicht einladende Fassade des übrig gebliebenen Adlon

Ein Zimmer im dritten Stock kostete genau 8,05 Ostmark, eine Suite ganze 36,80 Ostmark. Das waren Preise, die in der DDR von der obersten staatlichen Preisbehörde festgelegt wurden und von keinem Hotel verändert werden durften. Die starre, vom Staat verordnete Preispolitik führte zwangsweise dazu, dass Investitionen unmöglich wurden.
Nur notdürftigste Reparaturen konnten ausgeführt werden. Die Fassade hätte durch das Hotel nie eine Verschönerung erfahren können. Es blieb ein trauriger, fast trostloser Anblick.

Die circa 70 Beschäftigten hinter der Fassade waren dagegen mit Ehrfurcht bemüht, dem schwerverletzten Adlon die Seele zu pflegen und es zu erhalten. Der Name HOTEL ADLON war noch auf der ganzen Welt bekannt. Das Herz des Hotels hatte noch nicht aufgehört zu schlagen.
Ein kleiner bescheidener Schimmer des Glanzes blieb erhalten. Dazu gehörte auch noch Fachpersonal, das sich im alten ehrwürdigen Adlon schon verdient gemacht hatte.

Es gab noch eine große Küche im Erdgeschoss. Ein Restaurant im ersten Zwischengeschoss, das war der ehemalige Kuriersaal des Adlon. Außerdem ein zweites Restaurant im hinteren Bereich der dritten Etage. Einen Ballsaal oder Konferenzräume gab es nicht mehr. Es gab auch keinen Lift mehr im Haus.
Die Wäscherei und die große Heizungsanlage waren durch das Großfeuer nicht beschädigt worden. Die gesamte Wäsche des Hotels und des Restaurants einschließlich der Hygienebekleidung der Köche wurde im Haus gewaschen, sorgfältig gestärkt und von Hand gebügelt.

Namhafte Gäste aus der ganzen Welt hielten dem Haus in dieser Nachkriegszeit die Treue. Es waren aber nicht mehr Könige und Prinzen, nicht mehr die High Society oder der verbliebene Geldadel, die im Adlon logierten, sondern mehr Prominente aus Wissenschaft, Kunst und Kultur, hauptsächlich Opern- und Theatersolisten. Zu den Gästen gehörten in den Jahren meiner Lehrzeit zum Beispiel:
Der Generalmusikdirektor Erich Kleiber, Franz Konwitschny, Wilhelm Furtwängler, Thomas Mann, Berthold Brecht, Heinrich Allmeroth, Otto Klemperer, der russische Geigenvirtuose Prof. David Oistrach, später sein Sohn Igor. Der Intendant der komischen Oper, Walter Felsenstein, Kammersänger Adam, Solisten der Deutschen Staatsoper, viele Journalisten und bekannte Schriftsteller.
Am Donnerstag, dem 12. März 1953 trat ich pünktlich um 6 Uhr morgens als 15-jähriger Eleve meine Tätigkeit als Page im Hotel Adlon an. Ich war wie aus dem Häuschen. Total aufgeregt. Was erwartete mich? In der Nacht zuvor wälzte ich mich im Bett ruhelos hin und her und konnte nicht schlafen.
Zunächst wurde ich von der Directrice im Wäscheoffice eingekleidet und bekam meine Pagen-Livree. Diese Berufsuniform war die gleiche wie vom alten Adlon mit rundem Käppi und Sturmband. Nur die weißen Handschuhe waren von der Direktion nicht mehr erwünscht.

Die Uniform mit den goldfarbenen blanken Knöpfen saß wie angegossen. Im großen Spiegel betrachtete ich mich und fand mich total schick und stark.
Erst musste ich die weiteren prüfenden Blicke der Directrice überstehen.
Sie gab mir gleich mit auf den Weg, dass sie eine Respektsperson sei.
Ihr unterstanden die Zimmermädchen, die Hoteldiener und das Personal der Wäscherei. Sie war die leitende Hausdame, eine rechte Hand der Direktion. Noch immer prüfend betonte sie:
„Ich möchte dich niemals mit angeschmutzter Bekleidung, ungeputzten Schuhen oder unsauberen Fingernägeln antreffen. Achte darauf, dass du immer einen tadellosen Haarschnitt hast. Einen sauberen Kamm und ein sauberes Taschentuch solltest du immer bei dir tragen, aber niemals schiefe Absätze an den Schuhen." Diese Worte wunderten mich ein wenig, das waren für mich Selbstverständlichkeiten. Von meiner Mutter wurde ich zu Hause ordentlich und sauber erzogen. Das erwähnte ich natürlich nicht, sondern bedankte mich höflich mit einem Diener. Mit einer großen Verbeugung sagte ich zu ihr: *„Ich bedanke mich für die große Mühe, die Sie sich extra mit mir machen. Vielen herzlichen Dank!"*
Diese Manieren kamen bei der Dame gut an.
Nach meinem bisherigen Leben mit den grausigen Erfahrungen des Krieges und der schlimmen Nachkriegszeit befand ich mich auf einmal in einer anderen, faszinierenden Welt. Wenn ich auch keine Vergleichsmöglichkeiten zum alten Hotel Adlon hatte, war ich von der neuen Umgebung beeindruckt.
Aufgeregt fieberte ich der weiteren Prozedur entgegen. Ich wurde dem Empfangschef vorgestellt und bekam nun eine umfangreiche Einweisung.

Danach wurde der Oberpage beauftragt, mir das ganze Haus zu zeigen.
Er sagte mir, worauf ich besonders achten sollte und dass es eine Ehre sei, im Adlon arbeiten zu dürfen. Er benahm sich mir gegenüber wie ein kleiner übermütiger Boss, dabei war er höchstens ein Jahr älter als ich. Wir waren zusammen fünf Pagen. Jeder Auftrag von den Empfangschefs oder von den Gästen wurde gewissenhaft und schnell erfüllt.
Eine besondere Situation blieb mir in Erinnerung:
Wir waren zwei Pagen im Spätdienst.
Mein Kollege Werner bekam etwa kurz vor 19 Uhr vom Empfangschef einen besonderen Auftrag:
Er sollte einen Hochzeitsstrauß für eine Eheschließung besorgen. Diese Trauung sollte noch am Abend des gleichen Tages im Adlon vollzogen werden. Es war eine Blitzentscheidung eines bekannten Schauspielers. Der damalige Oberbürgermeister von Ostberlin, Waldemar Schmidt (Stellvertreter von Friedrich Ebert) hatte zugesagt, das bekannte Brautpaar im Hotel Adlon um 21 Uhr zu trauen. Eifrig wurden im Haus Vorbereitungen für diese Hochzeit getroffen. Hübsche frische Zierpflanzen, die im Haus vereinzelt zur Verfügung standen, wurden zusammengeholt und damit der vorgesehene Salon in der ersten Etage wirkungsvoll gestaltet. Der Page Werner kam aber ohne Blumen zurück und sagte zum Empfangschef: *„Die Blumengeschäfte haben alle schon geschlossen."* Darauf der Chef: *„Das weiß ich selbst, dass die Blumengeschäfte schon geschlossen haben. Du solltest Blumen besorgen!"*
Das große Erstaunen und das Fragezeichen im Kopf von Werner konnte man im wahrsten Sinne des Wortes spüren. Er lief rot an, stand stocksteif wie versteinert vor dem Chef, starrte ihn an und sagte keinen Ton. Er war total verdattert: Wie sollte er an Blumen kommen, wenn die Geschäfte schon geschlossen waren? Jetzt wurde ich losgeschickt.
Zwei Blumengeschäfte in der Friedrichstraße habe ich so schnell, wie mich die Füße tragen konnten, aufgesucht.

Schon im zweiten Laden hat es geklappt. Ich habe am Privateingang des Blumengeschäftes geklingelt, meinen Wunsch vorgetragen und erklärt, dass es sich um eine Blitzhochzeit handelt. Als man mich in meiner Hoteluniform vom HOTEL-ADLON sah, wurde mir sofort mit Freude geholfen. In den noch privaten Blumenläden haben die Inhaber fast immer in den hinteren Räumen ihres Geschäftes gewohnt. Frische Blumen waren keine Probleme. Schnell mit den weißen Rosen zurück ins Adlon. Der Empfangschef war zufrieden. Er merkte, dass mir die Arbeit außerordentlichen Spaß bereitete, und ich durfte schon nach kurzer Zeit Arbeiten verrichten, die dem Oberpagen vorbehalten waren. Das hieß Übertragen der Anmeldeformulare ins An- und Abreisebuch, Zimmerrechnungen vorbereiten und Dienstpläne der Pagen festlegen. Der Oberpage war fast die rechte Hand eines Empfangschefs. Darüber hinaus gab es die verschiedensten Aufgaben. Meist waren es Botengänge, um Theaterkarten, Fahrkarten oder Zeitschriften zu besorgen. Wir mussten aufmerksam sein, dass immer der große gelbe Theaterplan aktuell war, von uns besorgt und ausgehängt wurde. Manchmal sollte ich für besondere Gäste Zigaretten oder Zigarren schnell aus Westberlin besorgen, die es bei uns im Osten nicht gab. Ich brauchte vom Bahnhof Friedrichstraße nur eine Station mit der S-Bahn fahren, dann war ich in Westberlin. Also immer fix wieder zurück. Der Direktor, so wurde mir wiederholt gesagt, durfte von solchen Aufträgen nie etwas erfahren.

Weil Speiseeis im Adlon nicht mehr hergestellt wurde, durfte ich als Page auch ab und zu das Sahneeis mit einer Taxe in 5-Liter-Thermophoren vom Hotel Johannishof, dem Gästehaus der Regierung, holen. Unterwegs in der Taxe konnte ich dem Naschen nicht widerstehen. Ich habe keinesfalls mitbekommen, dass der Taxifahrer das in seinem Rückspiegel beobachtete, und so war ich überrascht, als er sagte:

„Pass bloß auf, dass du keinen Ärger bekommst."

Das Eis habe ich dann in den Kühlraum der Küche gestellt und dabei die schönen Torten bewundert.
Einmal erwischte mich der Küchenchef dabei, wie ich eine Rose aus Marzipan auf einer Torte anknabberte. Er verschloss sofort die Tür des Kühlraumes und hat mich darin 10 Minuten bibbern lassen. Die Strafe hat noch lange gewirkt. Nie wieder bin ich auf einen solchen dummen Gedanken gekommen.
Zu den Hauptaufgaben der Pagen gehörte es, die Türen der ankommenden Fahrzeuge zu öffnen und Taxen zu bestellen. Koffer hereintragen jedoch nur bis zur Rezeption. Ab der Rezeption übernahmen die Hausdiener die Koffer. Weil es keinen Fahrstuhl mehr gab, musste das gesamte Gepäck in die Etagen getragen werden. Da das immer mit einem schönen Trinkgeld verbunden war, ließen es sich die Diener nicht nehmen.
Mit Argusaugen achteten sie darauf, dass ihnen kein Pfennig entging. Es gab Ärger, wenn wir das Reisegepäck beförderten oder einem Hausdiener lediglich helfen wollten.

Als ich das erste Mal abends durch die Etagen des Hotels streifte, sah ich einige Schuhe vor den Zimmertüren stehen. Es war üblich, dass die Gäste abends ihre schmutzigen Schuhe vor die Zimmertür stellten, um sie morgens blitzblank geputzt wieder vorzufinden. Das gehörte zu den Aufgaben der Hausdiener. Das waren meist ältere Männer, die auch einmal als Pagen teilweise schon vor dem Zweiten Weltkrieg im Hotel angefangen hatten und aus den verschiedensten Gründen die Sprossen der Hotellaufbahn nicht weiter erklimmen konnten. Sie hatten auf jeder Etage ein kleines Office, wo sie sich aufhielten, und standen ständig für Dienstleistungen bereit.
Sie reinigten, bügelten und besserten die Garderobe für die Gäste aus. Im Diener-Office befand sich ein Kasten, in dem eine kleine Klappe mit der Zimmernummer herabfiel, wenn ein Gast einen Wunsch hatte. Für das Zimmermädchen leuchtete im Office eine kleine Lampe mit der Nummer auf, und der Kellner wurde vom Gast über das Zimmertelefon bestellt.

Einmal kam ein großer Herr mit einem langen grauen Vollbart in einem weißen Gewand bis an die Erde und mit einem weißen Turban ins kleine Foyer des Adlon. Ich war ein wenig erschrocken und staunte diesen Herrn an. Einen solchen Menschen hatte ich vorher nur in einem Märchenbuch gesehen.
Der Oberpage erklärte mir, das sei ein komischer Muselmann, der sich seinen eigenen Teppich immer selbst mitbringe.
„Wie bitte gefällt dem der Teppich in seinem Zimmer nicht?" Das konnte ich nicht glauben.
Beim Empfangschef nachgefragt, sagte der: „Das ist kein Muselmann, sondern ein Imam. Eine gläubige Persönlichkeit, die ihren eigenen Gebetsteppich mitbringt. Wenn für diesen Herrn ein Zimmer bestellt wird, ist darauf zu achten, dass das Zimmer nach Osten ausgerichtet ist. Er betet täglich mehrmals, in Richtung Osten nach Mekka." Das war interessant und neu für mich, obwohl ich bis dahin noch nie etwas von Mekka gehört hatte.
Hinter der Rezeption befand sich die kleine Telefonzentrale des Hauses. Alle Gespräche aus den Zimmern mussten von hier handvermittelt werden. Das durften die Pagen erledigen. Ein Riesenspaß für mich. Am liebsten arbeitete ich an dem Telefonkasten, wo ständig kleine Lämpchen aufleuchteten, die bedient werden mussten. Jeder Telefonanschluss in einer anderen Stadt innerhalb und außerhalb Deutschlands konnte nur durch Handvermittlung durch das Anmelden beim Fernamt erreicht werden. Man musste warten, bis sich das Fernamt wieder meldete, und dann erst konnte die Verbindung zum Gast durch Stöpseln der Schnüre hergestellt werden. Die Wartezeit konnte manchmal bis zu zwei Stunden oder sogar noch länger dauern.

Ein Gast kam an die Rezeption und bat mich, ich solle eine Telefonverbindung nach Göttingen herstellen.

Als mir das Fernamt die Leitung überraschend kurzfristig freigab, fragte ich diesen Herrn: *„Mein Herr, wo wünschen Sie zu sprechen?"* *„Gleich hier an diesem Apparat!"* Er zeigte auf ein Telefon, das auf dem Tresen der Rezeption stand. Er meldete sich ziemlich laut mit einer außerordentlichen tiefen, kräftigen Stimme. Ich erschrak. *„Hallo, hier ist der Präsident des Penn-Clubs, Johannes Tralow!"* Ich überlegte und dachte: Penn-Club? Was ist denn das für eine Einrichtung? Ist das womöglich eine Gesellschaft von Langschläfern? Das ließ mir keine Ruhe. Als Herr Tralow weg war, fragte ich den Chef.
Der lachte und erklärte mir: *„PEN ist eine Abkürzung einer internationalen Schriftstellervereinigung. Herr Tralow ist der deutsche Präsident. Er zählt zu den großen Schriftstellern und ist ein guter Stammgast von uns. Er hat einige bekannte Bücher geschrieben, darunter das Buch ‚Aufstand der Männer'."* Wieder etwas dazugelernt besorgte ich mir das Buch „Aufstand der Männer". Ich hatte allerdings keinen alten Geschichtsroman, sondern einen Roman, der in der Gegenwart spielt, erwartet.
Nach kurzer Zeit lernte ich die wichtigsten Telefonnummern der einzelnen Taxisäulen, der Fernbahnhöfe, der Theater und Opern auswendig. In dieser Zeit kommunizierte man viel über Telegramme. Sie wurden, bevor sie schriftlich eintrafen, telefonisch empfangen und auch von uns telefonisch versendet. Den Text schrieb der Gast auf ein Telegramm-Formular, und der Preis musste von uns Pagen ausgerechnet werden. Eine Silbe eines Wortes bei einem einfachen Telegramm kostete 10 Pfennig. Ein dringendes Telegramm das Doppelte und ein Blitztelegramm das Zehnfache. Es wurden auch Schmuckblatt - Telegramme für besondere Anlässe telefonisch bestellt.
Jedes Wort am Telefon wurde für die Fräuleins im Telegrafenamt einzeln buchstabiert.
Die Buchstabiertafel von A wie Anton bis Z wie Zeppelin und Abkürzungen für verschiedene Wörter hatte mir meine Mutter schon vor Beginn meiner Tätigkeit beigebracht.

Mit einer deutlichen Aussprache und flink mussten die Telegramme aufgegeben werden. Lebhaft und blitzschnell wiederholten die Fräuleins vom Amt die gehörten Laute und baten um die Bestätigung der Richtigkeit.
Meist wurden die Telegrammrechnungen gesammelt und auf die Zimmerrechnung geschrieben. Wenn der Gast gleich bezahlte, war mir das viel lieber, denn es blieb immer etwas hängen. Jeder Gast rundete großzügig auf.
Als achtsamer Page im Adlon konnte man viel lernen. Vor allen Dingen die Art und Weise, mit welcher Professionalität, Akribie und Fingerspitzengefühl die Empfangschefs mit den Gästen umgingen. Sie beherrschten die Kunst im Umgang mit Menschen. Gerade nach dem Krieg waren sie wie ein Passepartout für die Ankömmlinge. Sie boten immer eine Lösung für eine Angelegenheit oder zumindest hilfreiche Antworten an.
Der Empfangschef Herr Fieger, der mich wohl besonders gut leiden konnte, empfahl mir ständig zu stehlen. Selbstverständlich nur mit den Augen.
„Du musst immer sofort zur Stelle sein, wenn du gebraucht wirst. Wenn du schnell, höflich, aufmerksam und rücksichtsvoll bist, gut organisieren kannst, wirst du es in deinem Beruf zu etwas bringen. Und merke dir eins, alles, was im Adlon geschieht, bleibt auch im Adlon! Behalte das immer im Kopf!"

Wenn es bekannt war, wurden selbstverständlich Wünsche der Gäste vor ihrer Ankunft erfüllt. Dazu gehörte ein Blumenarrangement oder ein vorbereiteter eingedeckter Tisch für ein Menü auf dem Zimmer. Einmal sollten anlässlich einer Silberhochzeit, zwei Eintrittskarten für die Deutsche Staatsoper als Überraschung für die Gattin in weißen Gladiolen versteckt sein. Auch wurden bestimmte Zeitschriften oder Journale gewünscht. Bei einem Kammersänger musste grundsätzlich immer an seinem Anreisetag der Klavierstimmer den Konzertflügel im Salon noch einmal stimmen, auch wenn seit der letzten Stimmprüfung erst zwei Tage vergangen waren.

Ein Opernsänger kaufte sich vor seiner Premiere selbst einen großartigen Rosenstrauß. Diesen durfte ich, bevor er nach der Premierenfeier im Hotel eintraf, in seinem Salon auf dem Konzertflügel dekorativ platzieren. Der intensive Duft der frischen dunkelroten Rosen entfaltete sich und verlieh dem aufgeräumten Salon das i-Tüpfelchen.
„Er ist ein selbstverliebter Egozentriker, aber ein großartiger Künstler", erklärte mir der Empfangschef leise hinter vorgehaltener Hand. Damit konnte ich gar nichts anfangen.
Wenn für ihn mehrere schriftliche Glückwunschtelegramme zur Premiere eintrafen, habe ich nur ein Telegramm an die Rosen gelegt. Die anderen bekam er erst dann, wenn er spät abends wieder im Hotel war oder am nächsten Morgen einzeln überreicht. Dadurch bekam ich jedes Mal ein kleines Trinkgeld. Mit der „Disposition" der Telegramme wurde das wohl schon immer so gemacht und unauffällig über Generationen von Pagen weitergegeben.

Es kam schon einmal vor, dass ein Pärchen, obwohl es nicht verheiratet war, ein Doppelbettzimmer haben wollte.
Das war unmöglich und zu dieser Zeit noch streng verboten. Da half auch kein Hundertmarkschein, der „zufällig" aus dem Personaldokument ein wenig herausguckte, den der Gast mit einem kleinen Augenzwinkern dem Empfangschef überreichte. Es gab auch nebeneinanderliegende größere Einbettzimmer, die eine Verbindungstür hatten. Wenn es möglich war, haben diese Gäste solche Zimmer bekommen, ohne dass ein Wort zur offenen Verbindungstür vom Empfangschef erwähnt wurde. Sein Tipp, der Obolus, war gesichert.

Eine Schauspielerin belohnte uns immer großzügig, wenn wir ab und zu ihren kleinen unerzogenen, eigenwilligen Köter 30 Minuten lang an das Brandenburger Tor ausgeführt haben. Wir Pagen nannten es scherzhaft die „Bastardprämie" für den kleinen, schwer erziehbaren, strubbligen Roxy.

Mir fiel ein kleiner, hübscher, aufgeweckter blonder Junge auf, etwa 11 oder 12 Jahre alt. Er kam mindestens zweimal in der Woche nachmittags ins Adlon. Wie ein Kugelblitz sauste er immer schnell bei mir am Eingang vorbei, die Treppen hoch. Er besuchte einen Langzeit-Hotelgast, einen Herrn Dr. Otto Peltzer, der in der dritten Etage wohnte.

Als ich den blitzschnellen, niedlichen Knaben eines Tages anhielt und ansprach: *„Was machst du denn immer bei Herrn Doktor Peltzer?"* kam die Antwort völlig naiv oder gar vorbereitet?

„Herr Doktor Peltzer hat gesagt, ich soll bei ihm Bücher sortieren!" Ich konnte mir schon vorstellen, wie das angebliche Sortieren wohl aussah. Später habe ich erfahren, dass Dr. Peltzer ein pädophiler Sportler war. Er gehörte zu den weltbesten Mittelstreckenläufern, holte mehrmals Weltmeistertitel und besiegte den damals sehr bekannten Läufer Paavo Nurmi.

Die Diskretion des Hauses Adlon gestattete nicht, dass man über seine bekannten sexuellen Neigungen sprach. Niemand im Adlon wäre auf den Gedanken gekommen, eine Anzeige wegen Kindesmissbrauch zu erstatten, zumal es nur Vermutungen gab. Dr. Peltzer arbeitete zu der Zeit als Sportjournalist und genoss international ein großes Ansehen. Das half leider nicht, seine Hotelrechnungen pünktlich zu begleichen. Das Hotel wartete manchmal monatelang, bis er wieder flüssig war. Ich erinnerte mich: *„Alles, was im Adlon geschieht, bleibt im Adlon."*

Einmal wurde ich von einer Dame telefonisch über meine kleine Telefonzentrale ins Zimmer gerufen. Sie hätte einen großen Wunsch, den ich ihr erfüllen könnte. Welche Bitte sie hätte, könnte sie mir aber am Telefon nicht sagen. Mir geschah etwas Peinliches: Ich wusste, dass die Hotelzimmer im Adlon zwei Außentüren hatten, Doppeltüren. Meist klopfte ich an die erste Tür, und wenn man mich nicht hörte, an die zweite Tür.

Es gab jedoch in der dritten Etage, wo diese Dame logierte, auch Zimmer, die nur eine Außentür hatten.

Das wusste ich bis zu diesem Zeitpunkt nicht, niemand hatte mir das vorher gesagt. Als ich kein „Herein" hörte, wollte ich an die zweite Tür klopfen. Das war nicht möglich, ich stand im Zimmer. Der Dame war das überhaupt nicht unangenehm. Sie lag halb nackt auf dem Bett, eine große, pralle Brust schaute durch die Träger des viel zu kurzen Nachthemdchens. Sie war etwa 30 bis 40 Jahre alt. Eine attraktive, brünette Frau mit langen, ungekämmten Haaren. Mir verschlug es die Sprache. Ich habe kurz geschluckt und entschuldigte mich mit einer Verbeugung. „Das ist schon in Ordnung so", meinte sie und rekelte sich dabei ohne Scham in den weichen, großen Daunenkissen auf dem Doppelbett. „Komm doch ein bisschen näher her", meinte sie. Ich war verlegen, wusste ich nicht wo ich hinschauen oder was ich sagen sollte.

„Ich bin das erste Mal hier in Ostberlin, könntest du mir nicht die Stadt zeigen, wenn du Feierabend hast? Es soll nicht dein Schaden sein. Warum bist du so zurückhaltend, bist du auch noch schüchtern? Oder gar ängstlich? Ich möchte dich einladen!"

Mit knapp 16 Jahren stieg mir das Blut in den Kopf und ich stotterte: *„Entschuldigen Sie bitte, das geht nicht, ich bekomme Ärger mit meiner Mutter, wenn ich zu spät nach Hause komme. Verzeihen Sie bitte auf das Höflichste, ich muss jetzt wieder ins Foyer an die Telefonzentrale."* Sichtlich errötend und schnell war ich wieder aus dem Zimmer. Der Empfangschef erwartete mich schon:

„Du siehst ja aus wie eine Tomate, welchen Wunsch hatte die Dame?" Aufgeregt stammelnd erklärte ich:

„Stellen Sie sich vor, die Dame hatte ein nur kleines, kurzes rosa Nachthemdchen an, eine pralle Brust guckte raus. Sie lag unbedeckt auf dem Bett und hat mich gefragt, ob ich mit ihr ausgehen würde." Der Empfangschef lachte: *„Die Dame hatte kein Nachthemdchen an, es war sicher ein Negligé. Hast du ihr nicht gesagt, dass du erst um 22 Uhr Feierabend hast?"* Das meinte er natürlich spaßig.

Nach 22 Uhr durfte kein Minderjähriger beschäftigt werden. Ab und zu wurden zu meiner großen Freude schon einmal Ausnahmen gemacht. Die Arbeit im Hotel begeisterte mich, es wurde mein Hobby. Ich war überzeugt, das war genau der richtige Beruf für mich. Man konnte den unterschiedlichsten Menschen begegnen. Vielen berühmten Persönlichkeiten.

Für die Berufsschule hielt sich meine Leistungsbereitschaft in Grenzen, sie war leider nicht so stark ausgeprägt wie für die praktische Arbeit im Beruf. In dieser legendären Berufsschule in der Friedrichstraße lernten alle, die Kellner, Köche, Bäcker oder Fleischer werden wollten, die umfangreichen theoretischen Grundlagen. Rohstoff-, Speisen- und Getränkelehre, Betriebswirtschaft, Fremdenverkehrslehre. Alle Gaststätten- und Hygienegesetze, Hotelbestimmungen.
Zahlreiche Gastronomen und Hoteliers, die sich auf der ganzen Welt einen Namen gemacht haben, gingen schon vor dem Zweiten Weltkrieg in diese Gastronomie - Berufsschule an der Friedrichstraße. Doch durch verständlichen akuten Lehrermangel nach dem Krieg fiel der gesamte Unterricht vermehrt aus. Wir gingen dann einfach wieder nach Hause.
Einmal mussten wir mit der Klasse der Köche zusammen vier Tage aufs Land zum Kartoffelkäfer sammeln. Angeblich hatten die Amerikaner über dem Gebiet der DDR mit Flugzeugen Kartoffelkäfer abgeworfen. Dadurch sollte die Kartoffelernte vernichtet werden. Es war tatsächlich eine große Schädlingsplage ausgebrochen. Wir glaubten daran, was man uns erzählte und sammelten die gelb-schwarz gestreiften kleinen Ungeheuer von den Kartoffelpflanzen der bäuerlichen Produktionsgenossenschaften. Wer die meisten lebenden unappetitlichen Viecher in sein leeres Marmeladenglas gesammelt hatte, bekam eine Kartoffelkäferprämie.
Dass es die Amerikaner gewesen seien, war eine lancierte Falschmeldung aus dem Politapparat der DDR, wie wir erst viele Jahre später erfuhren.

Politische Falschmeldungen von Ost und West gehörten schon zum schmutzigen Geschäft des Kalten Krieges zu der Zeit.

Es war auch üblich, dass alle Berufsschüler in den Ferien 14 Tage auf dem Lande arbeiten musste, um die fehlenden Arbeitskräfte, hervorgerufen durch die Republikflüchtlinge, zu ersetzen. Im Autobus auf dem Weg zu den Bauern durften wir uns aussuchen, wer bei den noch verbliebenen Privatbauern oder bei den Bauern der LPG (der landwirtschaftlichen Produktionsgenossenschaft) arbeiten wollte. Die wenigen Privatbauern erhielten jeweils zwei Helfer, der Rest der Schüler kam zur LPG. Mit einem netten Klassenkameraden entschied ich mich für einen Privatbauern. Wir beide waren aus demselben Holz geschnitzt und gehörten zu jenen Jungs, vor denen uns unsere Mütter immer gewarnt hatten. Wir übernachteten zusammen nackend in schönen dicken Federbetten in einem separaten Zimmer auf dem Bauernhof und haben uns vor dem Einschlafen nicht nur Schauermärchen erzählt.

Jeden Tag haben wir mit einer kleinen Hacke und Hand große Zuckerrüben geerntet, bekamen bei dieser netten Bauernfamilie ein gutes, reichliches Essen und wurden überraschenderweise von ihnen nach unserem Einsatz jeder mit 100 Mark belohnt. Die LPG-Erntehelfer schliefen auf Heu in der Scheune der LPG und gingen leer aus.

Als die Schule wieder begann, hat die gesamte Klasse gelegentlich den Unterricht geschwänzt. Wir versammelten uns alle pünktlich vor dem Schulgebäude in der Friedrichstraße und alle 30 Schüler der Kellnerklasse oder auch der Köche sind geschlossen in Westberlin für 0,25 Pfennige Ostgeld ins Kino gegangen. Die Kinovorstellungen an der Sektorengrenze begannen täglich morgens ab 9 Uhr. Als Mitinitiator war ich nicht ganz unschuldig an dieser kollektiven Schulschwänzung.

In „Fox' Tönender Wochenschau" im Vorprogramm des Films sahen wir das, was wir in der DDR nicht zu sehen bekamen oder aus politischen Gründen nicht sehen sollten.

Das durfte natürlich der Direktor vom Adlon niemals erfahren. Es wäre wohl das Ende meiner begonnenen, gastronomischen Karriere gewesen. Ich wollte ihn auch nicht enttäuschen.
Als er mich eines Tages in sein Büro rief, plagte mich ein überaus schlechtes Gewissen. Mit Schuldgefühlen beladen klopfte ich leise an seine Tür. Unsicher und ehrfurchtsvoll betrat ich sein Büro. Überraschenderweise und gut gelaunt offerierte er mir: *„Mein Junge, du kannst gut organisieren, hast Talent, du bist genau der richtige Boy, um eine Jugendgruppe im Hotel Adlon ins Leben zu rufen."*
Ich war baff, das erstaunte mich. Damit hatte ich nun wirklich nicht gerechnet. Das klang ja wie Musik in meinen Ohren.
Daran hätte ich niemals gedacht.
Er sagte, er wäre bereit, Wünsche der Lehrlinge, die die gesellschaftliche, politische Arbeit unterstützen würden, zu erfüllen. Nach kurzer Zeit habe ich unsere Wünsche dem Direktor vorgetragen: *„Es wäre schön, wenn wir Jugendlichen ein eigenes Hotelzimmer bekämen, welches wir uns als Jugend-Klubzimmer einrichten könnten. Eventuell auch ein Grammophon, eine Gitarre und ein Radio dazu."*
Es dauerte nicht lange und wir bekamen tatsächlich ein Hotelzimmer, zusätzlich mit einem alten Grammophon und ein Radio ausgestattet, zu unserer Verfügung. Eine Gitarre wurde später angeschafft. Voller Stolz durfte ich als vermeintlicher „Anführer" den Zimmerschlüssel verwalten.
In dem Zimmer hörten wir, immer wenn es möglich war, in Pausen oder nach Feierabend moderne amerikanische Musik. Ein Kochlehrling hatte eine Schallplatte von Glenn Miller aus dem Westen besorgt. Die hatte für uns einen enormen Wert. Pausenlos hörten wir nach Feierabend den Jazztitel: „In the Mood", ohne einmal die schon abgenutzte Grammophonnadel auszuwechseln. Dazu kam Rock 'n' Roll.
Diese amerikanische Musikrichtung war neu und nichts für die Ohren der älteren Generation. Wir fanden das unglaublich toll. Manchmal turnten wir dabei auf den Betten herum.

Nach dem Krieg für uns eine Superstimmung. Das fröhliche Jugendleben nahm seinen Lauf. Nicht politische Themen, wie vom Direktor gewünscht, sondern alles andere als das hatten wir im Kopf. Das Zimmer eignete sich hervorragend, um unsere ersten Partys zu feiern. Natürlich immer respektvoll, dezent, möglichst nicht zu laut und ohne Alkohol. Es gab den ersten sexuellen Erfahrungsaustausch. Wir waren 5 Pagen, 3 Koch- und 4 Kellnerlehrlinge, aber nur drei Mädchen, die sich in der Ausbildung befanden. Ein hübsches dunkelblondes Mädchen vom Büro hatte sogar vergeblicherweise ein Auge auf mich geworfen, während zwei andere Mädels von uns Jungs gar nichts wissen wollten, sie waren eben „Kaltmamsells".

In der Woche ab Montag, dem 15. Juni 1953 hatte ich Frühdienst als Page. Mein Dienst begann wie immer um 6 Uhr früh. So auch Mittwoch, am 17. Juni 1953.
Auf der Fahrt mit der S-Bahn zum Bahnhof Friedrichstraße war noch alles ruhig und normal.
Auf der Straße Unter den Linden bemerkte ich, dass sich um diese Zeit ungewöhnlich viele Menschen versammelten.
Man sah viele Gruppen in Bauarbeiterkleidung, die heftig und laut miteinander diskutierten.
Im Hotel Adlon war es gegen 8 Uhr sehr unruhig geworden.
Mehr als gewöhnlich um diese Uhrzeit hatte ich schon mit unseren Gästen zu tun. Die Zettel mit den Telegramm- und Ferngesprächswünschen häuften sich.
Gegen 10 Uhr bekam ich vom Geschäftsführer Herrn Mattner den ungewöhnlichen Auftrag, die Einnahmen des Vortages zur Bank zu bringen.
Diesen Auftrag bekam ich zu meinem Erstaunen das erste Mal. Den grauen kleinen Geldsack hielt ich versteckt an meiner Brust unter meiner Pagenuniform und ging ein wenig aufgeregt die Behrenstraße entlang in Richtung Friedrichstraße, wo sich die Bank befand.

Dort angekommen sah ich einige Hundert erregte Menschen. Unmittelbar im Haus neben der Bank blickte ich auf einen Balkon im ersten Stock, wo eine größere Schlägerei im Gange war. Es wurde eine rote Fahne mit viel Gebrüll der unten stehenden Menschen auf die Straße geworfen und auf der Straße angezündet. Die Menschen riefen in Sprechchören:
„Nieder mit der DDR – weg mit der SED!"
Das immer wieder.
Es war eine unheimliche, mutige, aggressive, wütende Menge.

Die Bank war aber verschlossen und die Angestellten schauten sich aufgeregt das Schauspiel auf der Straße durch ihre Fensterscheiben an. Ich gab ihnen gestikulierend zu verstehen, dass ich Geld abliefern soll, öffnete ein wenig meine Uniformweste und zeigte ihnen ein Stück von dem Geldsack.
Sie deuteten mir an, ich möchte vom Hausflur durch die Seitentür hereinkommen. In der Bank befanden sich alle Angestellten in großer Ängstlichkeit. Sie konnten nicht verstehen, wer mich mit dem Geld in dieser Situation losgeschickt hatte. Sie nahmen das Geld entgegen und gaben mir noch auf den Weg, ich solle vorsichtig sein. Erleichtert und schnellen Schrittes bin ich wieder im Adlon angekommen.
Ich sah, wie immer mehr Menschen zum Brandenburger Tor liefen. Viele Bauarbeiter in ihrer Kluft. In Sprechchören skandierten sie immer wieder: *„Nieder mit der DDR – nieder mit der SED!"* Ich sah Transparente mit der Aufschrift „Freie Wahlen" und „weg mit Ulbricht und Konsorten".
Im Adlon an der Rezeption lief unser Direktor aufgeregt hin und her. Als ich von draußen hereinkam, fragte er mich, was da auf den Straßen los sei. Er müsste es doch eigentlich schon mitbekommen haben, dachte ich.

„Herr Direktor, ein Aufstand von den Arbeitern ist im Gange!" Ich war ein wenig zappelig und aufgelöst.
Er sagte in scharfem Ton zu mir:

„Erzähle mir nicht so einen Unsinn. Wo hast du denn das her? Kein Arbeiter bei uns macht einen Aufstand!"
Er ging vor die Tür und nahm nun selbst die unüberhörbaren Rufe zur Kenntnis. Anschließend lief er schnell ins Büro des Geschäftsführers, das sich neben der Rezeption befand, um zu telefonieren. Dann kam er wieder zum Hoteleingang und sagte mit hochrotem Kopf im Selbstgespräch vor sich hin:
„Das ist doch nicht möglich, nein das ist nicht möglich!" So beunruhigt und zitterig hatte ich unseren Direktor noch nicht erlebt. Dann ging er in die Küche und beauftragte zwei Kochlehrlinge, flink das Transparent von der alten Fassade des Adlon abzuhängen. Darauf stand:
Proletarier aller Länder vereinigt euch!
In meiner Gegenwart entfernte der Direktor auf dem kurzen Flur zur Hotelküche das Parteiabzeichen von seiner Jacke und sagte besorgt, fast hilflos zu mir: *„Mein Junge, hoffentlich stürmen die nicht unser Hotel."* Dass daran nicht das geringste Interesse der Demonstranten bestehen dürfte, war mir damals eigentlich schon klar. Die geäußerten politischen Forderungen hatten doch überhaupt nichts mit dem Hotel zu tun. Seine Angst war außerordentlich. Für ihn gab es bestimmt immer nur eine gute, heile Deutsche Demokratische Republik. Mit allen Vorzügen für die Arbeiter und Bauern. Sicherlich ist für ihn in dem Moment eine Welt zusammengebrochen.
Ich konnte seine persönlichen Angstgefühle nicht begreifen. Dümmlich überlegte ich: Hatte er etwa etwas Unrechtes getan? Ein bisschen abenteuerlustig lief ich immer wieder vor die Tür, um Beobachtungen zu machen. Damals zierte das Brandenburger Tor noch nicht wieder die Quadriga, die noch vom Krieg zerstört war, sondern nur eine rote Fahne. Das Tor stand ja auf dem Boden der DDR. Ich sah, wie etwa gegen 12 Uhr diese rote Fahne vom Brandenburger Tor mit viel Tumult heruntergeholt, unten zerrissen und angezündet wurde. Inzwischen waren Tausende von Menschen versammelt. Sie alle voller Zorn und Hass auf diese Regierung.

Vom Empfangschef bereits das zweite Mal ermahnt, durfte ich nicht mehr vor die Tür gehen. Es wartete genügend Arbeit auf mich hinter dem Tresen der Rezeption.

Einige Gäste reisten unangekündigt ab. Ich sollte telefonisch Taxen besorgen. Aber von den Taxisäulen meldete sich keiner mehr. Keine Taxe hatte früher ein Telefon, nur über Rufsäulen an den Taxi-Stellpunkten konnte man sie erreichen. Es war einfach nicht mehr möglich. Das kleine Foyer vom Hotel war voller besorgter Gäste und alle redeten beunruhigt miteinander. Die Zettel von den Gästen mit den gewünschten Telefonverbindungen und Telegrammwünschen häuften sich.

An dem Tage war ich der einzige Page im Frühdienst. Fortwährend bat man mich, ich sollte unbedingt noch einmal versuchen, das Fernamt zu erreichen. Mir wurden von den aufgeregten Gästen, mehr als üblich, Trinkgelder zugesteckt. Es kam mir vor, als sei ich der gefragteste Mann des Tages, und ich war dennoch leider nicht in der Lage, annähernd die Wünsche zu erfüllen. Ich sagte zu den Gästen:

„Es tut mir sehr leid, es geht leider nicht, bitte nehmen sie ihr Geld zurück. Ich bekomme keine telefonische Verbindung mehr." Das Rufzeichen ging noch heraus, aber es meldete sich keine einzige Person mehr. Ab 13 Uhr gab es auch kein Zeichen mehr, alle Telefonleitungen waren tot.

Von der Straße hörte man aus großen Lautsprechern, die auf Lastkraftwagen der KVP (kasernierte Volkspolizei) montiert waren: *„Arbeiter geht an eure Arbeitsplätze zurück. Die Regierung der Deutschen Demokratischen Republik hat viele Fehler gemacht! Wir versprechen euch einen neuen Kurs! Niemand wird bestraft aber geht an eure Arbeitsplätze zurück!"* Das wurde andauernd wiederholt. Sofort ertönte es laut zurück aus der Menge: *„Pfui – Buh! Weg mit Ulbricht und Konsorten! Freie Wahlen!"* Zu groß war die Feindschaft zwischen der Bevölkerung und der Regierung. Es flogen Steine auf die Fahrzeuge. Die Lage spitzte sich dramatisch zu.

Wir hörten Kettengeräusche von auffahrenden Panzern.

Es waren russische Panzer.
Direkt vor dem Hotel Adlon wurden Geschütze in Richtung Westen in Stellung gebracht.
Tausende von Menschen liefen vor unseren Augen die Wilhelmstraße entlang zum Haus der Ministerien in Richtung Leipziger Straße. Dort angekommen wurden sie blutig niedergeschlagen. Jetzt regierte nur noch die brutale Gewalt.
Es fielen die ersten Schüsse. Es wurde von der Volkspolizei und den Rotgardisten erst in die Luft und dann einfach wahllos in die Menge geschossen. Es gab Tote und Verletzte. Westberliner und naheliegende Ostberliner Krankenhäuser nahmen die Verletzten auf.
Um 18 Uhr wurde ich nach Hause geschickt.
Es fuhr weder eine Straßenbahn noch eine S-Bahn und kein Bus. Ich musste vom Brandenburger Tor bis zum Prenzlauer Berg laufen. Unterwegs in der Lothringer Straße kam ich an mehreren Aufklärungslokalen der Nationalen Front vorbei. Das waren ursprünglich alte Kneipen, deren Besitzer schon zu Beginn der DDR nach dem Westen geflohen waren und die jetzt dazu dienen sollten, die Bevölkerung politisch aufzuklären. Sie vom Sozialismus zu überzeugen.
In allen drei dieser Einrichtungen, an denen ich vorbeikam, waren die Fenster und Türen eingeschlagen und alles verwüstet. Zwei der Aufklärungslokale brannten und keine Feuerwehr in Sicht. Jetzt bekam ich auf dem Wege nach Hause auch Angst. Wie ging es wohl weiter? Gab es womöglich wieder Krieg? Traumatische Erinnerungen begleiteten unterwegs meine Gedanken. Die schreckliche Kriegszeit, die brennenden Häuser, die Hungersnot, die vielen verstümmelten, erfrorenen und erschossenen Menschen, die ich als kleiner Junge gesehen habe. Ich musste an die Kriegsheimkehrer mit den schweren Gesichtsverletzungen denken. Männer aus unserer Straße, die mit einem Arm oder mit einem Bein aus dem Krieg zurückkamen.
Sollte meine schöne Arbeit im Adlon schon zu Ende sein?

BEFEHL
des Militärkommandanten des sowjetischen Sektors von Berlin

Betrifft: **Erklärung** des **Ausnahme-zustandes**
im sowjetischen Sektor von Berlin

Für die Herbeiführung einer festen öffentlichen Ordnung im sowjetischen Sektor von Berlin wird befohlen:

1. Ab 13 Uhr des 17. Juni 1953 wird im sowjetischen Sektor von Berlin der Ausnahmezustand verhängt.
2. Alle Demonstrationen, Versammlungen, Kundgebungen und sonstige Menschenansammlungen über 3 Personen werden auf Straßen und Plätzen wie auch in öffentlichen Gebäuden verboten.
3. Jeglicher Verkehr von Fußgängern und der Verkehr von Kraftfahrzeugen und Fahrzeugen wird von 9 Uhr abends bis 5 Uhr morgens verboten.
4. Diejenigen, die gegen diesen Befehl verstoßen, werden nach den Kriegsgesetzen bestraft.

Berlin, den 17. Juni 1953

Militärkommandant des sowjetischen Sektors von Berlin
Generalmajor Dibrowa

Der sowjetische Militärkommandant, der oberste Befehlshaber von Ostberlin, hatte den Ausnahmezustand befohlen. Es wurde verboten, dass mehr als drei Personen zusammenstehen. Auf allen Straßen und Plätzen oder in öffentlichen Gebäuden wurde vom Kriegsrecht Gebrauch gemacht.

Jeglicher Verkehr von Fußgängern und der Verkehr von Kraftfahrzeugen waren von 21 Uhr bis morgens 5 Uhr verboten. Diejenigen, die gegen diesen Befehl verstoßen, wurden nach dem Kriegsrecht bestraft. Diese Plakate hingen schon am Nachmittag des 17. Juni 1953 in allen großen Straßen von Ostberlin. Blitzartig wurden sie an Häuser und Litfaßsäulen geklebt.

Zu Hause angekommen erzählte ich aufgeregt meiner Mutter, was ich erlebt hatte. Sie war besorgt und meinte:
„Es wird in der DDR keine politischen Veränderungen geben, solange uns der Russe besetzt hält. Daran ändert auch keine Protestnote von den westlichen Alliierten etwas."
Den Text dieser Protestnote hörten wir im Radio aus Westberlin. Sender Rias Berlin.
Meine Mutter war eine begabte, kluge Frau. Sie riet mir, ich solle mich im Adlon und später im Beruf aus allen politischen Diskussionen heraushalten. Das könne nur Ärger geben.
Sie kannte mich und wusste, dass ihr Sohn reichlich emotional gestrickt war: *„Ich rate dir unbedingt, lass dich in deinem Beruf niemals auf politische Gespräche ein, weder mit den Gästen noch unter den Kollegen."*
Sie hatte ihre unangenehmen Erfahrungen aus der Vergangenheit mit dem Hitlerregime im Restaurantbetrieb von Lutter & Wegner. Sie war dabei, als zwei Juden am Arbeitsplatz aus der Küche abgeholt wurden, die sie nie wieder gesehen hatte.

Wir hörten im Radio auch, dass in allen Stadt- und Landkreisen der DDR der Ausnahmezustand erklärt wurde.
Überall Streik! Das waren nach den Gesetzen der Deutschen Demokratischen Republik strafbare Handlungen.
Es gab kein Streikrecht.
Einige Jahre später ist bekannt geworden, dass es 150 Todesopfer gab.

Es gab 21 standrechtliche Erschießungen von Demonstranten. Vier gerichtliche Todesurteile, von denen drei vollstreckt wurden.

Etwa 20.000 Menschen landeten in den ehemaligen Zuchthäusern, den katastrophalen Strafanstalten mit unterschiedlicher Haftdauer.

Zur Abschreckung der Bevölkerung wurden drakonische, öffentliche Schauprozesse durchgeführt. Man wollte den Aufständischen nachweisen, dass ihr Protest das Werk westlicher Imperialisten sei und das die kriminellen, verhafteten Bauarbeiter mit denen unter einer Decke steckten.

Nichts wurde aus der überaus laut posaunten versprochenen Straffreiheit für die Bauarbeiter. Diese Zusicherungen: "Niemand wird bestraft!" aus den ewig tönenden Lautsprecherwagen, waren scheinheilig, heuchlerisch und hinterhältig.

Die Lage beruhigte sich wieder, aber das Vertrauen vieler Menschen zu diesem Staat war gebrochen. Die Bevölkerung im Osten wurde gezwungen, sich an die Befehle der Sowjets und damit an die Entscheidungen der DDR-Regierung zu halten. Schon ein paar Tage nach dem 17. Juni trug Direktor Paul wieder sein Parteiabzeichen am Revers, aber man spürte, dass alles ein klein wenig anders war. Jeden Tag verließen immer mehr Menschen die Republik, kehrten dem Sozialismus den Rücken. Es war noch keine Massenbewegung, doch man hörte fast täglich im Flüsterton Neuigkeiten: *„Hast du gehört, Kurt Henkels, der Chef des Rundfunktanzorchesters Leipzig, ist abgehauen?"* Einen Tag davor durfte ich für ihn noch Besorgungen machen. Oder man sagte: *„Der … ist auch getürmt."* Eigenartigerweise redeten kein Gast und kein Angestellter im Adlon über die Geschehnisse des 17. Juni. Bis auf wenige Gäste blieb das Adlon zunächst leer.

Allerdings hatte sich das nach einigen Wochen wieder geändert. Die bekannten Theater- und Opernhäuser arbeiteten an neuen Inszenierungen. Davon profitierte auch wieder unser Haus. Namhafte Stammgäste kamen nach und nach zurück.

Meine interessante Tätigkeit im Adlon fasste ich nicht als Arbeit auf. Es wurde mein schönes Hobby mit den angenehmen Nebenwirkungen der Trinkgelder. Ein Page verdiente im Monat 100 Ostmark netto, ein Kellner- oder Kochlehrling 80 Mark. Die Nebenerlöse durch Trinkgelder lagen weit darüber und entsprachen in manchem Monat dem Dreifachen.
Die Gäste waren erstaunlich großzügig.
Einmal bekam ich von einer prominenten Opernsängerin den Auftrag, einen Brief einem Verwandten in Westberlin zu überbringen. Sie gab mir einen Fünfzigmarkschein Westgeld und sagte, das sei Fahrgeld, den Rest könnte ich behalten. Ich dürfe auch mit der Taxe dort hinfahren, meinte sie.
Hinter dem Brandenburger Tor stieg ich selbstbewusst, wie ein kleiner Chef, zum ersten Mal in ein Westtaxi und fuhr freudestrahlend in meiner Pagenuniform nach Zehlendorf. Leider war der Betreffende nicht dort und dann habe mich in einen anderen Stadtbezirk kutschieren lassen. Der ganze Spaß kostete knapp 40 Westmark. Damals sehr viel Geld für mich. Noch am Abend, als ich Feierabend hatte, überlegte ich, wie dumm ich war. Wäre ich nicht mit der Taxe, sondern mit dem Bus gefahren und hätte das Geld in Ostmark getauscht, hätte ich 200 Ostmark gehabt. Zwei volle Monatsgehälter. Die Dame wollte ja kein Geld zurückhaben. Ich musste eben noch viel lernen, so etwas passierte mir später nicht mehr.
Ein Gast hatte seine prall gefüllte Brieftasche in der Telefonzelle, die sich im Foyer gegenüber der Rezeption befand, liegen gelassen. Mit persönlichen Papieren und einigen ungeordneten Geldscheinen. Ost- und sogar Westgeld. Er war schon auf dem Weg zum Bahnhof. Ich hatte diesem Herrn das Bahnticket besorgt und wusste, dass er um 11.30 Uhr vom Ostbahnhof nach Erfurt fuhr. Als ich 10 Minuten vor Abfahrt des Zuges am Ostbahnhof ankam, ließ ich ihn über die Bahnhofslautsprecher ausrufen. Er kam sofort.
Ich erwartete eine ungeheure Freude von diesem Herrn und für mich einen passablen Finderlohn. Denkste, keinen Pfennig.

Ich wurde ziemlich enttäuscht. Er bedankte sich mit den Worten: *„Das ist ja sehr nett, das du mir die Brieftasche bringst, das hätte aber Zeit bis zur nächsten Woche gehabt, ich bin doch nächste Woche wieder im Adlon."*
Ich war einfach sprachlos. Mit einer solchen Reaktion hatte ich niemals gerechnet. Die Enttäuschung über den entgangenen Finderlohn oder Trinkgeld hielt aber bei mir nicht lange an. Insgeheim war ich doch stolz, einem Gast geholfen zu haben. Meine Berufsehre siegte über meine ersten Gedanken.
Eine Taxe, ein alter Bentley, fuhr vor und ich durfte einer eleganten blonden Dame, einer Diva in einem Pelzmantel im Sommer, die Taxitür öffnen. Sie stieg mit ihrem Liebling aus. Madame hatte mehrere Koffer und Taschen, dabei einige Hutschachteln. Ihr Liebling hieß Anton– ein kleines Schoßhündchen, passend zum Pelz ein hellbrauner Pekinese. Ich dachte, diese vornehme Madame hat den Krieg sicher gut im Ausland überlebt. Sie erschien mir augenscheinlich reich zu sein.
Das funkelnde Geschmeide leuchtete unter ihrem offenen Pelzmantel. Die goldenen Ringe und die glänzenden Armreifen stachen mir sofort in die Augen. Ich lud das Gepäck aus der großen alten Taxe. Als ich alles ausgeladen hatte, stand so viel Gepäck, dass der Hausdiener mehrmals die Treppen herauf- und hinunterlaufen musste. Er war nicht mehr der Jüngste, er schnaufte und pustete vor sich hin. Ohne ihn zu fragen, half ich die letzten Gepäckstücke in die zweite Etage zu tragen.
Am Abend machte er mir Vorwürfe. Es sei seine Aufgabe, das Reisegepäck im Hause zu befördern, und er drohte mir, ich solle mich in Zukunft mehr zurückhalten.
Mehrmals hatte ich schon mitbekommen, wenn er mehr schnaufte und stöhnte, erwartete er mehr Trinkgeld.
Für mich war es eine selbstverständliche Pflicht, der Dame auch ohne kleinen Botenlohn zu helfen.
Weil dieser Hausdiener mich beschimpfte und ich das als ungerecht und egoistisch empfand, habe ich mir am Abend etwas einfallen lassen. Ich spielte ihm einen Streich:

Gegen 22 Uhr, bevor ich Dienstschluss hatte, hielt er sich in seinem Office in der zweiten Etage auf. Blitzschnell vertauschte ich zwei Paar Schuhe, die vor den Zimmertüren zum Putzen bereitstanden, und brachte sie einige Türen weiter. Welches Ende mein böser, dummer Streich nahm, ist mir leider nicht bekannt geworden. Mich verdächtigte man jedenfalls nicht.

Es war ein Freitag. Wir hatten einige Abreisen und Ankünfte vorzubereiten. Da kam eine Dame an die Rezeption und beklagte, dass sie im Hotel bestohlen worden sei. Sie wolle eine Anzeige erstatten. Es könne nur im Zimmer gewesen sein, meinte sie. Angeblich war aber niemand in ihrem Zimmer.
Ein wertvoller goldener Ring sei abhandengekommen.
Ganz souverän nahm der Empfangschef diese Meldung entgegen und fertigte ein Protokoll. Noch am Abend des gleichen Tages kam eine Lady aufgeregt die Treppen hinuntergerannt und sagte ganz aufgelöst zum Chef: *„Bei Ihnen befindet sich ein Hoteldieb im Haus. Verständigen Sie bitte schnell die Polizei!"* Er wollte wissen, warum sie meint, dass es ein Hoteldieb sei. Sie schilderte: *„Es klopfte jemand an meine Zimmertür. Bevor ich hereingerufen hatte, trat der Mann ins Zimmer und sagte: ‚Entschuldigen Sie bitte, ich dachte, es ist mein Zimmer!' Es muss ein Dieb sein, welcher Gast klopft an seine eigene Zimmertür, bevor er sie öffnet?"* Sie hatte recht.
Die Polizei wurde verständigt und der Dieb festgenommen. Der goldene Ring und dazu viel Bargeld wurden bei dem Einbrecher gefunden. Es war kein Hotelgast aus dem Adlon, sondern der Eindringling hatte sich, ohne dass wir etwas bemerkten, heimlich ins Haus geschlichen.

Von der Opernsängerin Frau Müller-Inden bekam ich meine erste Eintrittskarte für die Oper geschenkt. Sie sang damals die Mimi in „La Bohème". Dieser erste Besuch einer Oper faszinierte mich und war der Anfang einer späteren großen Leidenschaft für das Theater und die klassische Musik.

Nicht zuletzt deshalb gründete ich mit vier Lehrlingen zusammen eine Laienspielgruppe im Adlon. Es machte mir einfach Spaß, ein kleiner Schauspieler zu sein. Bereits in der letzten Klasse der Volksschule war ich Mitglied einer Theatergruppe. Wir übten in unserem Jugendzimmer Gesang und studierten kleine Sketche ein. Texte besorgte ich aus Leipzig von der Schauspielschule extra für Laienspielgruppen. Direktor Paul war ab und zu Gast bei unseren Proben und war begeistert, wie wir die politische, gesellschaftliche Arbeit umsetzen. Bei der nächsten Betriebsfeier sollen wir unbedingt vor allen Kollegen auftreten, meinte er. Das fand ein Jahr später auch statt. Es beteiligten sich noch mehr Lehrlinge und auch Angestellte des Hauses. Zusammen waren wir 16 kleine „Möchtegernschauspieler" und traten anlässlich eines Betriebsvergnügens der Mitarbeiter der Hotels der GmbH auf der großen Bühne des Gesellschaftshauses in Berlin-Grünau auf. Das Stück, das wir zur Aufführung brachten, erfanden wir allerdings selbst.
Uns gefielen die zugesandten Materialien der Schauspielschule nicht. Die Texte waren alle politisch ausgerichtet und thematisierten und verherrlichten einzig und allein das fortschrittliche Leben in der DDR. Unser Stück hieß:
<u>„Unter der roten Laterne von St. Pauli".</u> Wir bastelten an unseren Requisiten, die auf der Bühne eine alte Kneipe in Hamburg darstellten. Nach unserem erfundenen Drehbuch wollte ein reich gewordener, unangenehmer Zuhälter dem Wirt seiner ehemaligen Stammkneipe imponieren und hatte dazu protzig bekannte Stars in die inzwischen alte Spelunke verpflichtet. Diese Stars wurden von talentierten Lehrlingen, in vergleichbaren Kostümen, großartig parodiert. Dazu Unterwelt, Rotlichtmilieu, und ich konnte dazu, weil er auch einen Amerikaner eingeladen hatte, unsere moderne Rock 'n' Roll Musik unterbringen. Der Direktor Paul hatte durch die ersten Proben, die er besuchte, ein völlig anderes Theaterstück erwartet, doch der anhaltende, starke Applaus der über 200 Mitarbeiter aus den verschiedenen Hotels überzeugte ihn schließlich.

Meine schöne Tätigkeit als Page mit den üppigen Trinkgeldern ging zu Ende und meine dreijährige Lehre als Kellnerlehrling begann. Jetzt wurde es ernster. Meine Kapriolen, die ich mir als Page manchmal leistete, schnell und überall zu sein, durch unser Klubzimmer manchmal auch etwas länger, als notwendig gewesen wäre, gehörten nun der Vergangenheit an.
Ab jetzt war ich im Restaurant unter der ständigen Aufsicht und Kontrolle des Meisters.
Er war Maître d'hôtel und arbeitete bereits im alten Adlon zu den glorreichen Zeiten als Chef de Rang.

In der Mitte der Serviermeister im alten Hotel Adlon.

Der Kellner links arbeitet an der Entenpresse. Die gebratene Ente wurde am Tisch tranchiert, die Keulen getrennt und die Brust in Filets geschnitten. Die Karkasse, das Gerippe der Ente kam in die Entenpresse. Der ausgepresste noch etwas blutige Fleischsaft wurde mit der pürierten Entenleber und etwas Rotwein auf einer Silberplatte, die auf einer brennenden Spiritusflamme stand, zu einer schmackhaften Soße angerührt.

Mein erster Tag im Restaurant war schrecklich und ich habe ihn nicht vergessen. Dem Meister gefiel mein Gang überhaupt nicht, die Schritte, die ich machte. Er gab zu verstehen: *„Du läufst wie ein Musiker, nicht wie ein Kellner, so geht das nicht. Ein Kellner tänzelt nicht, er schreitet. Achte auf deine Körperhaltung."* Morgens im Kellner-Office musste ich hin- und herlaufen mit und ohne Tablett. Er sah zu und gab seine Kommentare. Sollte ein Kellner besondere Schritte beherrschen? Ich will doch kein Mannequin werden, überlegte ich etwas trotzig. Es war für mich nicht vorstellbar, dass ein Kellner einen besonderen Gang einlegen sollte. Er musste es wissen, und in Wirklichkeit hatte ich ja das Glück, den letzten Zipfel einer gründlichen gastronomischen Ausbildung noch erwischt zu haben.

Mein Meister kannte noch Louis Adlon und seine Frau Hedda. Louis war der Sohn des alten Lorenz Adlon. Lorenz hatte das Haus einst als Luxushotel eröffnet und mit der Ausstattung und Extravaganz zum Mythos geführt. Der Herr Adlon profitierte reichlich davon, dass der Kaiser Wilhelm II. das Hotel ins Herz geschlossen hatte.

Es war spannend, wenn der Serviermeister aus der Vergangenheit erzählte. Er bediente Könige und Prinzessinnen. Charlie Chaplin und Marlene Dietrich. Die größten Opernstars, die bekanntesten Architekten. Maharadschas, reiche Diplomaten und Scharlatane. Was hatte er alles erlebt.

„Die berühmtesten waren meist die unkompliziertesten und angenehmsten Gäste. Nur mit der Entourage gab es ab und zu ein wenig Trouble." Wenn er von der guten alten Zeit ins Schwärmen kam, durfte ihn niemand mit Fragen unterbrechen. Er nannte das ehemalige Adlon der Edelstein unter den besten Hotels der Welt. *„Es gibt kaum einen Vergleich mehr zu der heutigen Zeit, gegenwärtig wird vieles improvisiert"*, meinte er. *„Du solltest wissen, mein kleiner Boy, nicht jeder eignet sich zum Kellner, der Beruf ist kein Job. Es ist wie eine Berufung, eine Leidenschaft. Du musst dazu geboren sein."*

Nach etwa drei Wochen Vorbereitungsarbeiten, Office reinigen, Tischwäsche sortieren, immer wieder die schon blitzblanken Silberaschenbecher mit der Zündholzhalterung putzen, Menagen auffüllen, Geschirr und Gläser polieren durfte ich das erste Mal einem Gast als Kellnerlehrling gegenübertreten. Endlich, jedoch Aufregung pur.
Früh gegen 7 Uhr zum Frühstück habe ich ein Ei servieren dürfen. Nachdem ich das gemacht hatte, die Frage des Meisters: *„Was hast du getan?"*
„So wie Sie gesagt haben, ich habe ein Ei an den Tisch gebracht!" *„Du hast kein Ei an den Tisch gebracht, sondern dem Herrn Professor Doktor Mayer am Tisch Nr. 15 ein gekochtes frisches Hühnerei serviert! Was hast du dabei falsch gemacht?"* Kurze Überlegung:
„Ach ja, ich habe den Eierbecher mit dem Ei nicht links, sondern rechts auf dem Tisch platziert."
Mit links und rechts hatte ich schon seit meiner Geburt ein paar Probleme. Vermutlich hatte sich bei mir ein kleiner Webfehler eingeschlichen.
Ich fragte den Meister: *„Warum wird zum Beispiel von rechts serviert, aber die Speisen von links vorgelegt?"*
„Ganz einfach, die Platte mit den Speisen hast du auf der linken flachen Hand. Das Vorlegebesteck in der rechten Hand. Wenn du von rechts dem Gast die Speisen vorlegen würdest, müsstest du mit dem Vorlegebesteck die Speisen über die Platte reichen. Das sieht einfach nicht gut aus, wenn du mit deinem Ärmel in der Soße hängen bleibst!"
Das war wieder ein Zeichen für mich, dass mein Meister gute Laune hatte. Er konnte fachliche Zusammenhänge super und auch lustig erklären. Wenn er besonders gut aufgelegt war und wenig Arbeit vorhanden, erzählte er auch mal einen Kellnerwitz: Eine Dame schaut einen Kellner von oben bis unten an und fragt: *„Herr Ober, haben sie Froschschenkel?"*
„Nein, gnädige Frau, es tut mir leid, ich laufe immer so!"
Damals habe ich mich ausgeschüttet vor Lachen.

Eigentlich passte dieser Witz nicht zu der sittsamen und ehrbaren Erscheinung, die der Maître wahrhaftig verkörperte.
Er konnte wohl auch ein kleiner Schauspieler sein.
Es gehörte auch dazu, dass die Lehrlinge des ersten Lehrjahres von den älteren Lehrlingen auf den Leim geführt wurden:
„Wir erwarten eine österreichische Delegation, die ovalen Würfelzucker lieben. Geh mal in die Küche und hole schon mal den Zuckerhobel für den Würfelzucker!." Oder: *„Bring mir mal die Schippe für den Sandkuchen." „Hole mal von der Rezeption den Zimmerschlüssel Nr. 13 für Herrn Dr. Berthold."*
Ha, ha, das wusste ich schon, dass es in keinem Hotel ein Zimmer mit der Nummer 13 gab. Auch nicht im Adlon.
Jedes erste Lehrjahr musste durch diesen Blödsinn. Auch ich bin öfter mal auf neue Beauftragungen hereingefallen.

In den Vormittagsstunden zwischen Frühstück und Mittagszeit wurde reichlich trainiert. Zum Beispiel, wie eine Tischdecke richtig gewechselt wird, ohne dass der mit einem Moltontuch bespannte Tisch sichtbar wurde. Zum richtigen Auflegen eines Tisch- oder eines größeren Tafeltuches gehörte schon eine gewisse Fingerfertigkeit. Wir übten die Tische fachlich richtig einzudecken. Vom einfachen Kuvert bis zum Menü mit fünf Gängen. Servicevorbereitungen treffen, lernten die verschiedensten Serviettenformen. Die geschickte Handhabung und tragen von Gläsern, Geschirr und der Silberplatten. Speisenlehre und klassische Menüfolgen.
Ich erlernte die einzelnen Besteckteile und hatte dabei schon einen schönen Pluspunkt von zu Hause mitgebracht.
Für mich waren sogar die Spezialbestecke nicht neu, wie Tranchierbesteck, Hummerzange, Krebsbesteck, Austerngabel, Kaviarmesser, Butter-, Käse- oder Obstmesser, Entremet -, Salat- oder auch einfaches Fischbesteck.
Mein Vater hatte zu Hause, als es noch möglich war, großen Wert auf eine gepflegte Tischkultur gelegt und alle dazu notwendigen Besteckteile mit Silberauflage gekauft.

Dieses Silberbesteck wurde zu Hause nur in der guten Stube und nur bei besonderen feierlichen Anlässen benutzt.

Ein fachlich korrekt eingedeckter Tisch mit weißen gestärkten Stoffservietten war schon eine Augenweide. Eine unter Aufsicht des Meisters gestaltete edle, festliche Tafel für mehrere Gänge vorbereitet, passende Gläser und dezente Dekoration mit Blumen und Kerzen lösten in mir schon stimmungsvolle Begeisterung und Respekt für meinen Beruf aus. Ästhetik pur. Dabei musste selbstverständlich immer der Charakter einer bestimmten Festlichkeit berücksichtigt und der Blumenschmuck entsprechend der Thematik harmonisch eingefügt werden. Ich lernte das jedes Gerät, die Menagen, die verschiedenen Bestecke, Teller und die entsprechenden Gläser ihren bestimmten festen Platz auf einer Festtafel haben.
Als Kellnerlehrlinge trugen wir weiße kurz geschnittene Frackjacken nach Maß ohne Frackschöße, weiße Hemden, schwarze Fliegen und eine schwarze Hose. Wir sahen schon elegant aus. Die Kellner arbeiteten im schwarzen Frack. Diese Berufsgarderobe wurde von den Maßschneidern des Friedrichstadtpalastes für das Servierpersonal und für die Lehrlinge des Adlon gefertigt und vom Hotel bezahlt. Die Manschetten waren aus gestärkten weißen Papierleinen angesetzt. Die Hemdkragen wurden an die Chemisette, die die Kellner trugen, einfach angeknöpft. Es sah immer elegant und sauber aus. Peinlichste Sauberkeit des Personals gehörte zum ersten Gebot.

Frühstücksbüfetts für die Gäste an Selbstbedienungs-Büffets waren noch unbekannt. Alle Frühstückssortimente wurden individuell von den Kellnern serviert. Aus historischen Gründen wurde auf das Frühstück im Adlon immer noch besonderer Wert gelegt. Auf die Frage von Kaiser Wilhelm II. zur alten Zeit: *„Adlon, was ist das Wichtigste in ihrem Hotel?"*
Antwortete Lorenz Adlon wie aus der Pistole geschossen:
„Das Wichtigste im Hotel ist das Bett und das Frühstück!"

Ein ziemlicher Aufwand, denn einige Gäste hatten die bizarrsten, ausgefallensten Wünsche zum Frühstück:
Einer ein Haferflockensüppchen, ein anderer belegtes Knäckebrot, französischen Toast oder Ham and Eggs. Welsh Rarebit, auch Eierkuchen mit Apfelmus, Omelette mit den unterschiedlichsten Füllungen. Gemischte Aufschnittplatten und Eier. Eier im Glas und in außerordentlichen anderen Variationen. Honig oder verschiedene Konfitüren auf kleinen Glastellerchen mit Croissants und vieles mehr. Kaffee oder Kaffee verkehrt, Mocca oder Mocca double. Malzkaffee nannten wir „Kaffee ordinär". Tee, Kakao, heiße oder kalte Milch.
Die Kaffeesahne zum Kaffee wurde in kleine Portionskännchen abgefüllt und Würfelzucker in kleinen Zuckerschälchen serviert. Bei vier Tischen mit zwei oder mehr Personen kam selbst der geübte Kellner ins Schwitzen. Es kam schon einmal vor, dass der angeknüpfte Papierkragen sich am Hals löste, weil er völlig durchnässt war. Der Kellner wechselte den Kragen im Handumdrehen.
Der Aufwand während des individuellen Frühstücksgeschäftes war an manchen Tagen schon heftig.
Das „Größte" aber war, dass sich die Küche und die Abwaschküche im Erdgeschoss befanden und das Restaurant im Zwischengeschoss. Ohne Speisenpaternoster oder Lift.
Alle Speisen mussten über eine freie Holztreppe, die hinter dem Kellner-Office lag und für die Gäste nicht sichtbar war, hoch und das schmutzige Geschirr wieder hinuntergetragen werden. Das gehörte zu der Tätigkeit der Kellnerlehrlinge. Dadurch, dass wir am Tag x-mal die 16 Stufen auf und ab geflitzt sind, haben wir eine solche Geschwindigkeit dabei entwickelt, dass wir fast geflogen sind.
Wir erklommen meist immer gleich zwei Stufen blind. Nur mit den großen Schlitten (große Tabletts, ca. 100 x 60 cm) mit zusammengestelltem schmutzigem Geschirr ging es etwas langsamer bergab. Wir hatten großen Spaß dabei und haben das nie als Belastung empfunden.

Über jede angerichtete, vorgewärmte Silberplatte kam eine Cloche, um die Speisen heiß zu halten. Die vorgewärmten Teller befanden sich im Wärmegerät (Rechaud) des Restaurants. Aus der vergangenen Zeit des alten Adlon gab es noch große versilberte Escoffierplatten mit breitem Rand, benannt nach Auguste Escoffier, einem berühmten französischen Meisterkoch und dem ersten Küchendirektor des Adlon.
Der Kaiser nannte ihn damals den „König der Köche".
Diese Escoffierplatten hatten es in sich. Sie waren leer schon nicht leicht. Wenn darauf für vier oder sechs Personen ein Braten angerichtet war und die große silberne Cloche darüber, zog es schon ganz heftig in den Armen. Das stärkte unsere jugendlichen Muskeln und war gleichzeitig unser stolzer Sport.

Der erste Montag eines jeden Monats war bei uns Lehrlingen nicht so recht willkommen. Es wurde das gesamte übrig gebliebene Silber geputzt. In großen Holzzubern kam es in ein Silberbad. Das feudale Besteck, die vielen Platten und Assietten, Sektkühler. Alles musste anschließend sorgfältig poliert werden. Es dauerte viele Stunden, die wir in der Abwaschküche mit dem „Casserolier", dem Topfwäscher damit verbrachten. Dabei sangen wir Lieder, erzählten schmutzige Witze und übten zwischendurch in unserem jugendlichen Übermut das Jonglieren und Drehen der leeren Tabletts auf einem Finger. Wir waren schon richtige kleine Tablett-Akrobaten.

Schließlich lernten wir die Zubereitung von Salaten am Tisch vor den Augen der Gäste. Das Tranchieren von Fleisch, das Filetieren von Fisch. Dabei musste man schon ein wenig über anatomische Kenntnisse der Tiere verfügen. Wir lernten die Richtung der Fleischfasern und den Sitz der verschiedenen Gelenke. Die sichere, fachlich korrekte Handhabung unterschiedlicher Zerlegungsmethoden. Beim französischen Service wurden die fertigen, angerichteten Speisen auf der Silberplatte den Gästen zunächst präsentiert und dann von links vorgelegt.

Beim englischen Service wurde das Fleisch auf dem Beistelltisch tranchiert, dann auf Tellern von uns angerichtet und von rechts eingesetzt. So wie es international in guten Häusern immer noch üblich war. Abhängig vom Gericht wendeten wir beide Serviceformen an. Wenn die Kellner oder der Maître eine Kalbshaxe am Tisch vor den Augen der Gäste vom Knochen löste oder einen Rehrücken in Tranchen zerlegte, hat jeder Handgriff gesessen. Selbst die Beilagen richteten sie wie kleine Kunstwerke auf den Tellern in kurzer Zeit an.
Nur bei der Zubereitung von frischen Salaten oder Tatar ließ der Meister sich ein klein wenig mehr Zeit. Er zelebrierte seine Präsentation. Für den interessierten Gast war es beeindruckend, bei der kleinen Show zuzuschauen.

Als ich erstmals einen Eisbeinknochen am Tisch selbstständig auslösen durfte, schusselte ich, weil der Gast mir nur auf die Finger schaute. Ich achtete mehr auf den Gast als auf das Eisbein. Meine Handgriffe sahen für den Meister noch sehr ungeschickt aus. Die Bewertung meiner Arbeit konnte ich aus seinem Gesichtsausdruck erfahren. Ich ging ihm erst einmal aus dem Weg und versuchte mich dünne zumachen.

Noch eine spätere, schreckliche Situation: Beim Ausheben der Teller bei den Gästen achtete ich nicht genügend auf den Resteteller. Beim Zusammenstellen des Geschirrs in meiner linken Hand fiel ein Kotelettknochen einer Dame in den hinteren Kleidausschnitt ihres roten, feinen Brokatkleides, das an ihrem Rücken etwas abstand. Ich entschuldigte mich höflich und bat sie verlegen lächelnd vielmals um Verzeihung. Dabei ließ ich meinen ganzen jugendlichen Charme spielen.
Die Dame nahm es mir nicht übel und ging sofort auf die Toilette, um den Schaden zu beheben. Mein Meister bekam Gott sei Dank diese Katastrophe für die Dame und für mich nicht mit. So ein tölpelhaftes, ungeschultes Verhalten bei einem Lehrling im zweiten Lehrjahr war unwürdig.

Mit Nonchalance bemühte ich mich meist der Beste und geschwind zu sein, war oft zu emsig und dadurch passierte dieser grobe Fehler. Was ich nicht erwartet hatte war, dass der Herr, der mit der Dame am Tisch saß, beim Kellner bezahlte und die Dame mir 5 Mark Trinkgeld zusteckte. Möglicherweise war es wohl meine jugendliche, charmante Art, die dabei eine Rolle gespielt haben mag. Schließlich war ich ein gut gebauter knapp 18-jähriger Jüngling mit leicht lockigen schwarzen Haaren in feinster Garderobe.
Mich trafen im Restaurant öfter mal die Blicke reiferer schöner Frauen und vornehmer Damen. Charmant beobachteten sie mich mehr oder weniger auffällig bei meiner Arbeit.
Als ich dieser Dame, mit der mir das Missgeschick passierte, beim Verlassen des Restaurants noch in den Mantel helfen wollte, da griff mein Meister ein. Flüsternd wurde ich belehrt: *„Einer Dame, die in Begleitung eines Herrn ist, hilft man nicht in den Mantel, sondern überreicht den Damenmantel dem Herrn."* Diese Etiketten und Verhaltensregeln hatte ich schon längst gelernt und beachtete sie auch. Ich wollte der Dame ja nur imponieren oder auch etwas gutmachen.

Das Speisenangebot war sicher direkt nach dem Krieg auch im Hotel Adlon bis etwa 1950 katastrophal. Viele Gerichte bekam man nur mit Lebensmittelkarte. Zu der Zeit, als ich lernte, ab 1954 war das Angebot gegenüber anderen Gaststätten in Ostberlin gut. Man konnte schon ohne Markenabgabe im Hotel Adlon dinieren.
Wir präsentierten eine täglich wechselnde Speisekarte mit Klassikern der deutschen, französischen oder der internationalen Küche. Beispiele aus der Speisekarte:

Rumpsteak à la bordelaise, belegt mit gekochten Rindermarkscheiben mit Bordeauxsoße.
-.-.-.-
Entrecote à la bernaise bedeckt mit Fleischglace und Schlosskartoffeln.

Tournedos à la Rossini
-.-.-.-
Filet Mignon oder Porterhouse-Steak
-.-.-.-
Holsteiner Schnitzel oder Cordon bleu
-.-.-.-
Kalbszunge au four

Forelle blau wurde am Tisch in kleinen länglichen Fischkesseln serviert. Zur Karpfensaison gab es auch gebackenen oder Karpfen blau. Diese Gerichte kosteten 4,50 bis 6,50 Ostmark. Ein täglich wechselndes einfaches Tagesgedeck einschließlich Suppe und Dessert kostete 7,50 Mark. Verschiedene Gerichte wie Kalbshaxe, Eisbein oder Rehrücken wurden nach Gewicht verkauft. Das Adlon verfügte über einen talentierten Küchenchef (Maître de Cuisine) und einen findigen, ausgezeichneten Magazinverwalter. Sie versuchten ständig alles herbei zu organisieren. Manchmal gab es sogar Südfrüchte.
Im Wasserbassin in der Küche tummelten sich Forellen, oder es schwammen saisonal, wie wir lernten, in allen Monaten, die ein „r" enthielten, lebende Karpfen darin. Die Fische wurden von den Köchen erst getötet, wenn vom Gast die Bestellung vorlag. Es gab Kaviar und Muscheln genauso wie frische Austern. Die Kellner erhielten eine Austernprämie, wenn sie viele Portionen Austern geöffnet (immer 6 Stück), wunderschön angerichtet auf kleinen Eiswürfeln mit Zitronenachteln garniert, auf einer Silberplatte stilgerecht serviert haben.
Vielleicht mussten sie auch weg?
Sie wurden lebend in einem mit Seewasser gefüllten Tankbehälter angeliefert. Das war 1955. In den späteren Jahren haben sich besonders lernbegierige Koch- oder Kellnerlehrlinge in den HO-Gaststätten Austern nur noch auf alten Bildern ansehen dürfen.
Dadurch, dass wir das Glück hatten, im Adlon ausgebildet zu werden, genossen wir einen Bonus außerhalb unseres Hauses.

Sicher, weil wir besonders aufmerksam, picobello und sauber auftraten und denkbar auch schon über mehr fachliche Kenntnisse verfügten als Lehrlinge des gleichen Jahrgangs anderer Restaurants. Wir haben gern unser Haus vertreten. „Adlon oblige! Adlon verpflichtet!" Der Gast ist König. Diskretion Ehrensache.

Hin und wieder wurden wir vom Gästehaus der Regierung zum Aushelfen angefordert. Als Lehrling habe ich verschiedene im Krieg erhalten gebliebene und auch neue Gästehäuser kennengelernt. Es war wie eine Auszeichnung, zum Beispiel in der sowjetischen Botschaft Unter den Linden zu großen Banketts arbeiten zu dürfen. Das Interieur dort beeindruckte. Die langen exakt ausgerichteten üppigen Tafeln mit echtem chinesischem Porzellan. Die wunderschönen Kristallgläser, die großen Kerzen und die monumentalen Kristallüster, die von der Decke mit den kostbaren Intarsien erstrahlten, wirkten wie eine prachtvolle Aufführung mit einer glänzenden Inszenierung bei diversen Protokollveranstaltungen des Botschafters. In diesem Haus konnte man den Eindruck gewinnen, einen Weltkrieg hätte es niemals gegeben.

Wenn die Galaveranstaltungen in der sowjetischen Botschaft beendet waren, die Gäste die festlichen Hallen verlassen hatten und wir uns noch mit den Abschlussarbeiten beschäftigten, haben uns die Russen dabei zu einem Umtrunk eingeladen.

Wir sollten Wodka trinken und möglichst nicht zu knapp.

Sie machten uns das vor. Ohne mit der Wimper zu zucken, schluckten sie 100 Gramm herunter, und das nicht nur einmal. Das konnten wir nicht. Den Trunk abzulehnen, wäre den Russen gegenüber unhöflich gewesen. Wir machten die Augen zu und würgten uns die Hälfte des Hochprozentigen mit einiger Mühe hinunter. Wenn keiner guckte, landete das neu Eingeschenkte in den riesigen Blumengefäßen.

Am späten Abend oder in der Nacht, wenn wir die russische Botschaft Unter den Linden verließen, hatten wir Lehrlinge meistens ein klein wenig Gleichgewichtsstörungen.

In den verschiedensten ausländischen Botschaften durfte ich als Lehrling helfen. Es gab keinen Mangel an gastronomischem Zubehör. Wir servierten ausgewählte Delikatessen zu großen Geburtstagsfeierlichkeiten des damaligen Staatspräsidenten, Wilhelm Pieck. Später bei Geburtstagen von Walter Ulbricht mit beträchtlichem Ausmaß im Festsaal des Hauses der Ministerien, ehemals Luftfahrtministerium von Hermann Göring unter Hitler, heute das Bundesfinanzministerium in der Leipziger Straße.
Im Adlon war alles ein wenig beschaulicher. Etwas Mozart-Flair. Die Hotelgäste schätzten den Service im Restaurant.
Es war meist eine gedämpfte, harmonische Atmosphäre.
Die Kellner wussten genau, welche Stammgäste besondere Speisen oder Weine bevorzugen oder Ersatzangebote ausdrücklich ablehnen. Gelegentlich nahm der Meister sein kleines schlaues Büchlein zur Hand, wenn ein bekannter oder besonderer Gast eintraf. Das Diarium war seine beste Gedächtnisstütze, in der er sich seit vielen Jahren besondere Wünsche und Faibles von Gästen eintrug. Es sah schon etwas zerschlissen aus, aber er hütete es wie seinen Augapfel. Es waren seine Geheimnisse. Ich durfte da nie reinschauen, aber ich wusste, wenn prominente Gäste von den Blicken anderer verschont bleiben wollten, stellten wir auf Wunsch einen Paravent vor ihren Tisch. Sie fühlten sich dann nicht mehr beobachtet. Es gab extravagante Frühstückswünsche. Unterschiedliche Garstufen bei der Zubereitung von Steaks wurden berücksichtigt. Ein Glas heißes Wasser vor dem Essen wurde einem bestimmten Gast serviert. Ohne Aufforderung wurde Gästen ein Bierwärmer zum Pilsner geboten. Es wurde eine Fingerschale gereicht. Ein Sitzkissen auf den Stuhl gelegt, ein Zigarrenabschneider oder die Morgenzeitung bereitgelegt. Usw. Wenn bestimmte Gäste über längere Zeit nicht im Adlon weilten, waren manche erstaunt, dass die Kellner noch genau in Erinnerung hatten, worauf sie besonderen Wert legten.
Kein Wunder, es stand sicher im schlauen Büchlein.

Variable Stehlampen, deren Platz wir selbst verändern konnten, ergänzten die gediegene Atmosphäre auf den letzten Teppichen, den Resten von Luxus einer vergangenen Epoche.

Meine Ausbildung im Service machte Fortschritte. Es gab einige Stammgäste, die von mir bedient werden wollten und dass dem Meister auch sagten. Das freute mich besonders, die Leistungen wurden anerkannt und es war nie umsonst.
Mein Meister gestattete mir, den russischen Geigenvirtuosen Prof. David Oistrach und den Generalmusikdirektor Professor Dr. Franz Konwitschny zu bedienen. Oistrach war ein hochkarätiger Violinsolist in den größten und berühmtesten Konzertsälen und Opernhäusern der Welt, Konwitschny der Chefdirigent der Deutschen Staatsoper Unter den Linden. Beide waren keine Kostverächter. Sie schmausten gern umfangreich und in vollen Zügen. Anspruchsvolle Genießer und großzügige Trinkgeldgeber. Die Rechnung ging aufs Zimmer, das reichliche Trinkgeld in meine Hand.
Selbstverständlich hatten Gäste auch den Wunsch, im Hotelzimmer zu speisen.
Es wurde lediglich ein Bedienungsaufschlag von 10 % erhoben. Ich servierte wieder einmal auf der Etage. Es war um 11.30 Uhr. Ein umfangreiches Frühstück mit Champagner wurde bestellt. Der Champagner wurde durch Schaumwein ersetzt. Ich klopfte an die Zimmertür. Nach dem *„Herein"* staunte ich, dass zwei wunderhübsche Damen, spärlich bekleidet, noch im Doppelbett lagen. Ich traute meinen Augen kaum. Es waren Angele Durand und Renée Franke. Beides von mir verehrte Schlagerstars aus dem Westen. Ich war ein großer Fan von beiden und kannte sie nur von Titelseiten westlicher Illustrierten und aus dem Radio. Ein Fernsehgerät hatten wir noch nicht. *„Stell mal alles hier an das Bett"*, sagte die eine.
Ich zitterte vor Aufregung und wusste nicht, dass diese beiden bekannten Sängerinnen im Adlon logierten.
Für Autogramme standen ihre Fans in Westberlin lange an.

 Meinen Servierwagen fuhr ich an das Doppelbett. Ob sie so zufrieden wären, auch mit dem Sekt statt Champagner, oder ob sie noch einen Wunsch hätten, fragte ich zurückhaltend und ein wenig gehemmt.
„Nein, nein, es ist alles Okay", sagte sie. „Bist du so schüchtern?", wurde ich von der anderen gefragt.
Ich wusste nicht, wo ich hinschauen sollte. Mir war alles nur peinlich, mein Herz klopfte und mir schlotterten ein wenig die Knie. „Nein, nein, ich bin nicht schüchtern, ich bin total überrascht, Sie hier so zu sehen", stammelte ich.
Ich war stolz, diese beiden Schlagerstars bedienen zu dürfen. Nur am Bett mit dieser leichten, fast durchsichtigen Bekleidung, das war schon etwas Ungewöhnliches. In dieser Form hatte ich eine Begegnung mit den Sängerinnen niemals erwartet. „Darf ich ihnen den Sekt öffnen?"
„Nein, wir bedienen uns schon, wir trinken erst den Kaffee. Vielen Dank." Und das alles im Körbchen, beherrschten meine Gedanken. Ich fühlte mich ein wenig überfordert.
Zwei charmante Grazien im Bett, so leicht gekleidet. Wollten sie etwa noch mehr von mir? Mich womöglich verführen?
Oder vergnügten sie sich gar selbst? Mir kamen verwirrte Fantasien, meine jugendlichen Gefühle spielten verrückt.
In Gedanken wollte ich jetzt schnell wieder aus dem Zimmer.
Trotz unseres Klubraumes hatte ich immer noch keinen näheren Kontakt mit Mädchen gehabt.
Nur wir Jungen hatten alle untereinander schon einmal Neugierde entwickelt.

So kam es, wenn es sich ergeben hatte, zum gemeinschaftlichen Onanieren in unserem schönen Jugendzimmer. Es sollte ja der Aufklärung dienen, nach dem Willen des Direktors natürlich der politischen Aufklärung.
Wenn ein Koch- oder Kellnerlehrling mit mir zusammen Feierabend hatte, kam es auch in der gemeinsamen Dusche, die sich in einem hinteren Raum der Küche befand und von innen verriegelt werden konnte, täglich oder regelmäßig zur gemeinsamen Selbstbefriedigung.
Jeder Lehrling machte ohne zu zögern mit. *„Dürfen wir schon duschen gehen?"*, fragte ich den Meister. *„Natürlich, wenn ihr Feierabend habt, dürft ihr duschen gehen. Treibt es aber nicht zu toll unter der Dusche!"* Eine Neigung zum gleichen Geschlecht wurde mir sicher schon in die Wiege gelegt. Mir war es noch nicht bewusst, oder ich wollte es auch nicht wahrhaben. Über so etwas wurde im Hotel niemals gesprochen.

Ein Stammgast, der Direktor vom Innen- und Außenhandel (DIA) der DDR, hatte sich immer gern von mir bedienen lassen. Wenn er abends kräftig mit Wein abgefüllt war, durfte ich schon einmal den barmherzigen Samariter spielen und ihn auf sein Zimmer bugsieren. Seine Füße trugen ihn nicht mehr richtig. Dann habe ich ihm die Jacke und die Schuhe ausgezogen und auf das Bett gehievt. Da er nicht gerade untergewichtig war, war der Transport bis in die zweite Etage für mich keine leichte Fracht. Ich hatte das Zimmer noch nicht ganz verlassen, da hörte ich ihn schon schnarchen. Als es sich zum zweiten Male wiederholte, erzählte ich das meiner Mutter. Sie war mehr als besorgt. *„Pass bloß auf, wenn dieser unmögliche Kerl mal was von dir will"*, meinte sie. *„Lass dich niemals auf so etwas ein, du kannst davon krank werden, und außerdem wird so etwas schwer bestraft."* Ich wusste, was sie meinte, obwohl mich meine Mutter nie sexuell aufklärte. Es gab keine Spur des Herrn zu einem solchen Vorhaben. Er bevorzugte gelegentlich blonde Damen, gute Speisen und roten Bordeaux.

Niemals hatte er annähernd homosexuelle Andeutungen gemacht. Ein besonders gutes Trinkgeld für mich war bei seiner Abreise trotzdem immer gesichert.
Ich freute mich schon immer, wenn dieser großzügige Herr Direktor aus Sachsen sich wieder im Adlon anmeldete.
Als er uns erneut besuchte und eines Tages zum Mittag genüsslich speiste, rief er mich an seinen Tisch und sagte leise im Flüsterton:
„*Mach so schnell du kannst, hier wegzukommen. Du hast hier im Osten keine Zukunft. Das bringt hier nichts, in deinem Beruf mit deinen Fähigkeiten hast du im Osten keine Chancen.*"
Er meinte, ich solle so schnell wie möglich die DDR verlassen. Natürlich wollte ich nicht, wenn ich ausgelernt hätte, Kellner bleiben. Er wusste, dass es mein Wunsch war, einmal ein eigenes Restaurant oder Hotel zu eröffnen. In der Vergangenheit äußerte er seine Überzeugung, dass ich durchaus die Fähigkeiten und die Eignung dazu besitzen würde.
Ich dachte, mein Gott, der Herr bringt sich ja in höchste Gefahr mit seinen Aussagen. Wenn ein Mann in einer solchen leitenden Stellung so etwas sagt, muss das schon etwas heißen, überlegte ich. Sicher hatte er Erkenntnisse in seiner Funktion beim Innen- und Außenhandel gewonnen, die ihm die Gründe dazu lieferten, so etwas auszusprechen. Als er mir das vermittelte, war er nüchtern und trug seine Worte überzeugend vor.
„*Ich werde mir das überlegen, wenn ich ausgelernt habe*", antwortete ich. Damit war das Gespräch beendet. Inzwischen waren schon zwei Angestellte vom Adlon in den Westen getürmt, wie wir erfuhren. Es handelte sich um den Geschäftsführer Herrn Mattner, der mich beauftragte, die Einnahmen des Adlon am 17. Juni 1953 zur Bank zu bringen, und um einen Empfangschef. Das hatte sich blitzartig im Haus unter der Hand herumgesprochen. Ich hatte noch keinen festen politischen Standpunkt, obwohl ich ja hautnah den Volksaufstand in der ersten Reihe sozusagen, mitbekommen hatte.

Von nun an verfolgte ich die weiteren politischen und wirtschaftlichen Entwicklungen vom Osten und Westen aufmerksamer. Etwa ab 1960 ging es mit dem Adlon rasant bergab.
Es wurden ein paar neue Hotels und Restaurants in Ostberlin eröffnet. Ich hatte das Adlon schon verlassen. Kein Lehrling, der ausgelernt hatte, wurde vom Hotel übernommen.
Das Adlon musste den staatlichen HO-Betrieben übergeben werden, und das war der endgültige Todesstoß für das Adlon. Nun konnte man nicht nur Ware, sondern auch Ausrüstungen und Personal mit anderen volkseigenen Restaurantbetrieben beliebig austauschen und umlagern. Man hatte im sozialistischen Staat kein besonderes Interesse am Hotel Adlon.
Der Ausbildungsbetrieb für Köche und Kellner wurde eingestellt. Auch Pagen und Diener gehörten nun der Vergangenheit an. Es gab Stimmen aus der Partei, die der Meinung waren, ein Hotel mit den alten, überholten Gewohnheiten mit Pagen und Dienern passe nicht mehr in unsere heutige, fortschrittliche Zeit. Sie assoziierten das Adlon mit der wilhelminischen Ära der Großbourgeoisie und der Ausbeutung. Ein Bonbonträger, so hieß jemand mit einem Parteiabzeichen am Jackett, im Volksmund auch „Linientreuer" genannt, wollte mir in dieser Zeit erklären, dass Diener und Pagen skrupellos ausgebeutet würden. Dass die Diener und Laufburschen ihre Arbeit mit Freude verrichteten, Spaß daran hatten, viele berühmte Persönlichkeiten kennenlernen duften und dabei noch schönes Geld verdienten, wollte er nicht wahrhaben. Die ehemaligen Angestellten des Hotels, die anfänglich mühselig versuchten und ernstes Interesse hatten, das Adlon zu erhalten, wurden vor den Kopf gestoßen. Nicht wenige kündigten und auch der Küchenchef verabschiedete sich für immer gen Westen. Sie hatten noch Glück. Eine Mauer, 1961 um Westberlin herum gebaut, sollte verhindern, dass noch mehr Menschen die DDR verlassen. Das stark verletzte, überlebende und gerettete Pflänzchen Adlon wurde vom Staat vernichtet.
Jetzt wucherte das Unkraut auf dem Areal des Hotels.

Das Speisen- und Getränkeangebot war nun so wie in allen anderen HO Restaurants auch. Nichts war mehr mit Kaviar, Austern oder Südfrüchten. Es wurden keine Forellen blau mehr in silbernen Fischkesseln serviert. Interesselosigkeit und Ungepflegtheit machten sich breit. Die Restaurantküche wurde verkleinert. Die Wäscherei und Plätterei musste abgeschafft werden. Die kleinen Wirtschaftsbetriebe, wie der bekannte Max Lehmann, der mir den Einstieg ins Adlon verschaffte, mussten schließen. Die Inhaber von vielen kleinen Blumengeschäften und sogar Friseursalons, die nur einen oder zwei Mitarbeiter hatten, wurden zu Ausbeutern erklärt und vom Staat enteignet. Einige von ihnen durften sich zu Produktionsgenossenschaften zusammenschließen.
Nun blieben die geschätzten Stammgäste des Adlon für immer aus. Das Herz des Adlon hatte aufgehört zu schlagen.
Erst hatten die Andenkenjäger Konjunktur, aber jetzt setzte eine regelrechte Plünderung ein. Jedes Stück, das Insignien des Adlon trug, riss man sich unter den Nagel. Es wurde alles gestohlen, was nicht niet- und nagelfest war. Das schöne restliche Tafelsilber, die Leuchter, die Escoffierplatten, selbst vor Badarmaturen mit den Porzellanknäufen machten die Diebe nicht halt.
In den 70er-Jahren machte man aus dem Hotel ein Jugendwohnheim. 1984 entschied das Politbüro der SED, das Rest-Adlon endgültig abzureißen. Dass die ehemaligen Hotelfenster zur Westseite hin zugemauert wurden, reichte nicht. Man sorgte an der Grenze zu Westberlin für Übersicht und Schussfreiheit. Der Zerstörungstag im Monat März war ein trauriger Tag für mich. Ich bin an das Brandenburger Tor gefahren und habe die Sprengung zehn Minuten lang aus der Ferne mit feuchten Augen beobachten können. Hatte ich doch schöne Erinnerungen an meine Lehrzeit mit vielen Erlebnissen auch als Page im Rest-Adlon. Als ich ausgelernt hatte, stand die Mauer noch nicht. Auch ich hätte in den Westen gehen können, bin aber trotzdem geblieben. War es richtig?

„Meine" erste Gaststätte: die „Elbterrasse" in Wehlen

Wir schrieben das Jahr 1959.
Ich las in einer Berliner Tageszeitung:

> Objektleiter für Kleinstgaststätten
> in der Sächsischen Schweiz dringend gesucht.

Ich bewarb mich.
Die Sächsische Schweiz kannte ich schon ein wenig durch einen Kurzurlaub in der Kleinstadt Rathen. Dieses Stückchen Erde mit der idyllischen Bergwelt des Elbsandsteingebirges in der DDR fand ich besonders reizvoll.
Nach ein paar Tagen bekam ich ein Telegramm von der Verwaltung des HO-Kreisbetriebes Pirna, der alle volkseigenen Gaststätten in der Sächsischen Schweiz unterstanden.
Im Telegramm standen nur drei Worte:

> - BITTE - SOFORT - KOMMEN -

Der HO Direktor in der Stadt Pirna Herr Adam empfing mich in seinem noblen Büro. Überaus entgegenkommend offerierte er mir bei einer Tasse Kaffee freundlich:
„*Ich bin beeindruckt von ihrer Bewerbung. Sie haben also im Hotel Adlon ihre gastronomische Laufbahn begonnen. Es ist gut nachzuvollziehen, dass sie nicht Kellner bleiben wollen. In der DDR liegt es an jedem selbst, wie er sein Leben gestaltet. Dazu sind keine finanziellen Voraussetzungen erforderlich. Wir haben eine kleine Gaststätte für Sie.*
Diese liegt in der Sächsischen Schweiz in dem hübschen Städtchen Wehlen. Mein Fahrer wird Sie jetzt dorthin fahren. Es gehört auch ein kleines Hotel zu dem Objekt, und dort können Sie sich ein Zimmer als Büro einrichten und ein Zimmer zum Wohnen aussuchen. Die Kosten der Logis übernehmen wir selbstverständlich. Wir machen Ihnen den Arbeitsvertrag jetzt fertig, eigentlich könnten sie auch gleich unterschreiben.
Müssen Sie etwa noch einmal nach Berlin nach Hause?"
Ich war verwundert, etwas erstaunt erwiderte ich:
„*Ja sicher, ich kenne doch die Gaststätte noch nicht und ich habe auch keine Garderobe dabei. Ich muss mir doch die Gaststätte erst einmal ansehen, bevor ich einen Arbeitsvertrag unterschreibe.*" Der Direktor jetzt etwas betonter:
„*Sie können ja heute Abend noch einmal nach Berlin fahren, es gibt die Möglichkeit von uns, erhöhte Spesen zu bezahlen, dazu gehören auch ihre Reisekosten selbstverständlich. Sie müssten aber unbedingt morgen mit ihrer Tätigkeit beginnen. Ihre Gaststätte ist nämlich bereits eröffnet!*"
Die Gaststätte ist schon eröffnet? Was sollte das denn?
Diese Fragen stellte ich dem Direktor nicht, sondern wartete wie ein Flitzebogen gespannt auf die Überraschung, was wohl auf mich zukommen würde. Ein wenig irritiert war ich schon.
Wer hat sie denn eröffnet, wer war der Chef?
Schön aufpassen und abwarten, mal sehen, was jetzt passiert, war in meinem Kopf gespeichert.

Man brauchte keinen Pfennig Geld, um eine HO-Gaststätte zu übernehmen, wohl aber eine Ausbildung in der Gastronomie. Die Leiter waren alle Angestellte des Staates, der zentralen Handelsorganisation, die über die gesamte Republik verteilt war. Unterwegs nach Wehlen unterhielt ich mich mit dem netten, aufgeschlossenen jungen Cheffahrer.
„Haben Sie eine Ahnung, warum die Gaststätte, die ich so dringend übernehmen soll, schon eröffnet ist?" Er berichtete: *„Fast alle Inhaber von Gaststätten und Hotels in unserer Gegend wurden enteignet, und nun werden händeringend Leiter gesucht, die die Einrichtungen als volkseigene Restaurants weiterführen. Wir haben schon Wirtshäuser von den Eigentümern übernehmen müssen, eröffnet und mussten sie kurzfristig wieder schließen, weil kein Personal und keine geeigneten Leiter zu bekommen waren. Sie werden es nicht glauben, wie viel Ärger unser Direktor schon deshalb von dem Rat des Bezirks Dresden und von der Partei bekommen hat."*

Nach einer Dreiviertelstunde kamen wir an. Das Restaurant hieß Elbterrasse und lag malerisch direkt am Flusslauf der Elbe auf alten Sandsteinfelsen gebaut. Ein gastronomischer Mosaikstein in dem hübschen kleinen Städtchen.
Nicht nur eine große, überdachte, wunderschöne geräumige Sommerterrasse mit offenem Blick über die Elbe, sondern auch einen urgemütlichen, dörflichen Gastraum entdeckte ich bei meiner ersten Besichtigung.
Aber diese Elbterrasse hatte mindestens ein Rentenalter schon ohne Renovierungen erlangt. Das sah man auch der altersschwachen Inneneinrichtung mit der Patina an. Ich bemerkte auch einen etwas abgelegenen größeren hellen Raum, der völlig mit Gästen überfüllt war. Es war unruhig darin, und ich staunte, dass viele Gäste hier so eng und unbequem an den Tischen nebeneinandersaßen. Die Serviererinnen drängten sich durch die Stuhlreihen. Das hatte etwas Unwirkliches, für mich eine fremdartige gastronomische Atmosphäre.

Der informierte Cheffahrer, der mich bei meiner Betrachtung der Elbterrasse begleitete, klärte mich zu dem entdeckten Raum auf: *„Hier gibt es auch FDGB-Urlauber* (Freier Deutscher Gewerkschaftsbund)*, die müssten Sie täglich mitversorgen."*
Nun war mir klar, das ist keine kleine Gaststätte, um die ich mich beworben hatte, sondern ein mittleres Unternehmen mit 16 Arbeitskräften. Mir schwebte etwas ganz anderes vor. Da es eine Saisongaststätte war, nur von Mai bis Oktober geöffnet, dachte ich jedoch, versuch es doch einmal.
Ich sah meine Chance als Chef eines Restaurantbetriebes und sah hier im ersten Moment große Aufgaben, um dem Betrieb eine gastronomische Qualität zu geben. Mit 21 Jahren für mich eine ehrgeizige, die erste berufliche Herausforderung.
Allerdings hatte ich von der Belegführung und Abrechnung eines solchen Betriebes keinen blassen Schimmer. Auch nicht von der Organisation, die mit Gewerkschaftsurlaubern zu erledigen war.
Den HO-Direktor Herrn Adam vorsichtshalber darauf angesprochen, sagte dieser: *„Machen sie sich mal keine Sorgen! Mein Sohn leitet das Bahnhofshotel von Wehlen gegenüber von Ihnen und von der Elbe, der hilft Ihnen bei den ersten Schritten der Belegführung."*
Es war auch so. Der Sohn war sehr hilfsbereit und kam öfter mit der Fähre über den Fluss, um mich zu besuchen. Ein guter, lustiger Kollege, aber die Unterweisungen bei der Buchführung mussten ständig mit ein paar Schoppen Rotwein begleitet und von mir vergütet werden. Dabei schilderte er in seiner rustikalen, drastischen Art und Weise und in ursächsischer Mundart die katastrophalen Zustände mit der Warenbelieferung, die ich vor meiner Bewerbung und vor Vertragsunterschrift nicht im Traum vermutet hatte. Er benutzte ein Wortschatz, das mir ein wenig fremd erschien. In meinem Elternhaus und im Adlon wurde eine andere Sprache gesprochen, und damit meine ich nicht nur Sächsisch.

In kurzer Zeit lernte ich: Es ging mehr darum, die Versorgung, die Verteilung der Speisen an Urlauber zu organisieren, als gastronomische, fachliche Kenntnisse anzuwenden.
Meine Mitarbeiter waren Saisonkräfte mit einem befristeten Arbeitsvertrag, zusammengewürfelt aus allen Ecken der Republik.
Nur zwei Serviererinnen, die Dame am Ausschank und der alte Küchenchef, kamen aus dem Ort. Wenn er am Kochtopf stand, tropfte es ständig aus seiner langen spitzen Nase, und er hatte kein Taschentuch zur Hand. An den Ärmeln seiner ohnehin nicht ganz frischen Kochjacke wischte er sich mal rechts, mal links seinen Zinken ab. Das illustriert ein wenig die Situation, in der ich mich jetzt befand. Ich war auf jede Arbeitskraft angewiesen, es gab wahrhaftig kein Personal. Wie sollte ich einem eigenwilligen 71-jährigen Küchenchef als 21-Jähriger erklären, dass sein Verhalten unmöglich war?
Wie sollte ich überhaupt mit einem solchen schon gebrechlich wirkenden, greisenhaften Mann zusammenarbeiten?
Es gab noch einen 19-jährigen ausgelernten und intelligenten Jungkoch aus Berlin. Er war der Einzige, der mich verstand, wenn es um die Einteilung der Küchenhilfskräfte und um die Organisation des technischen Ablaufes in der Küche ging.
Am Ausschank arbeitete eine nette, zuvorkommende, etwa 50-jährige Frau, sie wohnte auch in der Elbterrasse und hatte ein umfangreiches Insiderwissen. Sie arbeitete vorbildlich sauber und korrekt. Was mich allerdings stutzig machte: Sie wollte von mir mehrmals in den nächsten Tagen erfahren, ob ich mit ihrer Arbeit zufrieden wäre. Hatte diese Frau nicht genügend Selbstbewusstsein oder Selbstwertgefühl?
Oder gab es einen anderen Grund?
„Es gibt keine Veranlassung, Ihre Arbeit zu beanstanden, Sie sind meine beste Mitarbeiterin."
Sie fasste Vertrauen zu mir und kam nach einigen Wochen zum ersten Mal mit der Sprache heraus. Es gab einen Grund:
Sie war die ehemalige Besitzerin der Elbterrasse!

Dieser Betrieb war seit Generationen im Familienbesitz.
Sie wurde über Nacht, wie andere Besitzer, vom Staat enteignet. Der Betrieb einfach konfisziert. Sie bekam ein Schreiben von der Behörde, dass ihr Grund und Boden einschließlich des Hotels und Restaurant in Staatseigentum (Volkseigentum) überführt würde. Keine Abfindung, nichts mehr, aber eine schriftliche Zusage.
„Sie dürfen in dem Haus weiter wohnen bleiben und in ihrer ehemaligen Gaststätte weiter unter staatlicher Leitung arbeiten." Diese „staatliche Leitung" mit 21 Jahren war ich.
Was muss das für diese Frau für eine Demütigung gewesen sein, als der Bürgermeister der Stadt Wehlen, Herr Stohn, mich zur Übernahme der Elbterrasse beglückwünschte.
In ihrer Gegenwart bekam ich ein Glückwunschschreiben und einen großen Blumenstrauß überreicht. Nicht im Traum dachte ich beim Anstoßen mit einem Glas Sekt daran, dass neben mir die ehemalige Besitzerin des Hauses stand. Eine äußerst makabre Situation, von der ich nichts ahnen konnte. Der Bürgermeister sprach mit mir kein Wort darüber und ich hatte es ja erst einige Wochen später von ihr erfahren. Sie berichtete mir auch, dass sie in den vorangegangenen Jahren fast keine Waren mehr geliefert bekam. Man trocknete die privaten Betriebe vom Staat aus. Das trieb selbstverständlich fast automatisch viele ehemalige Besitzer aus dem Land in den Westen.
Einige Restaurants und Cafés waren zur Urlaubersaison in verschiedenen Orten der Sächsischen Schweiz geschlossen, weil der Staat nicht in der Lage war, die Lücken, die durch die Republikflüchtigen entstanden waren, zu schließen. Es gab einen akuten, permanenten Arbeitskräftemangel, der nicht kompensiert werden konnte. Die Zustände in den Gaststätten waren, außer für die organisierten geplanten Gewerkschaftsurlauber, zu der Zeit einfach grauenerregend.
Die Sächsische Schweiz war eine beeindruckende, wunderschöne, malerische Gegend mit einer einzigartigen, beispiellosen Versorgungswüste.

Meine persönliche, ehrgeizige Herausforderung stieß schnell an die Grenzen des Machbaren. Mir waren die Hände gebunden. Es wurden vom Staat Ruhetage für die Gaststätten verordnet. Außerdem musste ich mich daran halten, dass jeder Beschäftigte seinen Acht-Stunden-Arbeitstag einhielt.
Auch wenn Mitarbeiter bereit waren, Überstunden zu leisten, wurden sie nicht genehmigt. Wenn kein Bedienungspersonal mehr vorhanden war oder ein Kellner seine vorgeschriebenen acht Stunden gearbeitet hatte, wurde das Revier „totgestellt". Das Restaurant war reichlich mit Gästen besetzt, und der Kellner ging mit einem freundlichen „Auf Wiedersehen" nach Hause. Dann kamen fertig aus Metall gestanzte Hinweisschilder auf die Tische: Hier wird zurzeit nicht bedient!
Diese Schilder kamen in einigen Restaurants, wo es Krankschreibungen vom Bedienungspersonal gab, schon mit der täglichen Öffnung auf die Tische und zierten die leeren Tische zum Missfallen der Urlauber bis zum Feierabend. Eine Selbstbedienung für die Gäste hätte sofort dieses Elend beheben können, wurde aber zu der Zeit noch nicht genehmigt, mit der Begründung, das Restaurant sei von den örtlichen Behörden mit Bedienung preisgebunden eingeplant und auch so eingestuft worden. Daran durfte nicht gerüttelt werden.

Nicht weit von der Elbterrasse befand sich das HO-Strandhotel. Am Marktplatz von Wehlen gelegen. Das war ein Restaurant für nicht organisierte Urlauber. So stand es auf einem Schild vor dem Eingang des Hauses.

Privatgäste, die „nicht organisierten Urlauber", standen vor 11 Uhr in Schlangen vor der Tür auf dem Marktplatz, oft bis zum Rathaus gegenüber und warteten auf Restaurantplätze. Jeden Tag das gleiche Bild bis etwa 15 Uhr. Der tägliche Ansturm hätte beim besten Willen nicht bewältigt werden können.
Es lag nicht an der mangelnden Bereitschaft des viel zu wenigen Personals.
Die Köche und das Bedienungspersonal arbeiteten während ihrer acht Stunden im Akkord bis fast zur Erschöpfung und waren darüber hinaus noch dem Spott oder der heftigen Kritik der Gäste ausgesetzt, die keinen Platz fanden.
Die vielen zusätzlichen Privaturlauber vom Strandhotel konnte ich wegen unzureichender Warenbelieferung nicht bewirten.
Das war es nicht allein. Wie zum Hohn wurde von uns Objektleitern, wie wir offiziell genannt wurden, gefordert, dass wir uns Gedanken zur besseren Versorgung der Urlauber machen sollten. Das Thema hieß: Wie gestalten wir die Speisekarten mit den vorhandenen Waren. Das sollten wir Wirte schriftlich einreichen. War das ernst gemeint? Da kamen mir doch Zweifel. Ich beteiligte mich nicht daran.
Wir wurden auch angewiesen, zwei Tage in der Woche alle Speisen ohne Kartoffelbeilage einzuführen. Die „kartoffelfreien Tage" durften wir uns als Leiter sogar selber aussuchen und mussten sie melden. Bei mir war es der Montag und der Donnerstag, an denen es in der Elbterrasse keine Kartoffeln gab. Zu jeder Speise gab es jetzt wahlweise Nudeln oder Reis als sogenannte Sättigungsbeilage. Die Gäste wichen den kartoffelfreien Tagen in den Restaurants aus und versuchten dort zu speisen, wo es Kartoffeln gab. Das merkten die Kontrollorgane.
Nach drei Wochen kam ein neuer Maßnahmenplan:
Es werden in allen Restaurants der Sächsischen Schweiz ab sofort an den gleichen Tagen, Montag, Mittwoch und Freitag, keine Kartoffeln angeboten. Punkt.
Damit waren die Kartoffelprobleme erst einmal gelöst.
Bei der Fleischversorgung war es ähnlich.

Der immer gut aufgelegte Kollege Adam vom Bahnhofshotel half wie ich auch in der Mittagszeit in seiner Küche mit aus. Eines Tages wollte ein Gast bei ihm ein Schnitzel essen, das auf seiner Speisekarte stand. Die Serviererin rief laut in die Küche hinein: „*Warum ist kein Schnitzel da, obwohl es in der Speisekarte steht, fragt der Gast?*"
Der Kollege Objektleiter brüllte aus der Küche zurück:
„*Herrgott noch mal soll ich aus dem Arsch der Köchin Schnitzel schneiden?*"
Das hörte auch der ärgerliche Gast und beschwerte sich bei der Zentrale der HO. Mein Kollege bekam von seinem Vater, der ja gleichzeitig sein Vorgesetzter war, vor uns allen Objektleitern in einer Versammlung einen schriftlichen Verweis übergeben. Ich staunte über seine Umgangssprache. Wie kann ein Gaststättenleiter sich so gehen lassen, dachte ich. Er muss arg erregt gewesen sein, weil auch seine Bemühungen, ausreichend Fleisch zu besorgen, oft fehlschlugen.
Wer war wohl an der Verknappung, an der ganzen Misere schuld, dass wir trotz Abschaffung der Lebensmittelkarten immer noch solche Versorgungsprobleme hatten?
Das wollte ich in der nächsten Versammlung und politischen Schulung vor allen 40 Objektleitern von der Handelsdirektion beantwortet haben. Da kam die Antwort:
„*Die Westbürger tauschen sich ihr Westgeld in Ostmark um und kaufen damit schamlos unseren sozialistischen Staat leer. Einzig und allein der Westen ist schuld an unseren gravierenden Problemen mit der Bereitstellung von Lebensmitteln.*"
Mit dieser Antwort gab ich mich nicht zufrieden und fragte mit vollem jugendlichem Enthusiasmus nach:
„*Es tut mir leid, das kann ich nicht verstehen. Kaufen denn die Westbürger auch alle alkoholfreien Getränke, das Mineralwasser, die Brause und auch den Obstsaft hier in dieser Region, gerade in der Sächsischen Schweiz auf?*" Spontaner Applaus und zustimmendes Gelächter von allen Objektleitern. Noch bevor wieder Ruhe eingetreten war, kam die Antwort:

„Da muss man nicht lachen, da gibt es Probleme mit den Produkten. Diese stehen nicht im ausreichenden Maße der Produktion zur Verfügung. Nur das, was tatsächlich vorhanden ist, kann auch verteilt werden, und dazu wurde ein Maßnahmenplan mit einem neuen Verteilerschlüssel von der Abteilung Handel und Versorgung für alle Gaststätten in der Sächsischen Schweiz ausgearbeitet." Punkt und Ruhe.

Nachdem ich die Brauerei in Dresden besuchte, um mich persönlich für mehr alkoholfreie Getränke einzusetzen, habe ich mitbekommen, dass es auch reichlich hausgemachte Probleme gab. Es wurde mir Fassbrause in Holzfässern geliefert, erstens viel zu wenig, und dann noch bei jeder Lieferung einige Fässer, die undicht waren. Sogenannte „Treiber" sprudelten langsam mal mehr und mal weniger munter die Brause durch die Holzstreben der undichten Fässer in den schönen Felsenkeller meiner Elbterrasse. Die vollen aber undichten Fässer durften nicht angeschlossen, sondern mussten in der folgenden Woche der Brauerei zurückgegeben werden. Es wurde kein Ersatz geliefert, sondern eine Rechnungsgutschrift erteilt. Wie dringend hätte ich die Brause für meine Gäste gebraucht. Die Ursache war, dass die leeren Holzfässer in der Brauerei bei jeder Witterung unter freiem Himmel auf dem Hof lagerten. Die Sonne trocknete sie aus, und die Reifen der Fassdauben wurden nicht nachgezogen. Niemand fühlte sich verantwortlich, die Brauerei war Volkseigentum. Bei 28 Grad im Sommer 1959 hatte ich an manchen Tagen nicht ein einziges alkoholfreies Getränk in der Elbterrasse anzubieten. Es prasselten mündliche und schriftliche Beschwerden und Eingaben von den Gästen bis an den Rat des Bezirkes Dresden.
Die nächste Notlösung kam wieder schriftlich per Maßnahmenplan: In allen HO-Gaststätten ist ab sofort Fruchtsirup mit Leitungswasser 1:7 zu mischen und ein Glas mit 0,25 l Inhalt für 17 Pfennig zu verkaufen.
Bis der Großhandel keine einzige Flasche Sirup mehr hatte.

In der Sächsischen Schweiz gab es weiches, angenehmes Wasser. Analysen oder Ergebnisse von bei uns entnommenen Leitungswasserproben der Hygieneinspektion haben wir nie zu sehen bekommen. Sie unterlagen der Geheimhaltungspflicht.

Es gab außerordentlich viele Äpfel im Jahr 1959. Das Kilo kostete im Laden 15 Pfennig. Keiner kaufte sie. Sie endeten als Schweinefutter und auf dem Müll. An Konserven mit Apfelmus für die Küchen oder gar Apfelsaft war nicht zu denken. Es blieben Wunschträume, weil die Produktionsstätten fehlten. Eier gab es auch in Hülle und Fülle.
Wir Objektleiter bekamen den Auftrag, eine Eierkarte zu erarbeiten. Wer die meisten Eier auf einer gesonderten Eierkarte auswies, würde prämiert. Ich habe das als ein bisschen unverständlich empfunden. Sollte eine Eierkarte uns jetzt vor weiterer Kritik zum Angebot schützen? Könnte eine Eierkarte die Versorgungslage mit Fleisch, Fisch und Gemüse verbessern? Es ist mir nicht schwergefallen, und habe eine Eierkarte mit 40 Eiergerichten aufgeschrieben.
Ob es dadurch zu einem gesteigerten Absatz von Eiern kommen würde, war für mich mehr als fragwürdig. Möglicherweise trat wegen des Misstrauens der Gäste das Gegenteil ein.
Mehr um die Abteilung Handel und Versorgung ein wenig zu vergackeiern bekamen sie von mir meine umfangreiche, aber dilettantische Eierkarte zur Kontrolle vorgelegt. Die Karte begann mit Rührei von zwei Eiern als dem ersten Gericht. Es folgten Rührei von drei Eiern als das zweite Gericht, dann von vier. Dasselbe mit Spiegeleiern. Es folgten Eier im Glas, Eiersalat, gefüllte Eier, Eierkuchen, gebackene Eier, verlorene Eier, saure Eier, Senfeier, Eierragout, Eierpfanne, pochierte Eier, Eiercreme, Eierfrikassee. Ich erwartete, dass man mich ermahnen würde, was dieser Blödsinn solle. Im Gegenteil!
Mit dieser Eierkarte habe ich als der jüngste Objektleiter der Sächsischen Schweiz den „Sozialistischen Eierwettbewerb 1959" gewonnen. Darauf konnte ich wahrlich nicht stolz sein.

Mein ehemaliger alter Serviermeister vom Adlon hätte vermutlich diese Eierei, dieses Eierspektakel nicht mitgemacht. Die Eierprämie, die ich jedenfalls bekam, war höher als die Gesamtsumme der zusätzlich eingekauften Eier.
Die Bauern wurden irrwitzigerweise von der Partei mit einer Plakataktion aufgerufen, noch mehr Eier an den volkseigenen Handel zu verkaufen, obwohl sie de facto nicht mehr abgesetzt werden konnten. Sie verkauften unbeirrt und seelenlustig immer weiter, die gleichen Eier zweimal. Verspotteten den staatlichen Handel und verdienten ihr Geld. Den Preis, den sie bekamen, war doppelt so hoch wie der Verkaufspreis im Lebensmittelgeschäft. Deshalb kauften Bekannte und Verwandte die Eier im Geschäft, damit der Bauer sie wieder im gleichen Laden loswerden konnte. Die Eier waren nicht gestempelt und lagerten ungekühlt bei hohen Temperaturen im Sommer in den Verkaufsstellen. Niemand interessierte sich dafür, wie alt die Eier waren. Faule Eier wurden entsorgt.
Das war die Arie von den Eiern. Leider gab es sehr viele ähnlicher Arien im dramatischen Liederzyklus der Wirtschaftspolitik und des Handels in der DDR. Jahrelang verfolgten uns Disharmonien nicht nur im Gastgewerbe.
Die Landwirte fütterten ihre Hühner und Schweine mit Brot vom Bäcker, weil das Brot sehr billig war und es viel zu wenig Futtermittel gab. Der noch private Bäckermeister backte Futtermittel für das liebe Vieh. Billiges Brot und billige Brötchen gab es immer und auch ausreichend.
Das Erstaunliche war:
Für die Gewerkschaftsgäste war die Versorgung einschließlich alkoholfreier Getränke immer mustergültig abgesichert.
Die tägliche Speisefolge wurde durch die Verwaltung des Feriendienstes der Gewerkschaft uns vorgegeben. Die zu verarbeitenden Produkte wurden entsprechend der Personenzahl zugeteilt, abgewogen uns geliefert.
Diese Ware musste in der Küche und am Getränkebüfett getrennt von der Nicht-Gewerkschaftsware gelagert werden.

Die Gewerkschaftsgäste aus den verschiedensten volkseigenen Betrieben „dinierten" bei mir in zwei Durchgängen.
Zum Frühstück ab 7 Uhr und um 12 Uhr und 13 Uhr zum Mittag, um 18 Uhr und 19 Uhr zum Abendbrot. Keiner durfte zu spät kommen oder sich zu lange beim Essen aufhalten.
Es glich mehr einer Fütterung als einem Dinner. Das immer 13 Tage lang. Dann kamen die nächsten Gewerkschaftsurlauber.
Am Tag der Anreise erfolgte ständig das gleiche Ritual. Es gab einen Begrüßungsabend, auf dem ein ansässiger Gewerkschaftsfunktionär über die gigantischen Errungenschaften des Staates berichtete. Anschließend durfte ich mich als Objektleiter der Gastronomie vorstellen.
Als die Begrüßung vorbei war, wurden alle Gäste, die Parteimitglied waren, vom Gewerkschaftsboss aufgefordert, noch im Raum zu bleiben. Alle anderen Gäste durften die Räumlichkeit verlassen. Dann wurde mit den Genossen eine Parteigruppe mit einem Parteigruppenorganisator für die kommenden 13 Tage gebildet, außerdem ein Gästebeirat und eine Küchenkontrollkommission für mein Restaurant.
Die Gäste kannten sich untereinander nicht. Es gab keine Gewerkschaftsreise mit 50 Gästen ohne mindestens 8 bis 12 Parteimitglieder. Prozentual war der Anteil der Genossen in allen Betrieben niemals so hoch. Von der Partei wurde nichts dem Zufall überlassen. So standen alle Gewerkschaftsgäste während ihres Urlaubs unter der Fürsorge der Partei, ohne dass die meisten das ahnten. Viele kümmerte das nicht, weil ihre Reise sehr billig war. Sie bezahlten für die 13 Tage mit An- und Abreisekosten und Vollpension 35 Mark. Wer eine solche Reise bekam, entschied die Urlauberkommission des jeweiligen Betriebes oder der Kreisverband der Einheitsgewerkschaft. Man musste sich für eine Reise bei der Kommission des jeweiligen Betriebes schriftlich bewerben. Die Sächsische Schweiz war mit Gästen des Gewerkschaftsbundes überschwemmt. Immer mehr Arbeiter und Angestellte sollten in den Genuss einer solchen preiswerten Reise kommen.

Bei den Besitzern von Einfamilienhäusern wurde vom Rat der Gemeinde kontrolliert, ob sie nicht mehr Wohnquadratmeter im Haus zur Verfügung hatten, als ihnen nach den neuen Gesetzen zustehen würde. Wenn das der Fall war, durften oder mussten sie für 2 Mark pro Bett und Nacht an den Feriendienst vermieten. Diejenigen, die dort als Gäste wohnten, waren bei mir die sogenannten Außenschläfer.

Im Haus hatte ich nur wenige Zimmer mit insgesamt 36 Betten. Da ich für die vollständige Betteneinteilung auch außerhalb der Elbterrasse zuständig war, hatte ich reichlich mit der Organisation zu tun. Vierzehn Tage vor jeder Anreise bekam ich die Daten der Gäste mit Namen, Adressen, Beruf, Alter und Ehestand von den Gewerkschaftsleitungen zugesandt.

Nun war es meine Kunst, die Gäste optimal und möglichst zu ihrer Zufriedenheit unterzubringen. Bei Ehepaaren war das relativ einfach mit einem Zweibettzimmer.

Was tun, wenn nach der Einteilung zwei Damen und zwei Herren übrig blieben, die sich nicht kannten und ich nur noch ein Einbett- und ein Dreibettzimmer hatte?

Ich konnte nicht zaubern und musste mit anderen Hotels Zimmer tauschen. Die Reiseverteiler der Gewerkschaft richteten sich nicht nach meinen Zimmern, sondern nur nach der Gesamtanzahl der Betten. Bei Verlobten drückte ich meist zum Jubel der Partner und zur Lösung meiner Bettenkapazitäten für ein Zweibettzimmer beide Augen zu. Es war immer noch verboten, nicht verheirateten Pärchen ein solches Zimmer zu vermieten. Dafür hätte ich noch bestraft werden können, sah das als junger Mensch aber schon etwas lockerer. Wo kein Kläger, da kein Richter.

Die Arbeit machte mir trotz einiger Unwägbarkeiten inzwischen großen Spaß, und ich arbeitete fleißig und zielstrebig, auch ohne die Überstunden bezahlt zu bekommen. Ein wenig mit jugendlichen naiven Gedanken ging ich immer davon aus, dass es mindestens bis Saisonende „meine" Gaststätte war.

Mit den Herren der lustigen Stammtischrunde in der Elbterrasse hatte ich anfangs meine Probleme. Jeden Donnerstagabend traf sich bei mir der fröhliche Stammtisch. Eine Atmosphäre, wie man sie aus alten deutschen Heimatfilmen kannte. Der drollige Bäckermeister, der Apotheker, der wohlbeleibte Fleischermeister. Dazu der lustige Förster und der alte ehrwürdige Pfarrer des kleinen Städtchens plauderten und zechten zusammen am Stammtisch in der urigen, gemütlichen Gaststube. Sie witzelten reichlich und heckten Späße aus.

Der immer gut aufgelegte Förster schrieb mit Schlämmkreide eines Nachts nur aus Jux und Tollerei an das Schaufenster des Apothekers, der wieder einmal vorzeitig den Stammtisch verlassen hatte: „Ab morgen alles ohne Marken!" Eine wahrlich spaßige und trinkfreudige Runde.

Als ich das erste Mal als neuer Wirt bei ihnen auftauchte und um 23.45 Uhr „Ausschankschluss" und „Feierabend" ansagte, riefen sie mir im feinsten sächsischen Dialekt entgegen:

„Was ist denn jetzt los? Was willst du denn? Ein Berliner Junge kommt hier her und will hier ansagen, was wir machen sollen? Das ist doch wohl lächerlich!" Sie lachten mich aus.

In ihrer langjährigen privaten Stammkneipe mochten sie keinen jungen staatlichen Objektleiter akzeptieren.

Es gab eine Sperrstunde und ich wollte nichts weiter als das diese Vorgaben, die ich erhielt, auch eingehalten werden.

Dabei musste ich schnell lernen, dass die Uhren hier anders liefen. Es dauerte ein paar Wochen, bis sie mich tolerierten, weil ich nicht mehr so genau auf die Uhr schaute.

Ein Dorfsheriff war nicht zu befürchten. Mit dem trinkfreudigen, lustigen Förster verstand ich mich inzwischen gut und kaufte bei ihm nach Einholung einer Genehmigung vom Veterinäramt frisch erlegtes Wild, um meine Fleischlücken auf der Speisekarte etwas zu schließen. Mit Wildschwein und ab und zu Rehwild klappte das gut. Die Privaturlauber à la carte zu überraschen und nett zu bedienen, machte mir mehr Freude, als Gewerkschaftsurlauber in „Durchgängen" zu beköstigen.

Die Gaststättenverkaufspreise waren vom Staat festgelegt und in jeder Stadt, in jedem Dorf ob groß oder klein, in allen Restaurants der gleichen Preisstufe in der gesamten Republik einheitlich. Dabei spielte der Einkaufspreis eine untergeordnete Rolle. Die Handelsspanne vom Wareneinkaufs- zum Gaststättenverkaufspreis war so gering, ca. 30 bis höchstens 35 %, dass die Kosten eines gastronomischen Betriebes niemals gedeckt werden konnten. Kein Geld für Reparaturen oder Renovierungen. Der anhaltende Verfall der Kneipen und Restaurants war sichtbar. Die Kühltechnik in der Küche oder am Getränkebüfett der Elbterrasse war marode und nicht zu ersetzen. *„Für diesen alten Kühlschrank kann ich dir nur noch einen Totenschein ausstellen"*, erklärte mir der herbeigerufene Monteur. Mit schriftlichen Ausnahmeregelungen der Hygieneinspektion wurden einige defekte Kücheneinrichtungen mit provisorischen Reparaturen künstlich am Leben gehalten.
Trotzdem habe ich einen Weg gefunden, um wenigstens die abwirtschaftete Terrasse mit großer Eigeninitiative einer malermäßigen Verjüngungskur zu unterziehen. Habe selbst Holzbalken repariert und mit Mitarbeitern die Pergola gestrichen. Dann an den Wochenenden Tanzveranstaltungen auf der Terrasse organisiert. Dazu alles fein ausgeschmückt und reichlich illuminiert. Abends, wenn es dunkel war, weit die Elbe hinunter und hinauf sichtbar. Energiekosten haben mich nicht interessiert die bezahlte die HO, der Staat.
Die „Tanzabende auf der Elbterrasse" zogen mit bunten Lichterketten die Gäste wie ein Magnet auf das hübsch ausgeschmückte kleine Terrain. Das hatte sich schnell herumgesprochen. Es folgten Umsätze hauptsächlich mit Wein, auch mit Spirituosen und Bier, die die volkseigene Verwaltung in Pirna niemals vermutet hätte.
Mit Alkoholika gab es nie Engpässe, sie gab es immer und auch in ausreichenden Mengen.
Nur dass der Gewinn des Erfolges nicht mir gehörte, sondern in ein großes Fass kam, das „Volkseigentum" hieß.

Den Küchengewinn und die Inventurplusdifferenz bei den Getränken kassierte der Staat ab. Den fehlenden persönlichen finanziellen Gewinn musste ein Leiter mit gehörigem Idealismus für den Beruf aufwiegen.
Die Zeit der Saison ging zu Ende, und die Schließung der Gaststätte stand bevor. Inzwischen war das ungleiche Team der Angestellten eine kleine verschworene Arbeitsgemeinschaft geworden, und der Abschied fiel relativ schwer.

Zur Abschiedsfeier mit meinen Mitarbeitern bestellte ich drei kleine Landauer mit jeweils zwei Pferden bei einem der letzten Privatbauern, und wir fuhren abends, zufällig bei Vollmond, in die Berge der Sächsischen Schweiz. Eine Überraschung für meine Leute und eine nicht geplante stimmungsvolle Atmosphäre dazu. Wir amüsierten uns köstlich und machten Rast in den Bergen in einer Baude, in die ich vorher ein Musik-Duo bestellt hatte. Dort wurden unsere letzten gebratenen Enten verputzt, die wir mit auf die Reise genommen hatten. Ausreichend Getränke hatten wir auch dabei. Die Rechnung für die drei Landauer hat die HO-Verwaltung als zusätzliche Abfall- und Müll-Entsorgungsleistung präsentiert bekommen.
Das war möglich, weil der gleiche Pferdefuhrbetrieb bei uns immer die Abfälle und den Müll abholte. Es sind eben vier Fuhren mehr angefallen. Ich hatte nicht so viel Geld verdient, um das selbst zu finanzieren, und die Leitung hätte für einen solchen Abschiedsabend sicher keine Mittel zur Verfügung gestellt.
Zum Schluss gab es noch einen vergnügsamen Abend mit meinen „verrückten" aber lieben Stammtischgästen. Es wurde viel gelacht, gespottet und geprostet. Plötzlich ließ man mich, den „Berliner Jungen" zum Abschied hochleben.

Fast alles, was ich in der Sächsischen Schweiz erlebt habe, war gastronomisches Neuland für mich. Als die Saison zu Ende war, gab es eine „Saisonauswertung" aller Gaststätten.

Man bestätigte uns in dieser Versammlung, dass sämtliche schriftlichen Eingaben und Beschwerden zentral geprüft und bearbeitet wurden.
In der Gaststättenzentrale in Pirna beschäftigte sich ein Büro mit zwei Angestellten, um alle Eingaben und Kritiken von den Gästen zu bearbeiten. Hauptsächlich auch mit den Auswertungen der Gästebücher aus allen Hotels und Restaurants.
Ein Gästebuch war in jeder Gaststätte Pflicht und musste laut Anordnung am Büfett sichtbar ausliegen. Es diente nicht etwa der Eintragung von berühmten Gästen, wie ich es vom Adlon kannte, sondern war meist gespickt mit vielen Unmutsäußerungen. Kritik zur Versorgung und Unverständnis über Ruhetage und Urlaubsschließungen von Eiscafés, während der Sommersaison. Die Gäste nannten es nicht Gäste- sondern Beschwerdebuch. Über keinen Missstand regten sich die Bürger mehr auf als über die Unzulänglichkeiten in der volkseigenen Gastronomie. Dabei blieben den Gästen viele Regularien und Maßnahmepläne, die die Gastronomen zu erfüllen hatten, verborgen.
Erst einige Jahre später, durch weitere Erfahrungen, beschäftigte ich mich damit, wie der Staat mit den einstigen Inhabern, die teilweise über Generationen ihre Hotels und Restaurants in Privatbesitz führten, schändlich, auch verächtlich umgegangen ist. Das Beispiel in der Elbterrasse war für mich ein nicht zu vergessender Beweis.
Wurde ich nicht einfach nur ein preiswerter Erfüllungsgehilfe dieses sozialistischen Systems?
Vermutlich ist nicht überall so eine gute Zusammenarbeit zwischen dem staatlich eingesetzten Objektleiter und der ehemaligen privaten Leitung wie in der Elbterrasse gelungen. Wenn überhaupt. Viele ehemalige private Gastwirte wollten mit den „volkseigenen neuen Chefs" nichts zu tun haben.
Der Staat wollte alle Betriebe übernehmen und war nicht nur überfordert damit, sondern systembedingt völlig unfähig, seine eigenen Ziele zu verwirklichen.

Gaststätte „Bärenquell" in Königs Wusterhausen bei Berlin

Nun hatte ich meine ersten Erfahrungen als Objektleiter gesammelt und bewarb mich in Berlin und Umgebung als Gaststättenleiter. Ich hatte nicht vor, unter diesen Umständen noch einmal zur Saison zu fahren.
Die erste Antwort kam aus dem Ort Königs Wusterhausen bei Berlin. Ohne abzuwarten, ob sich Berlin noch meldet, sagte ich zu. Nahtlos ohne zeitliche Unterbrechung übernahm ich das „Bärenquell" in Königs Wusterhausen. Es war eine alte, fast dörfliche Einrichtung, die sich über Jahre im Privatbesitz der Gebrüder Hoencke befand und ein nettes Ambiente hatte.

Kein Gourmettempel, trotzdem ein gepflegtes Restaurant mit einem kleinen Hotel. Für die Verhältnisse im Osten (1960) ein sogenanntes Vorzeigerestaurant.
Eine Mustergaststätte und ein Ausbildungsbetrieb für Kellner.

Gaststätte „Hotel Hoencke" Königs Wusterhausen – Speiseraum

Muster-Gaststätte „Hotel Hoencke" Königs Wuste – Bierstübl

Der ehemalige Inhaber Georg Hoencke hatte zunächst einen Kommissionsvertrag erhalten und schließlich seinen Betrieb auch an den Staat abgeben müssen.
Ich hatte über lange Zeit noch Kontakt mit diesen Gastronomie-Brüdern, die von der Pike an vor dem Krieg gelernt hatten und früher schon um die halbe Welt gereist waren.
Gastronomisch waren sie für mich Vorbilder.

Der Zwillingsbruder des ehemaligen Inhabers hatte noch lange Zeit in Königs Wusterhausen das Seeschlösschen in Neue Mühle als Privatrestaurant betrieben. Ein gastronomischer Edelstein in dem tristen Kneipenpool der herrlichen Seenlandschaft im Südosten von Berlin. Mit ihnen habe mich oft über die gravierenden Mängel in der Gastronomie ausgetauscht und sie über ihre Erfahrungen befragt. „Persönlicher Einsatz heißt, mit Spicken gelingt es, an ausreichend Produkte für das Restaurant zu gelangen", meinten sie. Diesen Rat befolgte ich. Wenn eine größere Festlichkeit bevorstand und ich mehr Wein brauchte, als mir für mein Restaurant zustand, nahm ich der verantwortlichen Dame beim Großhandel ein Pfund Bohnenkaffee als kleines Dankeschön für mehr Zuteilung mit.

Wenn ich mehr Kaffee brauchte, bekam die Verantwortliche für Kaffee, Tee und Kakao beim Großhandel eine Flasche Wein oder Sekt geschenkt. So lief es einigermaßen zu der Zeit mit der Warenbelieferung.

Meine Küche wurde von den Gästen deshalb besonders gelobt, weil die Küchenchefin es verstanden hat, mit den regionalen, vorhandenen Produkten gute, geschmackvolle Speisen anzurichten. Viel gelobte edle und typische Hausmannskost.

Das Geheimnis lag hauptsächlich auch darin, dass sie einige Sorten Gemüse, Kräuter und Salate in ihrem Garten, der sich hinter dem Restaurant befand, selbst anbaute.

Die Servicemitarbeiter konnte ich motivieren, vieles einzusetzen, was es gratis gab. Höflichkeit und Aufmerksamkeit waren nämlich nicht rationiert, aber selten in einer volkseigenen Gaststätte anzutreffen. Jeder Gast wurde bei uns freundlich empfangen, nur Gleichgültigkeit hatte in meinem Restaurant keinen Platz. Gäste, die das erste Mal zu Besuch weilten, sprachen meine Mitarbeiter an, ob es sich hier um ein privat geführtes Restaurant handelt. Dieses würde sich deutlich von anderen volkseigenen Restaurants unterscheiden.

Das freute mich und gab mir die Bestätigung, dass sich mein Engagement, meine Mühe lohnte.

Leider musste die Tradition der „privaten Bewirtschaftung" unterbrochen werden. Jedes volkseigene Restaurant wurde verpflichtet, „Rote Ecken" einzurichten. Mindestens ein großer Tisch musste in eine „gut sichtbare Ecke" (so stand es in der Anweisung) des Restaurants gestellt werden, der vollständig in rotes Fahnentuch gehüllt wurde. Auf diesen Tisch wurden das Bild von Walter Ulbricht und die Wettbewerbstafel der Gaststätte gestellt und alle schriftlichen Selbstverpflichtungen der Mitarbeiter gelegt. Zum Beispiel: „Wir werden den Umsatzplan mit 110 % erfüllen!" „Der Gläserbruch wird ab sofort gesenkt!" (ob wir eine hohe Bruchquote hatten oder nicht) oder: „Ich, die Serviererin ... werde als Geschenk zum Geburtstag unserer DDR Mitglied der Gesellschaft für deutsch-sowjetische Freundschaft" usw. Damit sollte (auf Anweisung!) die Verbundenheit der Werktätigen des Gaststättenwesens zu Partei und Regierung öffentlich zum Ausdruck gebracht werden. Über dem Tisch befand sich eine von zehn vorgegebenen politischen Losungen: Plane mit, arbeite mit, regiere mit!
Telefonisch hatten alle Gaststättenleiter, wie ich auch, der Parteileitung zu melden, wann diese roten Ecken fertiggestellt sein würden. Dann kamen Vertreter der Partei- und Gewerkschaftsleitung, um diese roten Ecken auf Qualität der Darstellung zu prüfen. Als das alles einzeln kontrolliert und mit Punkten bewertet war, habe ich am nächsten Tag alles wieder abgebaut. Mit der Begründung den Mitarbeitern gegenüber:
„Uns fehlt der große Tisch dringend für unsere Umsatzplanerfüllung!"
Es war ein Sonnabend, der 12. August 1961. Ein Weinabend mit schöner Unterhaltungsmusik von meiner kleinen Hausband. Violine und Klavier standen auf dem Programm. Wir waren wie immer gut besucht.
Zu Ende der Veranstaltung, etwa gegen 23.30 Uhr, betrat ein junger Stammgast aus dem Ort mein Restaurant. Er fragte mich, ob er sein Motorrad einen Moment neben der Eingangstür abstellen dürfte. Natürlich bejahte ich das.

Alle Gäste hatten pünktlich um 0 Uhr das Restaurant verlassen. Die Einhaltung der Polizeistunde wurde von der Polizei ab und zu kontrolliert. Dem jungen Mann wurde in der kurzen Zeit seines Aufenthaltes bei uns das Motorrad gestohlen. Er kam zu mir mit einer großen Bitte. Er müsste eine Anzeige erstatten, ob ich so nett wäre und zur Polizeiinspektion mitkommen würde, um als Zeuge zur Verfügung zu stehen.
Da die Polizeiinspektion sich in der Nähe der Gaststätte befand, sagte ich zu.
In dem großen Gebäude mit einigen Stockwerken waren zu dieser Zeit, es war etwa 0.45 Uhr, sämtliche Fenster durch das grässliche Licht der weißen Neonröhren hell erleuchtet. Viele Fenster waren in der warmen Nacht geöffnet. Ein ungewöhnlicher, erschreckender Anblick in dieser stockdunklen, mondleeren Nacht über dem ruhig schlafenden Königs Wusterhausen. Dort angekommen sahen wir, dass viele Polizeibeamte in Uniform und in Zivil beunruhigt hin- und herliefen.
„Ich möchte eine Anzeige machen", bat mein Gast. Ein Offizier brüllte uns an: *„Wir haben jetzt etwas anderes zu tun, als eine Anzeige von Ihnen aufzunehmen, ist Ihnen das klar? Wer hat sie überhaupt ins Haus gelassen? Sie entfernen sich auf dem schnellsten Weg aus dem Haus und von dem Polizeigelände!"*
Unverrichteter Dinge und für uns unverständlich verließen wir das Haus und ich meinte: *„Was ist denn hier los? Hier ist sicher ein Mord, oder möglicherweise sind mehrere Morde passiert, etwas anderes ist ja nicht vorstellbar."*
Eine gespenstische Atmosphäre um Mitternacht, zumal mehr Funzeln als Straßenlaternen in dem Ort dunkel schimmerten.
Am nächsten Morgen, am 13. August, hörte ich die Nachrichten im Radio. Der vermutliche Mord war geklärt. Was bisher unmöglich erschien und was Walter Ulbricht als Chef der DDR noch im Juni des gleichen Jahres amtlich geleugnet hatte, war bittere Wahrheit geworden.
Die Stadt Berlin wurde geteilt und die Menschen durften ab sofort nicht mehr von einem in den anderen Stadtbezirk.

Ich bin gegen Mittag an dem Sonntag nach Berlin gefahren, um mir das traurige Schauspiel aus nächster Nähe einmal anzusehen. Bis zum Brandenburger Tor in die Nähe des Hotel Adlon bin ich nicht mehr gekommen.
Die Straße Unter den Linden war schon ab der Friedrichstraße mit einer Menschenkette der Kampfgruppen, die dicht an dicht mit Gewehren nebeneinanderstanden, quer verriegelt. Was mir sofort auffiel, war, dass die Kampfgruppen mit ihren Schusswaffen nicht mit dem Gesicht zum Feind, zum Westen, sondern nach Osten gerichtet waren. Zu den aufgebrachten Bürgern. Warum wohl? Wenn mich jemand beschützen wollte, konnte er doch die Waffe nicht gegen mich richten und dem Feind den Rücken kehren?
Auf der Straße diskutierten die vielen Menschen leise miteinander, nicht so laut wie am 17. Juni 1953. Man spürte eine Beklommenheit eine Ohnmacht. Ungewissheit machte sich breit. Meine Erinnerungen an den Volksaufstand waren sofort wieder im Gedächtnis, hellwach und wirklichkeitsnah.
Sofort wurde mir klar, dass ich eine große Dummheit begangen hatte. Warum hatte ich nicht auf den Stammgast des Adlon gehört und war in den Westen gegangen?
Nur in den Ostmedien wurde diese Abriegelung, die Spaltung Berlins wie ein Freudenfest gefeiert: *„Jetzt haben wir es ihnen gezeigt, wo der Hammer hängt! Nichts ist mehr mit Überfall auf die Deutsche Demokratische Republik! Die DDR ist wachsam und beschützt ihre Bürger und ihre Errungenschaften, das sollten die Herren in Bonn sich einmal hinter die Ohren schreiben!"* Das sagte der gehasste Chefkommentator des DDR-Fernsehens Karl Eduard von Schnitzler.
Dem Sudel-Ede, wie er genannt wurde, lief der Geifer förmlich aus dem Mund. Sein Zynismus dirigierte seine Gesichtszüge. Manche Bürger nannten ihn eine böswillige, arglistige Kreatur. Die ostdeutschen Nachrichten trieften vor Lügen und Verleumdungen. Angeblich hätte die Mehrheit der Bürger die Regierung gebeten, endlich die Grenzen zu schließen.

Die Regierung hätte also nur auf die Wünsche ihrer eigenen Bürger reagiert. Welch ein Hohn. In Wahrheit fühlten sich die meisten Menschen verspottet, belogen und betrogen.
In den Wochen vor dem 13. August 1961 hatten etwa 3000 Menschen pro Tag die DDR in Richtung Westen verlassen.
In Königs Wusterhausen und in anderen Randgebieten von Berlin standen an den Straßenrändern viele verwaiste Pkws und Motorräder, sie wurden einfach abgestellt. Die Polizei sammelte sie wöchentlich ein. Man fuhr mit dem Auto aus Sachsen und anderen Bezirken bis an den Rand von Ostberlin und dann für 20 Pfennige Ostgeld mit der S-Bahn nach Westberlin auf „Nimmerwiedersehen". Nun war Schluss. Ein Wegkommen war unmöglich. Dennoch haben es einige geschafft. Nicht wenige haben es leider mit dem Leben bezahlen müssen. Die meisten Menschen fühlten sich ab jetzt, wie ich auch, gefangen.
Schließlich kamen mir aber auch Überlegungen in den Sinn, dass es vielleicht durch die Grenzschließung tatsächlich zu einer Stabilität der Versorgung kommen könnte. Damit denkbar auch zu einer besseren Gastronomie, weil gute Fachkräfte nicht mehr abwanderten. Auch eine baldige Öffnung für die Privatwirtschaft? Vielleicht in absehbarer Zeit ein eigenes Restaurant? Wir Gaststättenleiter bekamen in unseren neuerlichen Schulungen bestätigt, jetzt könnten endlich die Westbürger unsere Nahrungsmittel nicht mehr wegschnappen. Zunächst leuchtete das ein. Warum sollte man da widersprechen? Ich kann es heute noch nicht begreifen, warum ich damals immer noch so blauäugig war.
Etwa zehn Wochen nach Grenzschließung im Oktober 1961 bekam ich für mein Restaurant zum ersten Mal keine Butter geliefert. Wieder wurde das Fleisch knapp, wenn es genügend gab, wurde viel Fleisch verzehrt. Wie andere Lebensmittel auch gehortet. Dadurch hat es auch eine künstliche Verknappung gegeben. Meine Küchenchefin wollte sich Luft machen und rief mir laut aus der Küche entgegen:

„*Chef sind die Grenzen wieder geöffnet? Ich habe zum Wochenende viel weniger als das bestellte Fleisch geliefert bekommen!*"
Im Schaufenster einer Fleischerei im Ort Königs Wusterhausen wurde statt Wurst oder Fleisch an einem Fleischerhaken der Kopf (!), ein Porträt von Walter Ulbricht aufgehängt. Dazu im Schaufenster ein paar Hundert als Pyramide voluminös gestapelte Konservendosen mit Schmalzfleisch. Die hellbraunen Dosen trugen kein Etikett, sondern nur einen aufgedruckten schwarzen Stempel: Schmalzfleisch. Über diese Dosenpyramide kein Preisschild sondern ein Plakat:
Der Sozialismus siegt! Wir lebten mit politischen Losungen, Sprechblasen, Parolen und Porträts von unseren geliebten Führern, wo man hinsah.
Jetzt wurde eine staatliche Speisenplanung verordnet, mit dem Ziel, den „Rationalisierungsgrad" in den Gaststätten zu erhöhen. So umschrieb man einen geringeren festgelegten Einsatz bei Fleisch. 100 Gramm Rohgewicht durften für ein Steak oder ein Schnitzel nicht mehr überschritten werden.
Jetzt half auch immer weniger der persönliche Einsatz mit Kaffee oder Wein. Die Damen vom Großhandel durften kein kleines Dankeschön mehr annehmen. Es wurden dünne Bestellkataloge für jede einzelne Gaststätte eingeführt. Ohne die Abbildung eines einzigen Artikels, sie glichen mehr gehefteten Listen. Jeglicher Kontakt mit den Mitarbeitern des Großhandels wurde uns untersagt und telefonische Warenbestellungen wurden nicht mehr entgegengenommen.
Wir wurden verpflichtet, unseren wöchentlichen Bedarf in diese „Kataloge" einzutragen, um verschiedene Sortimente dann reduziert oder gestrichen zu bekommen. Ich legte anfangs, wie einige andere Gaststättenleiter auch, einen Zwanzigmarkschein in diesen Katalog, in der Hoffnung, die bestellte Ware auch zu bekommen.
Der Direktor vom Großhandel hatte das mitbekommen und beschlagnahmte das Geld aus den verschiedenen Katalogen.

Fortan mussten alle Kataloge erst über den Tisch eines Leiters vom Großhandel gehen, der diese eilig nach Geld durchschnüffelte. An den neuesten Schwierigkeiten der Versorgung seien jetzt nicht mehr die Westler schuld, sondern es seien verständliche, schon in den Schriften von Karl Marx skizzierte gesellschaftliche Übergangsprobleme vom Sozialismus zum Kommunismus. Niemand lachte mehr, keiner hat gewagt zu widersprechen, wir nickten nur noch mit dem Kopf.
Über dem Schulungsraum für die Gastwirte hing unsichtbar ein Damoklesschwert. Jeder wusste, für eine politische unbedachte Äußerung oder für einen politischen Witz konnte man schon eingesperrt werden. Jedermann hatte im Kopf, er kam nicht mehr weg. Wir wurden beobachtet, abgehorcht und waren jetzt eingemauert.
Alle Gaststätten verkauften viel Handelsware. Waren, die zum Einzelhandelspreis ohne Gaststättenaufschlag verkauft wurden. Dazu gehörten hauptsächlich Zigaretten, Kekse, Schokolade und Pralinen. Die neuen Zigaretten mit Filter „Inka" wurden von uns für gute Gäste zurückgelegt.
Kakaoerzeugnisse, vom Staat für jede Verkaufseinrichtung geplant, waren für mein Restaurant 5 Kilo im Monat vorgesehen. Das wären 50 Tafeln Schokolade à 100 Gramm oder weniger, dafür auch Pralinen. Durchaus genügend.
Die 5 Kilo habe ich auch bekommen, in Form von 5 Geschenkkartons Pralinen à 1000 Gramm. Nur ein Kilo Verkaufspäckchen, es war die Sorte „Aus Meisterhand" von den volkseigenen Delitzscher Schokoladenwerken. Die Schachtel kostete 56 Mark. Keiner kaufte sie. Als das Verbrauchsdatum überschritten war, die Pralinen verschrumpelt und traurig wie graue Mumien in den Schachteln lagen, durften wir sie abschreiben und vernichten. Ich bat darum, mir diese Packungsgrößen nicht mehr zu liefern. Die Antwort kam prompt: *„Der Großhandel ist verpflichtet, die staatlich geplanten Liefermengen an Kakaoerzeugnissen einzuhalten, und es gibt im Moment nur diese Größen als Verkaufspackungen für Gaststätten."*

Die Tageszeitung von Königs Wusterhausen, die „Märkische Volksstimme" zimmerte eines Tages einen geschmacklosen Beitrag in fetten Lettern. Originalzitat:

Da vergeht einem der Appetit!
Der Gaststättenleiter der HO-Gaststätte Bärenquell in Königs Wusterhausen, Wolfgang Hoebel, will einem Republikverräter ein ehrendes Andenken bewahren! In seiner Speisekartenhülle auf der Innenseite macht er Reklame für Hans Fanselow und sein Reiseunternehmen. Dieser Mann hat unserer Deutschen Demokratischen Republik den Rücken gekehrt.
Wenn man den Namen liest, vergeht einem der Appetit!

Diesen Herrn Fanselow kannte ich nicht, und die zitierten Speisenkartenhüllen bekamen wir von der Zentrale der HO. Sie lagen in allen volkseigenen Gaststätten in der Umgebung aus. Wir Gaststättenleiter hatten keine Berechtigung, Werbung zu schalten. Ich muss ein Dorn im Auge eines Linientreuen gewesen sein, dem die private Führung des Restaurants nicht gefiel. Wahrscheinlich fiel dem Genossen auf, dass meine „Roten Ecken" nie lange im Bestand waren. Meine Stammgäste empörten sich über diesen böswilligen Schreiberling.
Politische Diffamierung wurde erst nach der Grenzschließung möglich. Man spürte durch diverse Publikationen in der Presse, dass jetzt die politischen Zügel angezogen werden.
Die Überwachung der Gaststättenleiter bekam nach dem Mauerbau eine neue Dimension. Vor der Abriegelung wäre diese journalistische Darstellungsform in einer Tageszeitung vermutlich nicht denkbar gewesen.

Inzwischen hatte ich die Akademie für Gastronomie besucht meine Serviermeisterprüfung und den „Befähigungsnachweis zur Führung einer sozialistischen Gaststätte" abgelegt.
Nun bekam ich einen Vertrag als stellvertretender Großgaststättenleiter in Berlin. Meine gastronomische Laufbahn nahm Fahrt auf.

„Casino" in Berlin-Treptow

Das Casino war keine Spielhalle, sondern es handelte sich um eine große gastronomische Einrichtung am Bahnhof Treptow. Eine geräumige Bierkneipe für 150 Personen. Dazu ein Café für etwa 60 Personen, ein großes Speiserestaurant für 80 und ein Tanzsaal für 450 Gäste. Obendrein das Gartenrestaurant für 600 Besucher. Der Laden brummte von morgens bis abends. Es gab viel zu wenig Kneipen, Restaurants und Tanzlokale in Ostberlin. Deshalb waren die vorhandenen großen und kleinen Gaststätten ständig überfüllt.
Im Garten gab es eine Drehbühne, die mit dem Restaurant verbunden war. Eine Rarität aus alten Zeiten. Die Hauskapelle spielte im Sommer täglich auf der Bühne im Garten. Wenn es anfing zu regnen, drückte man auf einen Knopf, und die Bühne drehte sich mit den Musikanten während des Spielens ins Restaurant. Die sechs lustigen Hausmusikanten spielten in kurzen Lederhosen, mit karierten Hemden und Filzhüten auf den Köpfen, sie nannten sich selbst „Bayerische Trachtenkapelle". Ein munteres, fröhliches und trinkfestes Sechser-Gespann.

Das ging so lange gut, bis ich die erste Veranstaltung vorbereitete, dazu ahnungslos ein großes Plakat malen ließ und damit unabsichtlich kräftig in ein Fettnäpfchen getreten bin:

> Großes Sommerfest im Garten
> mit der Bayerischen Trachtenkapelle
> am Sonnabend, dem 24. August 1963 ab 16 Uhr!

Dieses Fünfmeter-Werbebanner hing gut sichtbar zur Straßenseite in Richtung S-Bahnhof Treptow. Das rief die Aufpasser auf den Plan. „Bayerische Trachtenkapelle"? Das konnte und durfte doch nicht wahr sein, was war denn da los?
Die Kontrolleure hatten mit Bayern nichts im Sinn, mit ihnen war nicht zu spaßen. Diese Werbung musste ich sofort entfernen. Der Kapellmeister Herr Lange wurde zur Konzert- und Gastspieldirektion vorgeladen und musste Rechenschaft ablegen, wie er zu einem solchen Namen gekommen sei. Es wurde ihm ab sofort verboten, einen solchen provozierenden Namen zu tragen. Er bekam eine Auflage von der Konzertdirektion: Wenn sie die Lederhosen nicht mehr tragen und die Filzhüte beim Spielen absetzen, könnte man sich auf den Namen „Trachtenkapelle Lange" einigen, wurde ihm gesagt.
Die karierten Hemden dürften sie weiterhin anbehalten.
Sie hießen also nach dem Namen des Leiters von nun an: „Trachtenkapelle Lange". Der Musikerchef Lange war ein urgemütlicher Typ und konnte einen Stiefel vertragen. Nur auch ungemütlich werden, wenn Pärchen nicht zusammen, sondern auseinander getanzt haben. Das Auseinandertanzen war 1963 in der DDR noch verboten. Auch Gäste, die in Jeansbekleidung vom Klassenfeind oder mit langen Haaren auftauchten, durften wieder gehen. Das alles wurde als westliche Dekadenz missbilligt und von der Polizei mit einem Ordnungsgeld von 50 bis 100 Mark geahndet. Wenn der musikalische, trinkfeste Lange sah, dass ein Pärchen auseinandertanzte, unterbrach er die Musik mitten im Titel.

Er ging an das Mikrofon und sagte ganz ruhig: *„Meine Damen und Herren, nochmals die Aufforderung: Bitte tanzen sie nicht auseinander, sie kennen alle die Bestimmungen!"*
Und dann: *„Die Kapelle hat Durscht!"*
Dann ging es weiter. Oft passten auch „sittsame Tanzpaare" auf, dass niemand auseinander tanzte, weil sie nicht ständig beim Tanzen von der Musik unterbrochen werden wollten. Sie verwiesen „Disziplinlose" sofort von der Tanzfläche. Selbst wenn jemand großzügig für die Band eine Lage spendierte, durfte er trotzdem mit seiner Braut nicht getrennte Schritte beim Tanzen verrichten. Von der Abteilung Erlaubniswesen der Polizei wurde mir ein Ordnungsgeld von 100 Mark angedroht, sollten sie diesbezüglich noch einmal eine Ordnungswidrigkeit feststellen.

Für die Einhaltung der Bestimmungen zum Tanzen war ich als Leiter verantwortlich. Wie wollten sie mir das nachweisen, dass ich etwas gesehen habe? Ich hatte noch anderes zu tun, als mich ständig zur Überwachung dieses Verbots im Tanzsaal aufzuhalten.

Manchmal waren unter den Besuchern auch zwei Gäste, die die einzelnen Musiktitel zur Kontrolle mit einem Tonbandgerät mitschnitten. Das Bedienungspersonal war aufmerksam und alarmierte sofort die Musikanten: *„Aufpassen, Feind hört mit!"* Die damals noch robusten Tonbandgeräte konnte kein Kellner übersehen. Der Kapellmeister bedankte sich beim Ober mit einem Schnäpschen. Er wusste, er setzte seine Existenz aufs Spiel, bekäme seine staatliche Spielerlaubnis entzogen und ein Berufsverbot. Es gab nämlich bekannte und beliebte Westtitel, die generell zu spielen verboten waren, aber bei den Gästen beliebt. Außerdem durften nur 40 % Westmusik und 60 % Ostmusik gespielt werden.

Dieser Gastronomiebetrieb machte Millionenumsätze mit Bier und Spirituosen. Wir verkauften etwa 700 bis 800 Liter Bier pro Tag. Wir rechneten nur in Hektoliter.

Auch Wodka, Korn, Weinbrände oder Liköre gab es massenhaft. Es wurde oft schneller geschluckt, als eingeschenkt werden konnte. Es mangelte nämlich an entsprechenden Gläsern. Spirituosen durften nur in Gläsern ausgeschenkt werden, die einen roten Füllstrich hatten. Entweder 2 oder 4 cl. Einfache oder Doppelte.

Am roten Füllstrich, der fälschlicherweise oft als Eichstrich bezeichnet wurde, konnte man sich aber nicht oder selten orientieren. Die Gläserstärke der gepressten Gläser war unterschiedlich, und dadurch kam es zur Abweichung des Volumens. Entweder war der Strich zu hoch oder zu niedrig am Glas. Der Gast bekam entweder Millimeter mehr oder weniger eingeschenkt, ein grober Verstoß gegen das Preisgesetz. Damit war die zentrale Kontrollkommission nicht zufrieden.

Jedes einzelne neue Glas wurde ab sofort bei Anlieferung mit einem Reagenzglas nachgemessen und auf die Richtigkeit der Füllstrichangabe überprüft.

Komplette Lieferungen von neuen Gläsern mussten von den Mitarbeitern der Gaststätten vernichtet werden, weil die Striche an den Gläsern nicht mit der Füllmenge übereinstimmten.

Die volkseigene Gläserproduktion in der Stadt Weißwasser stand nicht still. Es wurden weiter, im Akkord, Gläser mit einer falschen Maßangabe produziert. Genaue Maße konnten auch nach den Mängelrügen von der Produktionsleitung aus technischen Gründen nicht garantiert werden.

Aus der akuten Not heraus kam es zu einer neuen Regelung: Es dürfen auch Gläser, die keinen Füllstrich haben, zum Einsatz kommen, wenn garantiert wird, dass mit einer Mensur oder einem verlässlichen, geeichten Messbecher gearbeitet wird. Wo hernehmen? Es gab im Osten keine.

Jetzt waren die Büfettiers glücklich, die Verwandte im Westen hatten. Sie ließen sich Messbecher schicken und diese durften nach einer neuen Verordnung:

„Ausnahmeregelung für Westmessbecher" zum Einsatz gebracht werden.

Neben meiner Tätigkeit trat ich ehrenamtlich der Gesellschaft für Betriebsberatung des Handels (GBH) bei. Dadurch hatte ich die einzigartige Gelegenheit, mit dieser Gruppe viele neu entstandene hübsche kleine Kneipen und großzügige repräsentative Restaurants in allen Bezirken zu besuchen, zu beurteilen und zu bewerten. Für diese interessante Aktivität wurde ich regelmäßig von meiner Arbeit freigestellt.

Es gab herausragende volkseigene Restaurants und Bars mit internationalem Niveau. Man hatte den Eindruck, dass einige Bezirke, besonders aber in Leipzig und Dresden, hübschere neue Restaurants und Bars einrichteten als wir in Ostberlin. Dabei waren schon einige mit ausgezeichneten Küchen, für Gäste des guten Geschmacks, für Gourmets mit fachlicher Bedienung. Sogenannte Erlebnisrestaurants.

Leider war das Eröffnungsniveau nicht immer von langer Dauer. Bei unseren nächsten Besuchen nach Monaten wurden wir enttäuscht. Einige Betriebe hinkten einer Schlange nicht enden wollender Probleme hinterher. Warum? Die Bilanzierungen für Reparaturen und Pflege fehlten. Wenn in den jüngeren Einrichtungen durch neue festgelegte höhere Preisstufen, Gewinne erwirtschaftet wurden, durften die Gaststättenleitungen nicht selbst darüber verfügen. Außerdem war das persönliche Engagement des Betreibers zuweilen mangelhaft, gepaart mit unmotiviertem Personal. Dazu kamen wiederholt Versorgungsstörungen mit Produkten für die Küchen, die auch mit besten Maßnahmenplänen nicht zu bekämpfen waren, und eine hohe Fluktuation der Mitarbeiter.

In dieser Gesellschaft besprachen wir auch die Sorgen, die die Kollegen mit den Weingläsern hatten. Die Gläserproduktion kam nicht mehr nach bei der Herstellung unterschiedlicher Größen für Rotwein, Weißwein, Süßwein und Sektgläser. Die aufwendige differenzierte Herstellung unterschiedlicher Größen sollte durch die Herstellung eines „Mehrzweckglases" mit einer einheitlichen Größe beendet werden. Ein einheitliches Glas, indem der Gast alle Sorten von Wein serviert bekäme.

Meinem Meister vom Hotel Adlon wären mit Sicherheit die letzten Haare ausgefallen. Es sei eine Alternative, um aus den Engpässen mit Gläsern herauszukommen, weil die volkseigene Produktion durch die vielen Exportverpflichtungen und durch den ständig steigenden hohen Inlandsbedarf nicht mehr nachkommen könne. Aus Sorge, eines Tages überhaupt keine Weingläser mehr zu bekommen, stimmten wir Fachleute zu.
Nun kam überraschenderweise etwas Unerwartetes: Nach einiger Zeit bekamen die Gaststätten bei jeder Lieferung von Weingläsern tatsächlich Gläser in identischer Größe, nur in einem anderen Design. Man konnte sich die Gläser nicht aussuchen. Bei fünf Anlieferungen fünf verschiedene Formgestaltungen. Mal war die Öffnung des Glases größer oder kleiner. Mal mit Glasschliff, mal ohne. Der Stil mal rund, mal kantig. Der Fuß mal mehr oder weniger breit.
Oftmals auch Exportgläser, die wegen Qualitätsmängeln vom Westen nicht abgenommen wurden. Das hatte zur Folge, dass ein Kellner in einem Weinrestaurant nur mit Mühe einheitliche, passende Gläser für eine größere vorzubereitende Festtafel zusammenbekommen hat. Das war 1965 und beschäftigte uns noch in den späteren Jahren.

Alkoholfreie Getränke blieben weiterhin über Jahre hinaus Mangelware. Die Gastronomie war das Stiefkind des sozialistischen Handels. Aus politischen Gründen sollte immer erst der Bevölkerungsbedarf in den Kaufhallen abgesichert werden.
Fünf Tage Sonnenschein hintereinander, und es konnten keine alkoholfreie Getränke mehr angeboten werden.
Manchmal fehlten die Rohstoffe, dann fehlten in der Brauerei die leeren Flaschen, die massenweise in den Verkaufsstellen und Gaststätten herumstanden und wegen ungenügender Transportkapazitäten nicht regelmäßig abgeholt werden konnten. Dann fehlten Arbeitskräfte in den Abfüllbrigaden der Brauereien, oder Reinigungs- auch Etikettiermaschinen fielen ab und zu aus. Etwas versagte fast immer.

Es war üblich, dass das Servierpersonal ein Kreuz (+) mit einem Bleistift vor einer Speiseangabe auf der Speisekarte setzte, wenn ein Gericht ausgegangen war. Manche Gäste ulkten und spotteten die Kellner an:
„Bei euch sieht es ja wieder auf der Speisekarte aus wie auf dem Friedhof!" Aktuelle Speisen- und Getränkekarten waren vom Glücksfall abhängig. Man brauchte zu der Zeit noch eine Druckgenehmigung von der Abteilung Handel und Versorgung und eine Papierfreistellungs-Bescheinigung vom Magistrat.
Wenn ich glücklicherweise beides termingemäß besaß, durfte ich den Druck in Auftrag geben. Mit einer ungarischen Salami als Beschleunigungshebel bewaffnet, ging ich zur Druckerei. Doch in der volkseigenen Druckerei spielte man Schach und wartete auf Papier. Wenn die Karten fertig waren, durfte ich sie oftmals nicht mehr einsetzen, die gedruckten Sortimente waren nicht mehr vorhanden. Es kam schon einmal vor, dass die fertigen neuen Speise- und Getränkekarten gleich en bloc im Altpapier-Container landeten. Sehr zur Freude der Jungen Pioniere, die das Papier zur Sekundärrohstoff-Sammelstelle (SERO) brachten und dafür gleich Geld bekamen.

Im Casino gab es die unterschiedlichsten vorgeschriebenen Versorgungsaufgaben. Dazu vier verschiedene Preisstufen in dem Haus. Die Preise unverständlich und in den Abweichungen völlig unwesentlich. Ein Vorschlag, die Preisstufen im Haus zusammenzulegen oder die Verkaufspreise zumindest zu runden und damit ein Einsparungspotenzial in der Buchhaltung zu erreichen, wurde vom Staat nicht genehmigt. Eine Mischkalkulation wurde verwehrt.
Das hieß im gleichen Haus zum Beispiel:
Bierabteilung Preisstufe 1 kostete das Bier   0,49 M
Im Speiserestaurant Preisstufe 2 kostete es   0,51 M
Das gleiche Bier im Café Preisstufe 3   0,56 M
Bei Tanz das gleiche Bier   0,61 M
Bei allen anderen Getränken war es ähnlich.

Ein außerordentlicher Aufwand wurde bei dem hohen Warenumschlag betrieben, um die Preisstufen in den Abteilungen zu trennen, um eine vorgeschriebene, differenzierte Abrechnung, einen Bon-Kontrollbericht zu erarbeiten. Es gab wenige Registrierkassen. Scheffelweise Berge von handschriftlichen Bons (von 22 Kellnern) mit kritzelnden Schreibweisen und dazu die Bonbücher des Bedienungspersonals waren zu erfassen, zu prüfen und nachzurechnen. Das erledigten die Mitarbeiter der Bonkontrollbüros. Weitere Vorschläge zur Effizienz des Ablaufes wurden negiert. Zum Beispiel:

Das Servierpersonal schreibt nicht bei Bier und Spirituosen einen Bon aus, sondern arbeitet mit Chips aus Kunststoff oder Metall, die Wiederverwendung finden. Wenn diese verbraucht sind, schreibt der Kellner einen einzigen Bon über die erhaltenen Chips aus. *„Es gibt keine Metallchips"*, sagte mir der Leiter von der Abteilung Neuererwesen, dem ich schriftlich meinen Vorschlag einreichen musste. *„Kollege Meyer, dann nehmen wir eben unterschiedliche Hosenknöpfe"*, antwortete ich. Für jeden Verbesserungsvorschlag wurde ich obligatorisch mit einem Buch oder mit einer kleinen Geldprämie ausgezeichnet, aber wenige Ratschläge oder Empfehlungen wurden überhaupt umgesetzt.

Wir durften sie selbstständig nicht realisieren, sondern brauchten dazu immer die Genehmigung der zentralen Verwaltung. Diese war aber an ein schwerfälliges Plansystem gebunden. Es führte kein Weg über bestimmte Bremsklötze, die als Hindernisse im Wege lagen.

Bei diesen geringen Preisen rechneten wir täglich 12.000 bis 15.000 Mark ab. Bei Veranstaltungen wesentlich mehr. Bei zwei Inventuren im Jahr hatte die Küche eine Plusdifferenz von jeweils 100.000 bis 120.000 Mark. Diese hohen Plusdifferenzen gehörten nicht dem Haus, sondern wurden vom Staat als Küchenproduktionsgewinne einkassiert. Sie kamen in das bekannte Fass. Die Leiter waren nicht am Gewinn beteiligt.

Bei den Getränkebüfetts lagen die Plusdifferenzen nicht so hoch. Sie konnten durch die Beschäftigten an den Bars bereits vor der Inventur durch illegale Geldabschöpfung, durch Geldentwendung, minimiert werden. Sie hatten einen eigenen Haftungsbereich und kassierten selbst. Deshalb war ihnen, auch durch fehlende Registrierkassen bedingt, der Diebstahl nie nachzuweisen. So haben die Angestellten, die im Ausschank tätig waren, mehr Geld verdient als ihr Chef eines großen Restaurantbetriebes oder dessen Stellvertreter, der ich war.
Wenn ich die Kellner täglich abgerechnet hatte, blieb etwas hängen, auf das ich nicht verzichten konnte. Es war üblich, dass die Kellner bei der Abrechnung aufrundeten, denn sie bekamen von den Gästen passable Trinkgelder. Mein Gehalt betrug (staatlich festgelegt) 805 Mark brutto. Das Monatsgehalt als stellvertretender Großgaststättenleiter mit insgesamt 68 festangestellten Mitarbeitern war geringer als das durchschnittliche monatliche Trinkgeld eines Kellners.
Eine nette, beliebte Kollegin, Annemarie D., hatte einen Kiosk vor der Gaststätte, der mit bewirtschaftet wurde. Mehrmals am Tag bekam dieser Kiosk tausend frisch abgebratene warme Buletten aus der Küche dazu Tausende Bockwürste. Eine Bulette kostete 40 Pfennig und eine Bockwurst 80 Pfennig.
Die Bockwürste wurden, weil es keine Bockwurstkessel zum Erhitzen der Würste gab, aus einer Waschmaschine verkauft. Annemarie verkaufte auch Eis und diverse andere Artikel.
Sie rechnete bei diesen Minipreisen täglich etwa 2000 bis 2500 Mark ab und gab mir dabei oft 10 Mark an Trinkgeld.
Als ich sie eines Tages ansprach, warum sie so großzügig war und mir so viel Trinkgeld gab, meinte sie: *„Ich habe es nicht nötig zu arbeiten, weil ich vor dem Mauerbau Lotto im Westen gespielt habe und den Haupttreffer landete. Das Westgeld habe ich eins zu sechs in Ostgeld umgetauscht und habe meinem Sohn ein Haus und ein Auto gekauft. Außerdem bekomme ich am Kiosk von den Kunden reichlich Trinkgelder. Ich lebe allein und arbeite nur zum Zeitvertreib."*

Das glaubte ich ihr.
Sie war eine lebenslustige, verrückte Frau, für alle eine Kumpeline, immer einen neuen Witz auf den Lippen. Trank leider auch öfter mal einen über den Durst.
Eines Abends, sie hatte schon Feierabend, hielt sie sich noch im angetrunkenen Zustand im Restaurant auf. Das durfte sich kein anderer Mitarbeiter erlauben. Annemarie war schon viele Jahre hier beschäftigt und genoss von der Chefin des Betriebes unverständlicherweise seit Jahren als Einzige, eine sogenannte Narrenfreiheit. An diesem Abend sah sie einen Gast ins Restaurant hereinkommen, der ein Parteibonbon an seinem Mantel trug. Annemarie sah rot. Sie ging auf ihn zu und: *„Was wollt ihr Arschlöcher, ihr Bonbonträger eigentlich?"*, fragte sie den völlig überraschten Gast. *„Warum habt ihr die Grenzen dichtgemacht? Walter Ulbricht müsste man den Bart abreißen, damit er seine Maske fallen lässt."* Das war dem Beschimpften zu viel. Es dauerte circa 20 Minuten, und sie wurde verhaftet. Zwei Tage später wurde der Küchenchef und der Büfettier festgenommen. Dann die Küchenbuchhalterin. Das hing mit Annemarie zusammen.
Die Polizei hielt sich mit Informationen für unsere Geschäftsleitung zunächst zurück. Nur so viel, es handelte sich um Manipulationen beträchtlichen Ausmaßes, die Mitarbeiter würden nicht so schnell wiederkommen. Die Kriminalpolizei hat bei Annemarie viel Geld in ihrer Brieftasche und außerordentliche Mengen an Bargeld in ihrer Wohnung bei der Hausdurchsuchung gefunden.
Beim Verhör wurde sie schwach. Sie gab zu, das Geld nicht im Lotto gewonnen, sondern durch Unterschlagungen mit der Küche und den Getränkebüfetts gemacht zu haben. Sie hatte die Ware von den Abteilungen schon jahrelang teilweise ohne Beleg bekommen und sich das Geld vom Verkauf mit den anderen aus den Abteilungen geteilt. Durch ihre großen Umsätze und durch die beachtlichen Plusdifferenzen bei den Inventuren in der Küche ist niemals etwas bemerkt worden.

Bei den Wohnungsdurchsuchungen der anderen drei Mitarbeiter wurden bei ihnen Hunderttausende eingenäht in Polstergarnituren, unter den Teppichen, in den Matratzen der Betten und in den Innenverkleidungen der Kühlschränke gefunden. Unterschlagung von Volkseigentum war eine schwere Straftat und dennoch an der Tagesordnung. Die Gefängnisse waren gut gefüllt, nicht nur mit politischen Häftlingen, sondern auch mit Bürgern, die Volkseigentum unterschlugen.

Der Küchenchef bekam 4½ Jahre, der Büfettier 3 Jahre Gefängnis. Die Küchenbuchhalterin hat die Nerven verloren, ist durchgedreht und in eine Klinik eingewiesen worden.

Annemarie hat sich das Leben genommen. Sie hat sich vor der Verhandlung in ihrer Gefängniszelle mit einem Löffelstiel die Kehle durchgestoßen und ist, bevor Hilfe kam, verblutet.

Der Chef der zentralen Inventurgruppe des Bezirks Treptow, offiziell ein glühender Verfechter des Sozialismus und Parteisekretär, wurde verhaftet, weil er regelmäßig von den Leitern der kleineren Lokale Geld abholte. Nichts weiter als Schutzgeld. Die meisten Inventuren des Bezirks wurden mit seiner Hilfe gefälscht. In der DDR wurden die kleinen Gaststätten nicht verpachtet, vermietet oder verkauft, sondern von der HO Verwaltung verteilt, verschoben, verhökert, verschachert.

Dadurch waren viele Gastwirte der kleinen Kneipen, erpressbar. Über Korruption hat man nie gesprochen.

Das Leben ging weiter im Casino. Viele bunte Veranstaltungen für die Gäste organisierte ich, und wir brauchten uns um Besucher niemals Sorgen zu machen. Allerdings brauchte ich zur Thematik einer Veranstaltung immer erst das Amen von der Abteilung Handel. Sie mussten für den Titel einer Veranstaltung erst ihren Segen geben. Zum Beispiel: *„Alt-Berliner Tanzbälle"*. Diese Festlichkeiten durchzuführen wurde mir genehmigt. Aus dem Fundus des Friedrichstadtpalastes besorgte ich die entsprechenden verschiedensten Kostüme für die Angestellten. Alle waren immer mit großem Eifer dabei.

Der Leierkastenmann, Zickenschulze aus Bernau und Herr Zille durften auftreten. Zehn Minuten vor Beginn der ersten Veranstaltung wurde mir von der Abteilung Erlaubniswesen der Polizei untersagt, dass die 12 Mann starke Blaskapelle mit den alten Polizeiuniformen und den Pickelhauben auf ihren Köpfen um 20 Uhr in den Saal einmarschiert. Ein von mir beabsichtigter lustiger Gag. Bei der Probe hat noch alles geklappt. Irgendjemandem gefiel das nicht, und er hatte mich denunziert. *„Das sei eine bewusste Glorifizierung des preußischen Militarismus."* Die Pickelhauben, die letztlich zu den Polizeiuniformen gehörten, vom Friedrichstadtpalast geliehen, mussten im Umkleideraum bleiben, aber die Uniformen durften sie anbehalten. So war das eben, alles wurde kontrolliert. Vermutlich wären mir die Pickelhauben auch gestattet worden, wenn ich sie vorher angemeldet hätte. Ich ließ mich durch solche abstrusen „kulturpolitischen Entscheidungen" nicht entmutigen. Treptow durfte noch weitere interessante Motto-Tanzveranstaltungen erleben.

Von Jahr zu Jahr stiegen die Umsätze. Je mehr Ware wir bekamen, umso mehr haben wir verkauft. Ein totales Verlustgeschäft für den Staat. Immer größer wurde der Absatz von subventionierter Ware in den Gaststätten, der Zuschuss aus dem Staatshaushalt. Die Preise für das Essen und Trinken wurden vom Staat bewusst niedrig gehalten.

Meine Chefin war schon länger im Casino beschäftigt und war eine zugereiste Polin. Sie sprach ein gebrochenes, holpriges Deutsch, sie war eine überzeugte Kommunistin. Ein maskuliner Typ, große Hände, große Füße, robust gekleidet und auffällig grob geschminkt. Sie diktierte der Sekretärin viele unebene Briefe. Diese schon etwas ältere, konservativ eingestellte Dame brachte die Briefe ins Reine. Da gab es ständig Ärger mit der Chefin. Sie sollte die Briefe so schreiben, wie sie sprach. Das war für die gelernte Sekretärin unmöglich. *„Ich sage letztermal, schreiben Sie so, wie ich sprechen!"* Es war keine Seltenheit, dass die Sekretärin in Tränen ausbrach.

Wenn ich zufällig dabei war, tröstete ich sie und schimpfte mit meiner polnischen Vorgesetzten. Ich war der Einzige, der Wanda kritisieren durfte. Meine polnische Chefin machte mir nämlich ständig Avancen und hat nicht mitbekommen, dass Frauen nicht gerade zu meinen Leidenschaften gehören.
Sie ließ ihren Gefühlen freien Lauf. Einmal hätte sie mich am liebsten gleich mit Haut und Haaren in meinem Büro über den Schreibtisch gezogen. Immer mehr rückte sie mir auf den Pelz und erklärte mir, dass sie eine unbefriedigte Frau sei und ich genau ihr Typ. Sie nannte mich immer „*meine schwarzer Zigeuner*". Nur der schwarze Zigeuner ließ sich nicht betören

und verschmähte die Liebesgelüste der über 24 Jahre älteren, strammen, dominanten Wanda. Ein Outing zu meiner Homosexualität wäre aus den verschiedensten Gründen noch nicht angebracht gewesen. Der § 175, der sexuelle Handlungen zwischen Personen männlichen Geschlechts unter Strafe stellte, war in der DDR noch nicht abgeschafft, obwohl Homosexualität zwischen Erwachsenen nicht mehr geahndet wurde.

Da ich in dem Haus für die Veranstaltungen und Ausgestaltung zuständig war, musste ich mich auch um die Dekorationen kümmern. Aber über Dekorationsartikel, Luftschlangen und Papierhüte sorgte sich ebenfalls die Plankommission.
Ich vergaß einmal im Monat März die schriftliche Bestellung von Papierschlangen für die kommende Silvesterveranstaltung beim Großhandel, Abteilung Kulturwaren, aufzugeben.
Der Großhandel musste den Bedarf von Dekorationsartikeln und Papierschlangen gesondert beim Ministerium anmelden.

Der Termin für die Bestellung zur nächsten Silvesterveranstaltung war bereits im Monat März abgelaufen.
Dekorationsartikel einschließlich Luftballons waren Kontingentware und durften nicht aus dem Bevölkerungsbedarf genommen werden, also durften wir im Einzelhandel so etwas nicht erwerben. Nun hatten wir keine Dekoration und keine Papierschlangen zur Silvesterfete im Tanzsaal. Es musste leider ohne gehen. Als ich das kritisierte und nicht begreifen wollte, sagte meine Chefin Wanda zu mir:
„*Warum du immer Kritik mit DDR? Willst du Papierschlange oder Frieden? Unsere Republik garantieren nicht Papierschlange, unsere Republik garantieren Frieden!*"
So einfach war das für sie. Den Frieden benutzte sie ständig als Argument, wenn es etwas nicht gab. Sie nannte immer erst den Artikel und dann den Frieden. Mal waren es Kugelschreiber, mal Toilettenpapier, mal irgendwelche Ersatzteile für den Küchenbetrieb. So begründete sie ständig auch alle Warenengpässe dem Personal gegenüber. Die kannten das schon und schmunzelten zustimmend, ohne jegliche Bemerkungen zu machen. Sie hielt auch jede Diskussion darüber für völlig überflüssig.
Der Zufall befreite mich aus den Augen meiner stürmischen Chefin, weil der Hauptdirektor von Berlin-Treptow, dringend einen neuen Geschäftsführer brauchte. Ob ich bereit wäre, in die nahe gelegene Gaststätte Zenner zu wechseln, da der Geschäftsführer in der letzten Woche republikflüchtig geworden sei. Das kam für mich genau zur rechten Zeit.

Meine Überzeugung war: Durch den Wechsel in die verschiedensten gastronomischen Betriebe kannst du nur dazulernen. Weil einem die Restaurants und Gaststätten nicht privat gehörten und auch die Beziehung zum eventuellen finanziellen Erfolg eines Hauses fehlte, war man an keinen Ort gebunden. Arbeit gab es reichlich und überall.

Haus „Zenner" in Berlin-Treptow

HO-Gaststätte Zenner von der Spreeseite

Dieses Traditions-Ausflugsrestaurant wurde im Krieg zerstört, aber schon 1955 wiedereröffnet. Es sollte wie gehabt ein Ausflugsrestaurant für die Berliner werden, wo einstmals Familien Kaffee kochten. Es wurde aber ein vornehmes, nobles, elegantes Haus. Direkt mit Zugang zum Wasser gelegen, für Ausflügler in legerer Bekleidung, außer im Garten, völlig ungeeignet.
Hier arbeiteten Spitzenköche und gut ausgebildete Kellner. Der Küchenchef hatte Auslandserfahrungen von der Deutschen Botschaft aus China mitgebracht.
Das gastronomisch Gebotene entsprach der Luxusklasse.
Auf Anweisung von „oben" wurde das Haus vom Großhandel bevorzugt beliefert. Für Staatsbanketts zauberte die Küche kalte Büfetts, die internationalen Niveaus entsprachen.
Der Patissier meißelte aus Kristalleis fantastische Skulpturen. Sie dienten zur Präsentation für besondere Speiseeiskreationen und fantasievollen Torten. Ein großer Könner seines Fachs.
Die Kellner tranchierten und flambierten am Tisch.

Beachtlich, was alles mit Flammen zu bewundern war.
Fachleute stritten über die entstandene Euphorie für das Flambieren in exclusiven Restaurants. Vielleicht wollten einige Kellner auch eine Show zeigen. Es ging um den Effekt, mehr aber um den spektakulären Preis, den Flambieraufschlag.
Dazu benutzte man nicht nur hochprozentige Spirituosen, sondern angeblich preisintensiven echten französischen oder sowjetischen Cognac. Im Haus gab es mindestens immer eine Sorte. Die Kellner verdienten ihr Geld. Kein Gast schmeckte den überhöhten Flambierpreis heraus.
Abgesehen davon gelang hier schon in den 60er-Jahren eine beispielhafte, ausgezeichnete Gastronomie. In dem Haus wurden nicht nur die erfolgreichen Olympioniken von der Regierung empfangen, sondern auch diverse andere Staatsempfänge organisiert.
Es legte auch gelegentlich die kleine, elegante Luxusjacht der Regierung mit Namen „Albin Köbis" an, die meistens ausländische Regierungsrepräsentanten als Gäste an Bord hatte.

Der große Zenner-Garten vor dem Haus stand dem Restaurant mit der extravaganten Saaleinrichtung konträr gegenüber, weil es eine wesentlich niedrigere Preisstufe für 900 Sitzplätze gab. Es war völlig unmöglich, bei schönem Wetter alle Gäste im Garten zu bedienen. Zum Beispiel gab es das legendäre „Pfingst-Frühkonzert". Es wurde seit Jahren, auch schon vor dem Weltkrieg, hier veranstaltet. Diese Tradition wurde fortgesetzt. Als das große 14-Mann-Orchester zu Pfingsten morgens pünktlich um 7 Uhr im Garten die ersten Töne von sich gab, war die Anlage schon um diese Zeit zu drei Vierteln mit Gästen besetzt.
Nun hatte ich schon so viel Erfahrung, dass ich wusste: Hauptsächlich in der Vorbereitung einer Veranstaltung liegt der Erfolg. Ich hatte viele Hilfskräfte bestellt. Jeden, den ich bekommen konnte. Dazu Aushilfskellner und Abräumer.

Ein Teil des Gartenrestaurants. Etwa ab 10 Uhr gab es von 900 Plätzen keinen einzigen Sitzplatz zum Pfingst-Frühkonzert mehr.

Als immer mehr Gäste bei Sonnenschein und schöner Blasmusik in den Garten strömten, nahm der Verkauf chaotische Formen an. An den Ausschankbüfetts standen stundenlang viel mehr Menschen an, als überhaupt jemals Plätze oder auch Gläser vorhanden waren. Ware war genügend gebunkert. Jetzt waren nur kolossale Schlangen von Gästen zu bewältigen.

In dem Gewühl sprach mich ein junger Mann an. Ein gewisser Max. Er hätte schon einmal als Kellner gearbeitet, sagte er.
Ob er mit einspringen dürfte. Weil er der „schnelle Max" ist, würde ich mit ihm sehr zufrieden sein. *„Ja, sicher"*, war meine Antwort.
„Haben Sie auch schon einmal mit einem Bonbuch gearbeitet?", war meine Frage. Das bejahte er. Er bekam ein Bonbuch, einen Bleistift und eine weiße Jacke von mir in die Hand gedrückt. Ich war äußerst froh, noch eine zusätzliche Hilfe zu haben. *„Sie bedienen jetzt hauptsächlich die Gäste mit Speisen"*, war sein Auftrag von mir.

Von der Küche gab es an der Gartenausgabe für die Kellner zwei Gerichte. Schnitzel mit Mischgemüse und Salzkartoffeln oder Ungarischen Gulasch mit Rotkohl und Nudeln. Beide Gerichte mit Weißkrautsalatgarnitur. Ein Gericht kostete 3,45 Mark. Ohne von den Gästen eine Bestellung aufzunehmen, luden sich die Kieslatscher, wie sie von den Frack-Kollegen aus dem Haus unfairerweise genannt wurden, immer abwechselnd 6 Teller entweder mit Gulasch oder Schnitzel auf das große Tablett. Sie riefen in die Menge: *„Wer will Gulasch, wer will Schnitzel?"* Sie kamen nicht weit. Ihnen wurden die Speisen geradezu aus den Händen gerissen. Sofort gingen sie wieder zur Ausgabe und luden neue Schnitzel auf das Tablett. So ging das bis in die späten Abendstunden. Überstunden wurden inzwischen in Ausnahmefällen genehmigt und bezahlt.

Der neue „schnelle Max", wie er sich selbst nannte, arbeitete beispielhaft, übereifrig, ohne zu verschnaufen oder sich auch nur eine kleine Pause zu gönnen. Etwa um 23 Uhr rechneten die Kellner bei mir ab. Fast alle hatten schon Kasse gemacht, außer Max. Er möchte bitte jetzt auch abrechnen kommen, bat ich einen Mitarbeiter. Das schnelle Mäxchen wurde im ganzen Haus und im Garten wie eine Stecknadel gesucht. Der rastlose Ober war mit samt den Einnahmen von der Bildfläche verschwunden, längst über alle Berge. Ich hatte noch nicht einmal seinen vollständigen Namen, keine Adresse. So war das mit der Vorbereitung. Das musste mir passieren. Mit über 1300 Mark ist er mir durchgebrannt.

Das Gartenrestaurant war mit dieser Technologie, der Teilselbstbedienung und den billigen Preisen total überfordert. Mein Vorschlag, dieses System so zu ändern, dass sich die Gäste mit einem Bon selbst die Speisen an der Küchenausgabe im Garten holen, wurde nicht genehmigt. Nur Getränke, Eis und Bockwurst wurden mit Selbstbedienung bewilligt.

Selbst ein Geschäftsführer war abhängig von Funktionären der volkseigenen Verwaltung, die keine Erfahrungen dafür aber reichlich Entscheidungsbefugnisse besaßen.

Der große Zennergarten, so gut er auch gemeint war und wie notwendig er auch für die Ausflügler des großen, schönen Treptower Parks gebraucht wurde, passte konzeptionell einfach nicht zur anspruchsvollen Ausstattung des neuen Zenner-Hauses.
Diese große Anlage hätte ein eigenes Management gebraucht. Wenn Gäste vom Garten durch ein plötzliches Unwetter überrascht wurden, strömten Hunderte Menschen mit ihren vollen Biergläsern und einige mit angebissenen Bockwürsten in der Hand überfallartig in den Festsaal des Hauses.
Man braucht nicht viel Fantasie, um sich vorzustellen, wie es aussah, wenn die Kinder, die eben noch im Sand spielten oder ihr kleckerndes Eis in der Hand hielten, durch die Innenräume liefen. Die nassen Gartengäste standen auf den Teppichen vor den entsetzten Gästen, die in angenehmer Atmosphäre im Restaurant von den Kellnern im Frack bedient wurden.
Beschwerden und schriftliche Eingaben von den Stammgästen bis zum Minister für Handel und Versorgung waren die Folgen. Unverständlicherweise wurde ein dringend notwendiger Einlassdienst für das Haus immer noch nicht genehmigt.

Im Festsaal spielte zu der Zeit das beliebte Tanz- und Schauorchester Gerd Liesegang mit der Sängerin Rosemarie Ambé. Feuriger Samba-Rhythmus verbunden mit sensationellen Ultra-Lightshows, großartige Darbietungen zu dieser Zeit.
Die blitzblank gebohnerte Tanzfläche konnte sich über Mangel an Tanzfreudigen nicht beklagen. Das Haus war mit Gästen, die schon Westautos der gehobenen Preisklasse fuhren, fast täglich ausgebucht. Es war ein Sonnabend im September.
Mir kamen zwei auffällig gut gekleidete Pärchen im Saal entgegen und fragten nach einer Hochzeit, sie seien eingeladen. Es war etwa 16 Uhr. Ich sagte zu ihnen: *„Es tut mir leid, es liegt heute keine Buchung für eine Hochzeit vor, vielleicht haben sie sich im Termin oder in der Gaststätte geirrt."*
„Ausgeschlossen", meinte die eine Dame. Es musste hier sein.

Nun kamen noch zwei Pärchen mit Blumen. *"Wir sind eingeladen worden zur Hochzeitsfeier im Zenner."* Es waren Kollegen des Hochzeitspaares und hatten alle Geschenke dabei.
Dann rief einer erleichtert: *"Da kommt ja das Brautpaar! Na endlich, da seid ihr ja!"*
Ich begrüßte und beglückwünschte das Hochzeitspaar im Namen des Hauses. Der Bräutigam war ein großer schlanker Afrikaner und die Braut eine ansehnliche, hübsche, blonde deutsche Frau. Beide äußerst elegant. Ich fragte ihn, ob er bei uns im Zenner eine Tafel für eine Hochzeit bestellt hätte. Das verneinte er. *"Wie viele Gäste erwarten Sie in etwa?"*, wollte ich wissen. Er sagte: *"Es könnten eventuell 26 bis 30 Personen werden."* Nun erklärte ich: *"Ihr erstes Hochzeitsglück haben Sie bereits, indem wir ihnen freie Plätze anbieten können. Das ist an einem Sonnabend bei uns nicht ganz einfach und nur, weil es erst 16 Uhr ist."*
Der Bräutigam bedankte sich. Die Kellner stellten eine Tafel für 30 Personen und zwei separate Tische für die Geschenke. Nun fragte der Chefkellner den Bräutigam, welche Wünsche er hätte. Er sagte:
"Bitte machen Sie es nicht so kompliziert, wie es in Deutschland üblich ist. Bei mir kann jeder Gast essen und trinken, was er sich bestellt!" Das hörten zu ihrer Überraschung auch die Hochzeitsgäste und machten reichlich Gebrauch davon. Sie bestellten Kaviar und Krebsschwanzcocktail, bevorzugten Chateaubriand flambiert, probierten Erdbeerparfait mit Sahne. Tranken den ganzen Abend nicht den billigsten Wein, übten sich durch die teuersten Drinks an der Cocktailbar.
Um 24 Uhr präsentierte der Oberkellner dem Bräutigam die Rechnung, der schon ein wenig die Augen verdrehte.
Nun kam die große Überraschung: *"Ich bezahle selbstverständlich nur das, was ich mit meiner lieben Braut verzehrt habe."* Dem Oberkellner und den noch Anwesenden müssen Gesichtszüge entgleist sein. Es wurde unruhig an der Tafel. Zwei Ehepaare waren schon frühzeitig aufgebrochen.

Die noch anwesenden Gäste waren fassungslos. Die Kellner fingen an, bei den einzelnen Gästen zu kassieren. Nach den selbst gemachten Angaben der nun benebelten Gäste, die reichlich ins Glas geschaut hatten, hatte aber kaum einer etwas verzehrt. Die Kellner konnten es nicht differenzieren, sie wussten nicht mehr, was die einzelnen Gäste bestellten, weil sie alles auf eine Rechnung für den Bräutigam registrierten.
Der Bräutigam wiederholte: *„Habe ich bei Ihnen für meine Gäste etwas bestellt? Wer bestellt, muss bezahlen. Ich habe noch nicht einmal reservieren lassen!"*
Das ganze Ereignis habe ich der Rechtsabteilung der HO übergeben.
Jetzt war das Jahr 1966 angebrochen. Das Stadtzentrum von Ostberlin wurde nach und nach aufgebaut. Dazu kamen hübsch eingerichtete, niveauvolle Restaurants. Sie wurden alle in das HO-System integriert. Ein eigenes Restaurant zu bekommen war mein Ziel, aber es war schlicht unmöglich. Dann wollte ich wenigstens ins Zentrum von Berlin, in ein elegantes neues Haus und nicht in der Peripherie von Berlin in Treptow bleiben. Man bot mir eine gut bezahlte Stellung als Lehrmeister für Kellner im neuen Lindencorso Unter den Linden in Berlin an.
Mein Vertrag begann, aber das ausgewählte Restaurant war noch nicht fertig. Da der neue Ratskeller im Roten Rathaus schon eröffnet war, sollte ich vorübergehend, bis zur Fertigstellung des Lindencorsos, im Ratskeller als Serviermeister im Weinrestaurant arbeiten. Die Restaurants im Zentrum unterstanden alle einem Betrieb: VEB Gaststätten HO Berlin.
Eine kurze Zeit verrichtete ich meinen Dienst dort, als die Kaderleiterin vom Zentrum, dem zuständigen Personalbüro, in das Weinrestaurant kam und mir eröffnete:
„Wir haben etwas Großes mit Ihnen vor!" „So?"
Ich war überrascht. *„Wir möchten Sie von der Deutschen Demokratischen Republik aus delegieren."* – „Wie, wohin?" *„Wir möchten Sie ins Ausland delegieren, nach Bulgarien."*

Da fiel mir ein: Ich hatte mich schon einmal im Ministerium für Handel und Versorgung für das Ausland beworben.
Jetzt bekam dieser Gedanke plötzlich eine völlig neue Dimension. Eventuell über das Ausland die Kurve kratzen?
Die Leiterin des Personalbüros sagte zu mir:
„Wir wollten eigentlich den Kollegen Wolfgang Lukas delegieren aber wir haben gehört, der ist ja schwul. Wir können es uns als Deutsche Demokratische Republik nicht leisten, einen Homosexuellen ins Ausland zu delegieren. Was sollen denn unsere bulgarischen Genossen von uns denken? Das geht auf gar keinen Fall. Deshalb delegieren wir Sie!"

Dass ich selbst homosexuell bin, auf diesen Gedanken wäre sie sicher nie gekommen. Ich ließ sie in ihrer absoluten Ahnungslosigkeit und fragte, wann das sein solle.
„Sie müssen schnell dorthin fliegen, es ist sehr dringend. Sie sollen dort einen Kollegen ersetzen, der nicht mehr ins Ausland fahren darf. Spätestens am Donnerstag müssten Sie reisen. Wir bezahlen selbstverständlich den Flug und ihr Neubauapartment in Sofia. Ihnen entstehen keine Kosten."
Ich erwähnte: *„Donnerstag in dieser Woche? Heute haben wir Montag. Sie bekommen doch so schnell kein Visum und Flugticket für mich."* Das dauerte in der Regel einige Wochen.
„Wir von der Kaderleitung bekommen es sehr schnell", sagte sie.
Nach zwei Tagen hielt ich meinen Reisepass mit einem eingetragenen Dienstvisum zur mehrmaligen Ein- und Ausreise in der Hand. Natürlich nur für die Ostblockstaaten, doch ich konnte es kaum glauben. Es gab keine Möglichkeiten, im Ausland zu arbeiten, man war auf das Wohl und die Gnade der Kaderabteilungen angewiesen, eine Delegierung zu bekommen. Ich unterschrieb einen Jahresvertrag. Meinen vollen Monatslohn bekam ich in Berlin weiter überwiesen und in Bulgarien einen Monatslohn wie ein bulgarischer Kellner dazu. Kost und Logis gratis.

Restaurant „Berlin" in Sofia

Eine Seitenansicht des alten Restaurants „Berlin" in Sofia
am Platz Narodno Sobranie

Es handelte sich um das Restaurant „Berlin" in der Hauptstadt von Bulgarien, Sofia. Vor Jahren hatte die DDR mit den Ländern Bulgarien, Rumänien und Ungarn einen solchen Arbeitsaustausch von Köchen und Kellnern vereinbart.
Mit den Restaurants „Sofia", „Bukarest", „Budapest", „Warschau" und „Prag" gab es die Pendants in Ostberlin. Obwohl es auch ein Restaurant „Moskau" in Berlin gab, wollte der große Bruder einem Facharbeiteraustausch nicht zustimmen.
Ohne bulgarische oder russische Sprachkenntnisse bin ich in Sofia angekommen.
Am Flughafen in Sofia wurde ich von zwei deutschen Kollegen abgeholt. Ich kannte sie beide nicht. Der deutsche Kellner rief sehr laut vom Balkon der vollen Empfangshalle:
„Wer kommt für das Restaurant Berlin?" „Ich, hier, ich!"

Es ging schnell durch die Passkontrolle und es folgte eine herzliche Umarmung, als ob wir uns schon Jahre kannten.
Der Koch und der Kellner, die schon ein paar Monate in Sofia arbeiteten, hießen beide Peter. Noch im Flughafengebäude musste ich vor den beiden Peters die „Bulgarienprobe" bestehen. Das war ein von den vorherigen Kollegen eingeführtes Aufnahmeritual. Ich durfte 100 Gramm Pliska, einen bulgarischen Weinbrand, „auf Ex" trinken und noch drei kleine scharfe rote Peperoni verdrücken. Mir ist heiß geworden und musste nach Luft schnappen. Dann ging es ab mit dem Taxi zum Restaurant „Berlin". Dort angekommen empfing mich überaus herzlich der bulgarische Direktor, Genosse Demitschew.
Er umarmte mich, als hätte er nach langen Jahren endlich seinen verlorenen Sohn wiedergefunden. Er sprach kein Wort Deutsch, schmunzelte ständig über sein ganzes rundes Gesicht und behandelte mich wie einen Ehrengast. Ich saß mit den zwei deutschen Kollegen und dem Direktor mitten im Restaurant und der tafelte nun selber auf. Geschmackvolle frische Salate, kleine Imbisshappen und dann eine große gemischte Grillplatte mit den verschiedensten Fleischsorten. Dazu immer wieder in großen Gläsern Сливовица (Slibowitz), ein hochprozentiger Obstbrand, auch Wein und Mineralwasser. Mehrmals stand der Direktor auf, erhob sein Glas und sagte laut, das alle anderen Gäste es hörten sollten: *„Nemski–Bulgarski Druschba!"* (auf die Deutsch-Bulgarische Freundschaft.)
Erstaunlich, was dieser dickliche Mann vertragen konnte.
Ich war schon ein bisschen benebelt und irritiert. Alles fremdartig, etwas nobel, ein wenig miefig. Das Restaurant in der gehobenen Preisklasse roch intensiv nach Tabak, Knoblauch und Rosenöl. Plötzlich zog ein angenehmer, würziger Duft von geschmorten Paprikaschoten aus der Küche durch das gastronomische Neuland. Der Kellner Peter konnte schon etwas Bulgarisch und half mir bei den ersten Verständigungen.
„Wann soll ich morgen anfangen?", fragte ich den Direktor. Der winkte ab. „Morgen nicht!" Ich: „Übermorgen?"

Der Direktor winkte erneut ab, erhob wieder das Glas, lachte weiter und Peter übersetzte: „*Nein, du sollst dir in den nächsten Tagen die schöne Stadt Sofia ansehen und jetzt weiter essen und trinken.*" Ich konnte und wollte nicht mehr und meinte zu Peter: „*Ist der Direktor balla balla, ein bisschen verrückt? Der lacht und prostet ja nur. Ich möchte nicht mehr essen und ich kann auch nicht mehr dieses scharfe Zeug trinken, ich möchte wissen, wann mein Dienst beginnt. Außerdem meine Wohnung sehen, duschen, meine Sachen ordnen.*"
Peter: „*Bleib mal ganz entspannt und ruhig. Hier ist alles anders als in Deutschland. Die Bulgaren sind sehr gastfreundlich, aber sie nehmen es nicht so genau wie wir. Die haben die Ruhe weg. Du wirst dich schon noch daran gewöhnen müssen.*"
Ich sollte mit Peter erst nächste Woche am Freitag um 18 Uhr mit der Arbeit beginnen, bis dahin sollten wir uns in der Stadt die Zeit vertreiben. Das kam nicht überzeugend vom Direktor und war für mich völlig unverständlich. Hatte Peter etwa falsch übersetzt? Nein es war korrekt. Peter und ich hatten jetzt durch meine Anreise eine Woche zusätzlich frei.
Ich dachte an die von der deutschen Kaderleiterin in Berlin geschilderte höchste Dringlichkeit.
Die Nemski-Delegazia (немски делегация), wie wir genannt wurden, bestand in der Regel aus zwei Köchen, zwei Kellnern und einem deutschen Direktor, der gleichzeitig Delegationsleiter war. Ein zweiter Koch und der Delegationsleiter waren noch nicht eingetroffen. Sie reisten später an.
Ich bezog mein Apartment im Wassil-Lewski-Neubaugebiet in Sofia. Spartanisch eingerichtet, aber neu und sauber.
Um die Miete brauchte ich mich nicht zu kümmern, die zahlte der Betrieb in Berlin.
Mit Peter gab es eine gute Zusammenarbeit. Wir arbeiteten von 18 Uhr bis 24 Uhr. Hatten meistens am Sonntag frei. Manchmal in der Woche noch einen oder zwei Tage zusätzlich. Ein Arbeitskräftemangel war hier gänzlich unbekannt.

Die Delegation der DDR in Sofia (немски делегация). Staatlich verordneter Austausch von Köchen und Kellnern zwischen der Volksrepublik Bulgarien und der DDR. Ich bin die zweite Person von links. (1966)

Bei uns verkehrten privilegierte bulgarische Gäste, Besucher aus dem Ausland, auch Geschäftsleute aus Westdeutschland. Hin und wieder kamen auch einmal DDR-Bürger, die wenig Geld umtauschen durften. Es wurde ihnen von den Behörden des Heimatlandes schwer gemacht, sich finanziell frei zu bewegen, auch wenn sie es gekonnt hätten. Viele hätten es gekonnt aber die Aus- und Einfuhr von DDR-Mark stand unter Strafe.
Jeder Westdeutsche dagegen durfte so viel Westgeld wie er wollte einführen und umtauschen. Die Preise in den Gaststätten waren für Westbürger spottbillig. Ein Schnitzel mit Gemüse und Pommes frites kostete bei uns im Restaurant der gehobenen Preisklasse im Jahr 1966 1,60 Lewa. Jeder Westdeutsche bekam für eine Westmark 4 Lewa.
Er bezahlte umgerechnet für ein Gericht ganze 40 bis 60 Pfennig Westgeld mit vornehmer Bedienung.

Es war eine absurde Welt. Für westdeutsche Gäste ein finanzielles Paradies. Ostdeutsche mussten bei einem Schnitzel noch rechnen oder überlegten behutsam, welche Getränke sie sich noch leisten könnten. Bulgarien war ein Freundesland der DDR, doch bei Geld hörte die Freundschaft auf. Ein Westdeutscher bezahlte für eine Bulgarienreise nicht einmal ein Drittel seines Monatslohnes, während ein Ostler bis drei Monatseinkünfte hinblättern musste. Dazu kam noch, dass Westler in neuen vornehmen Hotels logierten und die Brüder und Schwestern aus dem Osten in weniger guten Hotels untergebracht wurden. Die DDR Bürger waren aber zufrieden und überglücklich, dass sie überhaupt eine Reise in die Sonne nach Bulgarien mit vielen Mühen ergattern konnten.

Nirgends wohl hätte man Ostdeutsche und Westdeutsche besser studieren können als hier im Ausland. Ich hatte die Gelegenheit dazu, Vergleiche anzustellen. Schon 1966 gab es Unterschiede. Ostler bewegten sich meist befangen, vorsichtig, sie sprachen leise, trugen triste, anspruchslose Kleidung. Sie traten bescheiden auf und waren sehr dankbar und auffällig freundlich.
Westler hingegen traten ungezwungener auf, anspruchsvoll, trugen buntere, lockere Kleidung und sprachen deutlich lauter. Meist waren sie emotionsloser. Natürlich bestätigen Ausnahmen auch hier die Regel. Niemals habe ich Gäste taxiert oder bewertet, sondern versuchte sie mit gehöriger Zurückhaltung und Diskretion zu studieren. Das gehörte zu meinem Beruf.
Es kamen DDR-Bürger in das Restaurant und haben während ihres Aufenthaltes in Sofia mehrmals gebratene Leber mit Kartoffelpüree gespeist. Leber gab es in Bulgarien massenhaft. Im Osten von Deutschland sind die Rinder und Schweine ohne Leber auf die Welt gekommen, aus welchem Grund auch immer, man konnte über Jahre keine Leber bekommen.
Mit Leber hätte man einem westdeutschen Gast keinen Floh aus der Brieftasche locken können.

Sie warfen kaum einen Blick in die Speisekarte und fragten: „Herr Ober, was können Sie mir heute empfehlen?"
Geschäftsleute waren zufrieden, weil wir ihnen behilflich bei der Auswahl von Speisen und Getränken sein konnten, wenn sie mit ihren bulgarischen Partnern zu uns kamen.
Bei Geschäftsessen überließen sie uns deutschen Kellnern die Zusammenstellung des Menüs einschließlich der Getränke.
Haben wir doch in Erfahrung bringen können, welche deutschen Speisen und Getränke bei den Bulgaren besonders gut ankommen und umgekehrt.
Ein größeres Festessen nach einem Vertragsabschluss mit einem westdeutschen Unternehmen stand terminlich an.
Es handelte sich um eine Kartonagenfabrik, die von einer westdeutschen Firma in Bulgarien errichtet werden sollte.
Im Auftrage des Vertreters der Firma hatte ich das Fünf-Gänge-Menü für die Feier zusammengestellt.
Das Festessen fiel ins Wasser. In letzter Minute platzte der schon ausgehandelte Vertrag überraschend. Die DDR hat kurzfristig den Zuschlag für den Bau einer ähnlichen Fabrik in Bulgarien bekommen. Der Vertreter der Westfirma erklärte mir, dass die DDR letztlich den Zuschlag für den Bau bekommen hatte, weil sie weit unter ihrem Herstellungspreis geblieben war, nur damit der Westen nicht den Abschluss machte. Es war eine politische Entscheidung der DDR-Regierung in letzter Minute. „Das geht bei uns nicht", meinte er.
„Wir verkaufen Maschinen und Geräte zu einem realen Weltmarktpreis. Wir haben oder sehen keinen Grund, die Hälfte der Fabrik zu verschenken. Wir wollen mit dem Verkauf Geld verdienen."

Die Jagd nach der bunten westdeutschen Mark hielt in ganz Bulgarien an. Es wurden vom bulgarischen Staat Corecomm-Geschäfte eingerichtet. Dort konnte jeder einkaufen, der über Valuta-Mark verfügte. Ähnlich wie in der DDR die Intershop-Läden.

In diesen Geschäften gab es begehrte Lebens- und Genussmittel aber auch einige technische Geräte aus dem Westen.
Glücklicherweise zahlten manche Westgäste die Zeche in ihrer angesehenen Währung. Dazu noch eins zu eins. Es war für sie immer noch sehr viel preiswerter als in ihrer Heimat.
Wir rechneten natürlich nur Lewa ab und tauschten das eingenommene Westgeld vor unserer täglichen Abrechnung selbst um. Die bunte westdeutsche Mark verschwand blitzschnell in unserer privaten Brieftasche. Mit einer Selbstverständlichkeit taten das auch die bulgarischen Kollegen.
Das war einzig und allein der Grund, warum wir mehr freie Tage als die bulgarischen Kellner erhielten, weil die deutschen Kellnerreviere dann unter den Bulgaren aufgeteilt wurden.
Sie wollten auch etwas vom Valuta-Kuchen abhaben und boten uns sogar Lewa an, wenn wir zusätzliche freie Tage nehmen würden. Das war immer dann üblich, wenn westdeutsche Gäste im Voraus Tische im Restaurant bestellt hatten.
Sofia war eine Universitätsstadt. Es gab DDR-Studenten, die das Privileg hatten, in Bulgarien studieren zu dürfen. Einige davon waren auch öfter Gäste bei uns. Es waren Studenten der Zahnheilkunde und der Veterinärmedizin. Einen Veterinär aus Sachsen mochte ich besonders gern. Er hieß Jörg A. Er war intelligent, ein Pfundskerl, sprach ausgezeichnet Bulgarisch und bemängelte, dass für uns in der Gastronomie nie eine Sprachvermittlung organisiert wurde. Wir selbst waren nicht besonders lernbegierig auf diese Sprache mit den kyrillischen Buchstaben. Wir wurstelten uns mit der Sprache buchstäblich so durch und waren nur so weit fleißig im Lernen, wie wir sie in unserem Restaurant benötigten. Die Namen der Speisen und der Getränke lernten wir in Bulgarisch auswendig, weil wir in dieser Sprache in der Küche und am Büfett bestellen mussten. Niemand von den bulgarischen Angestellten, weder in der Küche noch am Getränkebüfett oder die Kellner sprachen Deutsch oder Englisch.

Mit den zubereiteten Speisen und Getränken gingen wir dann mit unserem Tablett erst zur „Casserca", der Kasse.
Die Dame begutachtete alles, kontrollierte und verglich unsere empfangene Ware mit den Bons, und erst dann durften wir die Speisen servieren. Dadurch sollten Manipulationen der Küche oder des Büfetts verhindert werden. Das gehörte zum System des Ablaufes in allen bulgarischen Restaurants.
Man hatte wohl Erfahrungen gesammelt.
Alle Salate, Hors d'oeuvre, alle Speisen wurden von der Küche erst zubereitet, wenn die Bestellung vorlag. Der Aufwand zu Stoßzeiten des Geschäftes war heftig und es ging turbulent zu, aber Arbeitskräfte in der Küche gab es genug.
Es gab uneingeschränkt frische, gute Qualität.
Bei Getränken gab es beachtliche Unterschiede zur deutschen Trinkgewohnheit. Die Spirituosen wurden nur in 50 oder 100 Gramm ausgeschenkt, kleine oder große.
Wenn der Büfettier aus einer unhandlichen Zweiliterflasche 100 Gramm erst in seinen Messbecher schüttete und dann in ein Glas, verplemperte er manchmal etwas. Etwa so viel, wie im Hotel Adlon liebevoll aus einer viel kleineren Flasche mit einem salonfähigen Gießer eingeschenkt wurde, etwa 2 cl.

Bulgarische Gäste ließen sich gern von uns deutschen Kellnern bedienen, wir waren für sie Exoten.
Sie hatten eine völlig andere Esskultur, als wir sie jemals von ausländischen Gästen her kannten.
Wir servierten keine Froschschenkel, sondern ganze zubereitete Frösche. Die wurden für das Restaurant in Bassins geliefert.
Sie wurden am Bauch aufgeschnitten, gesäubert, mit Zitrone beträufelt, gewürzt, paniert und frittiert. Für viele eine Delikatesse.
Krustentiere und Tintenfische, auch lustig aussehende uns unbekannte Fische mit bunten, drolligen Köpfen, viele Köstlichkeiten aus dem Schwarzen Meer tafelten wir auf.

Als ich das erste Mal агнешко главата (Agneschko Glawata) in der Küche bestellte, traute ich meinen Augen nicht, was da aus der Küche zum Servieren bereitgestellt wurde.
Was auf der Silberplatte lag, sah aus und hatte die Größe eines menschlichen Schädels. Als ich die Platte in der Hand hielt, erinnerte ich mich an eine Szene aus einer Oper.
Es war ein drapierter, ganzer gekochter Lammkopf.
Ein Leckerbissen für Bulgaren. Die Gäste knabberten am Kopf, an den Augen- und Backenhöhlen herum, es sah schon deftig und gewöhnungsbedürftig aus. Gern aßen sie auch das Gehirn das gewürzt, mit Ei und Mehl gebunden, paniert, frittiert und separat angerichtet wurde.
Es passierte auch, wenn wir Speisen auftrugen, dass die Bulgaren vom Tisch aufstanden und sich zur Tanzfläche begaben. Beim ersten Mal schaute ich verwundert den Gästen nach, in der Annahme, etwas falsch gemacht zu haben.
Es war üblich, nicht so heiß zu essen. Die restlichen Speisen der einzelnen Gänge durften wir nicht abräumen, es blieb alles stehen. Zwischen den einzelnen Menügängen wurde geraucht und wieder gegessen. Erst wenn die Gäste ihre Zigarettenreste nicht mehr im Aschenbecher, sondern auf ihren Tellern, wo sich noch Speisereste befanden, ausdrückten, wussten wir: Jetzt kann abgeräumt werden. Es war eben ein anderes Land mit uns völlig unbekannten Sitten und Gebräuchen.
Bulgaren luden uns auch zu sich nach Hause ein. Wir nahmen mehrmals als Gäste an bäuerlichen Hochzeiten mit vielen eingeladenen Personen teil. Meist war ein ganzes Dorf vertreten. Dadurch lernten wir noch mehr von der vielseitigen Kultur des Landes. Sie waren außerordentlich gastfreundlich, gesellig, traditionsbewusst und stolz auf ihr Heimatland.
Viele interessante alte Hochzeitsrituale und Bräuche haben wir kennengelernt. Und die Musikanten spielten die für uns ein wenig fremd klingenden Melodien und hörten und hörten nicht auf. Stundenlang gab es keine Pause und wir mussten im Kreise mittanzen, bis uns die Luft ausging.

Als nun unser Delegationsleiter anreiste, hatten wir viel Spaß und Gaudi. Er hieß Gerd (Name geändert) und war ein ehemaliger Staatsanwalt.
Er schnabulierte schon mal ganz gern einen, mal auch etwas mehr. Das war auch der Grund, dass er als Staatsanwalt entlassen wurde. Nun war er ja in der Gastronomie richtig aufgehoben. Gerd, als fast 60-Jähriger, verliebte sich bald in eine schöne schwarzhaarige Bulgarin und hatte für seine Liebe sehr viel Zeit. Wir arbeiteten schon nicht überreichlich, er bedeutend weniger. Was sollte er auch tun?
Er war nur der Repräsentant der Fünf-Mann-Delegation aus der Deutschen Demokratischen Republik. Von der Gastronomie hatte er keinen blassen Schimmer und auch keine Aufgaben zu erfüllen. Die Geschäftsleitung einschließlich Abrechnung lag in den Händen der bulgarischen Chefs.
Außerdem sprach er kein Wort Bulgarisch oder Russisch.
Er war eben bei allen nur der „Nemski Direktor" (deutscher Direktor). Gerd war sehr schlank und nicht groß, der bulgarische Direktor Demitschew vollschlank und von höherer Erscheinung. Bulgarski- und Nemski Direktor ließen öfter gemeinsam die Gläser klingen. Sie verständigten sich beide untereinander nur in ihrer Muttersprache, dazu gestikulierend mit Händen und Zeichen gebend. Es war schon amüsant mit anzusehen, wie sie sich im Laufe des Abends in fortgeschrittener, fröhlicher Stunde im Restaurant austauschten.
Das tapfere Schneiderlein und ein ständig über das ganze Gesicht schmunzelnder Großgrundbesitzer.
In einem Theaterstück hätten sie schon rein optisch alle Lacher auf ihrer Seite gehabt. Das ist aber selbstverständlich scherzhaft, nicht herabwürdigend gemeint.

Manchmal hatten wir abends wenig zu tun, es lagen keine Tischbestellungen vor und der bulgarische Direktor schickte uns wieder einmal, wie so oft, frühzeitig nach Hause.

An einem solchen Abend gab es wieder fast keine Arbeit und wir überlegten, was wir wieder für einen neuen Blödsinn mit Nemski Direktor, mit Gerd anstellen könnten.
Es war etwa gegen 20 Uhr. Nemski Direktor hatte schon einen „Kleinen" in der Krone. Da rief ich von einem öffentlichen Telefonapparat, der sich eine halbe Treppe tiefer neben den Gästetoiletten befand, oben in der Küche an und verlangte den Nemski Direktor. Er beflissen und pflichteifrig in deutscher Sprache betonungsvoll: *„Hier ist Nemski Direktor, ja bitte, was wünschen Sie, was kann ich für Sie tun?"* Ich, mit abgehackter, verstellter Stimme: *„Hier ist Attaché der Botschaft der DDR. Sie haben zwei deutsche Kellner, diese müssen sofort hierher kommen, wir haben überraschend hohen Besuch bekommen und wir haben wieder einmal kein Personal für die Bedienung unserer Gäste!"* Dann legte ich einfach auf.
Schnell die halbe Treppe wieder hinauf und mich scheinheilig an einen Servicetisch des Restaurants gestellt. Gerd kam aufgelöst aus der Küche und sagte zu mir: *„Ihr müsst sofort abrechnen!"* „Warum?", wollte ich wissen.
„Frag bitte nicht so lange, sofort abrechnen, es liegt ein großer Auftrag von der Regierung der DDR vor!"
Man konnte spüren, Gerd hatte nun endlich seine erste verantwortungsvolle Aufgabe als Nemski Direktor bekommen. Er wurde sichtlich nervöser, ging zum bulgarischen Direktor und erklärte, er müsse mit den deutschen Kellnern sofort zur Botschaft. Er sagte zum bulgarischen Chef:
„Wichtiger Staatsauftrag von Deutsche Demokratische Republik! Nemski Kellner müssen sofort abrechnen."
Der bulgarische Direktor Genosse Demitschew blickte Gerd verständnislos an, er verstand nur Bahnhof.
Peter musste dolmetschen. Gerd erklärte uns, er komme mit zur Botschaft. *„Wohin müssen wir denn?"*, fragte ich scheinfromm den Gerd. Gerd wusste nur: Botschaft der Deutschen Demokratischen Republik. *„Warum hast Du dir keine Adresse geben lassen?"*, wollte ich wissen.

Gerd meinte, die Telefonleitung sei plötzlich unterbrochen worden. Wir hatten tatsächlich schon mehrmals beim Botschafter in Sofia gearbeitet. Es wäre also durchaus denkbar gewesen. Die Botschaft hatte aber einige diplomatische Einrichtungen. Es gab den Handelsattaché, den Militärattaché und den Kulturattaché, die sich alle an unterschiedlichen Orten in der Stadt befanden und schon einmal unseren Service beanspruchten.

Peter hatte in der Zwischenzeit ein Taxi bestellt und dem Fahrer vorher vermittelt, er möchte uns in den Folklore-Keller zum Leninplatz fahren. Gerd dachte, die Taxe käme von der Botschaft. Dort angekommen meinte er, die Botschaft mache sicher den Empfang ihrer Gäste hier in dem typischen bulgarischen Weinkeller. *„Na, dann setzen wir uns erst mal hier hin."*
Es passierte nichts. Von deutschen Gästen keine Spur. Dauernd schaute Gerd nervös auf die Uhr, strich sich über die wenigen noch stehen gebliebenen grauen Haare, stand auf und blickte in die Umgebung. „Wir sind sicher hier verkehrt", meinte er. „Wenn der Taxifahrer uns hierher fährt, kann es ja nur hier sein", meinte Peter heuchlerisch und zuckte dabei mit den Schultern.

Gerd: *„Hätte ich mir doch bloß die Adresse geben lassen, aber es ging alles so schnell."* Gerd verzweifelte fast.

Ich konnte ihn nicht mehr weiter leiden sehen. Er war sicher ein pflichtbewusster Mensch und man konnte spüren, wie er sich angespannt und mies fühlte. Ich bestellte beim Kellner einen Krug Rotwein und sagte zum Gerd: *„Gerd, sei uns bitte nicht böse, wir möchten dir etwas beichten."*

Er schaute mich erwartungsvoll und ein wenig misstrauisch an, vielleicht ahnte er inzwischen schon etwas.

„Die ganze Suppe ist von uns eingerührt worden, wir hatten nichts zu tun, es lag keine einzige Tischbestellung von Gästen vor und der bulgarische Direktor ist immer zufrieden, wenn er uns los ist. Verzeih uns bitte." Gerd fand das zunächst unerhört, was wir uns da geleistet hatten.

Schließlich nach ein paar Bechern Rotwein verzieh er uns und war wieder guter Dinge. Es wurde ein wunderschöner und sehr spannender Abend, den ich bis heute nicht vergessen habe.
Er plauderte nämlich reichlich aus dem Nähkästchen der Staatsanwaltschaft seines ehemaligen Bezirks Frankfurt an der Oder, wo er viele Jahre als Staatsanwalt tätig war.
Er berichtete von schwersten Raubüberfällen, von Vergewaltigungen, fürchterlichen Kindesmissbrauch und bestialischen Morden. Viele Dinge und Details, die in dem Bezirk in der Zeit seiner Tätigkeit passierten. Die meisten Gerichtsverfahren fanden unter Ausschluss der Öffentlichkeit statt. Er berichtete auch über Hinrichtungen, die in Dresden und Leipzig vollstreckt wurden. Die Todesstrafe war das größte Geheimnis in der DDR. Gespannt lauschten wir mit großen Augen und gespitzten, offenen Ohren. Bei schwersten Straftaten wurde er als Staatsanwalt zu den Tatorten gerufen. Er betrachtete die Bluttaten aus der ersten Reihe. Es waren unfassbare Ereignisse, die er schilderte. Zum Beispiel: Jemand hatte seine gesamte Familie, mit Onkel und Tanten, zum Geburtstag eingeladen und alle Gäste vergiftet. Anschließend hat er sie alle zerlegt. Sämtliche Körperteile sortiert. Er hatte alle Köpfe, Arme und Beine abgesägt und dann zusammengelegt. Dieser gestörte Mann soll wie ein Pathologe gearbeitet haben. Anschließend hat er sich selbst umgebracht. Gerd meinte, er werde diesen fürchterlichen, blutigen und grausamen Anblick nie mehr aus seinem Kopf bekommen. Keinesfalls hätten wir so etwas und mehr erfahren, weil nur das veröffentlicht werden durfte, was in das ideologische Raster passte. Alle Medien standen unter der Kontrolle der Partei und des Staatssicherheitsdienstes. Im Sozialismus hatte es so etwas nicht zu geben.
Mit Gerd verstanden wir uns immer besser. Nach den Schilderungen seiner stressigen Vergangenheit hatten wir auch Verständnis, das er hin und wieder mal ein Glas hob. Obwohl wir nicht wussten, was er in seinen Monatsberichten protokollierte, die er als einzige Aufgabe von Berlin zu erledigen hatte.

Wir lebten jedenfalls gut und hatten keine Sorgen.
Am Tag machten wir Ausflüge mit dem Sessellift nach oben bis in das schöne Witoscha-Gebirge. Besuchten die herrlichen, gepflegten Rosengärten und Parkanlagen mit der üppigen Flora, die es überall in der Stadt gab, in denen es angenehm nach frischen Blumen und Gewächsen duftete. Oder wir lagen zu Hause auf der faulen Haut.
Abends arbeiteten wir ein wenig, und nachts ließen wir die Puppen tanzen. Oft zog es uns nach Feierabend in die anspruchsvolle Nachtbar ins Astoria. Ein Bar-Varieté mit internationalem Showprogramm. Solch ein sensationelles und internationales Programm gab es in keiner Nachtbar von Berlin. Es traten hervorragende Künstler aus der ganzen Welt auf, einige kannten wir aus dem Fernsehen.
Der Eintritt war aber nur Westgästen gestattet. Der Türsteher kannte uns, bekam ein paar Westmark in die Hand gedrückt und machte ständig eine Ausnahme.
Solche Ausnahmen gab es auch bei der Autovermietung. Kein DDR-Bürger konnte mit seinem Pass ein Auto in Bulgarien mieten. Für Westler gab es nie Probleme. Da die Angestellten der Autovermietung bei uns Stammgäste waren, hatten wir auch das Glück, Volkswagen-Käfer mieten zu dürfen.
Mit der Mark der DDR konnte man nirgends bezahlen. Einmal versuchten wir es aus Spaß bei einem bulgarischen Kollegen an der Bar des großen Balkanhotels am Leninplatz. Der Barmixer sah sich das an, drehte den Schein nach links und rechts, hielt ihn an das Licht und sagte lachend auf Deutsch: *„Euer DDR-Spielgeld dürft ihr behalten!"*
Dadurch, dass wir das Glück hatten, auch richtiges Geld zu verdienen, konnten wir mehrmals im Jahr, wenn wir freie Tage hatten, nach Hause fliegen. Zwei Flüge bezahlte dazu auch noch der Betrieb in Berlin.
Die Einreisekontrollen am Flughafen in Berlin Schönefeld, die wir wie viele andere über uns ergehen lassen mussten, waren nicht von schlechten Eltern. Es grenzte schon an Schikanen.

Wir mussten unseren Beruf angeben. Dann kamen sofort die Tiefenkontrollen. Einmal wurden mir zwei 300-Gramm-Tafeln Schweizer Schokolade in kleine Stücke zerbrochen. Solche gute Qualität und hübsch bunt verpackte Schokolade gab es bei uns nicht. Es sollten Geschenke sein. Nun war die Geschenkfreude genommen. Ich durfte mich nicht aufregen und niemals Bemerkungen machen, das hätte ohne Zweifel Folgen gehabt. Immer schön höflich und brav zu den Grenzorganen, wie sie sich nannten, bleiben und vor allen Dingen keineswegs auch nur einen einzigen Pfennig Westgeld bei sich haben, das wussten wir sehr genau.
Bei dem Kellner, der vor mir in Sofia gearbeitet hatte, wurde am Flughafen bei der Einreise ein Hundertmarkschein Westgeld gefunden. Das war ein schweres Devisenvergehen, eine strafbare Handlung. Ihm wurde der Reisepass abgenommen und er durfte zur Strafe nicht mehr dienstlich und auch nicht mehr privat ins sozialistische Ausland reisen. Sein Vertrag wurde für ungültig erklärt. Das ist der Grund für die eilig organisierte Delegierung für mich nach Sofia gewesen.
Die anfänglich angedachte Absicht, die Kurve zu kratzen, war verschwunden. Die Ursache war sicher das unbeschwerte Leben, das wir in Bulgarien führten, ohne ständige Reglementierungen oder Maßnahmenpläne. Ein entspanntes Leben.
Dazu noch das mediterrane Klima, ausreichend Geld und nette Gäste. „Dolce Vita in Bulgarien." Leider viel zu kurz gedacht.
In dem Restaurant in Sofia besuchte uns auch zufällig eine Wirtin namens Hilde, die im Bezirk Prenzlauer Berg in Berlin noch eine Privatkneipe hatte. Sie kam mit einem bekannten Schauspieler, Horst Jonischkan, der in Jugoslawien und Bulgarien Szenen für den DEFA-Film „Die Söhne der großen Bärin" drehte. Ich lernte ihn in Bulgarien näher kennen, und er wurde ein guter Freund von mir. Er verkehrte auch in der Kneipe von Hilde. Sie lud mich ein, wenn ich wieder einmal in Berlin sei, sollte ich unbedingt mal in ihrer Bar in der Wichertstraße vorbeischauen. Das Lokal hieß „Burgfrieden".

Eine gut gehende Schwulenkneipe, jeden Tag bis zum Rand gefüllt. In ihr waren sämtliche Berufs- und Altersgruppen vertreten. Vom Arbeiter bis zum Professor, viele Künstler. In dieser Bar lernte ich meinen Freund und Lebenspartner kennen. Er war Doktor der Medizin und Oberarzt des Krankenhauses Prenzlauer Berg. Ich komme später auf ihn zurück.

Wie nun das angesparte Westgeld von Bulgarien in die DDR einschleusen, das waren meine einzigen Sorgen, die ich hatte. Da kam die Idee. Es gab zu der Zeit in Westdeutschland ein rollendes Hotel. Dieses Hotel auf Rädern kam regelmäßig mit ein paar mehr oder weniger betuchten Touristen bei uns im Restaurant vorbei. Sie machten gern Rast, bevor sie nach Istanbul weiterreisten. Ich hatte einen guten Kontakt zum Chef des Unternehmens. Der bot mir an, bei der nächsten Reise eine goldene, wertvolle Armbanduhr und einen goldenen Ring aus Westdeutschland mitzubringen. Er könnte den Betrag bis 2000 Mark auslegen. Selbstverständlich bekäme ich dazu die Expertisen und eine Rechnung. Der verabredete Mittwoch kam aber kein rollendes Hotel. Aus welchem Grund, wurde mir nicht bekannt. Es klappte jedenfalls nicht, mein Westgeld in letzter Minute anzulegen.

Diesmal mit meinen ganzen Ersparnissen von Westgeld in der Hosentasche zog es uns wie oft magnetisch in die Nachtbar ins Astoria. An der Bar lernte ich einen netten jungen Bulgaren kennen und nahm ihn mit nach Hause. Am nächsten Morgen, als ich mit einem dicken Schädel erwachte, war dieser junge hübsche Bulgare mit den schönen rehbraunen Augen, dem gesamten Geld und einem neuen West- Kofferradio aus meiner Wohnung entwichen. Mit einer rosaroten Brille und ein paar Promille im Blut hatte ich den Diebstahl nicht bemerkt.

Es war nicht die schönste, es war die teuerste Nacht meines Lebens.

Damit hatte sich nun in traurigster Weise und tränenreich das Problem mit dem Westgeld an der Grenze für mich gelöst.

„Ratskeller" im Roten Rathaus

Als ich aus Bulgarien zurückkam, wusste man im Personalbüro nicht mehr, dass ich einen Vertrag als Lehrmeister für das Lindencorso in der Tasche hatte und es wurde in der Zeit ein anderer Kollege eingestellt. Das Lindencorso in Berlin wurde genau während meiner Bulgarienzeit eröffnet.

Ein schöner Empfang für mich. Ich musste zunächst in das Weinrestaurant des Ratskellers zurück.

Der Ratskeller gehörte mit zu den modernsten neuen Gaststätten der Hauptstadt. Es gab ein großes Bierrestaurant, ein Weinrestaurant und einen gemütlichen Weinkeller mit Kellerbar. Alle Räume hatten ein abgestimmtes, harmonisches Interieur. In der Küche und im Service arbeiteten ausschließlich Facharbeiter. Bevor die Gäste kamen, machten die Räume einen gepflegten, ja schon einen besonderen, eleganten Eindruck. Schon mit der täglichen Öffnung wurden wir von den Gästen geradezu überfallen.

Um 11 Uhr mittags, wenn wir aufschlossen, stürzten sich die Besucher auf die Plätze. Wie in Panik geratene Menschen, vorbei an den eingerichteten Garderoben im Foyer, wo die Garderobenfrauen darauf warteten, dass die Gäste ihre Straßengarderobe ablegen.

Die meisten Gäste wollten erst einmal schnell ihre Plätze gesichert wissen und gaben danach erst ihre Garderobe ab.

Bierrestaurant im Roten Rathaus von Berlin

Weinrestaurant im Roten Rathaus von Berlin

Der tägliche Besucherandrang war derart stark, dass wir uns etwas einfallen lassen mussten. Immer neue Gäste lauerten in Hab-Acht-Stellung und beobachteten aufmerksam, ob jemand von den sitzenden Gästen endlich das Portemonnaie zückte.

Es gab keinen Einlassdienst. Sie warteten in den Gängen bis Plätze frei wurden. Einen Diskretionsabstand gab es im Osten nicht. Auch nicht bei Bank- oder Postschaltern.
Eine unangenehme Belagerung und Zumutung für die Gäste, die länger verweilten und auch die Musik genießen wollten.
Es war der Kunst des Kellners zu verdanken, dass beim Servieren nichts danebenging. Im Weinrestaurant das gleiche.

Die Hausmusikanten, drei Musiker, Flügel, Cello und Violine, ließen sich nicht stören und spielten zu diesen chaotischen Zuständen in guter Konzertqualität zum Beispiel: Jacques Offenbachs „Orpheus in der Unterwelt", von Mascagni das „Intermezzo" aus „Cavalleria rusticana" oder das „Forellenquitett" von Schubert. Eine wahrlich groteske Atmosphäre.
In anderen neuen guten Restaurants war es ähnlich. Ankommende Gäste standen mitten im Restaurant und warteten auf freiwerdende Plätze. In dieser Zeit etwa entstand das später von den Gästen so gehasste Schild am Eingang eines Restaurants:

Bitte warten Sie – Sie werden platziert!

Es war nichts weiter als Ausdruck eines chronischen Platzmangels. Das Schild war zunächst eine gedachte Alternative, den Ansturm der Gäste überhaupt zu regulieren. Anfangs klappte das auch. Die Gäste standen ab sofort brav vor dem Schild im Foyer und behinderten niemand mehr.
Es ging „geordneter" zu. Jedoch fehlten zunehmend Restaurantleiter oder Mitarbeiter, die die Gäste auch tatsächlich am Eingang begrüßten und ihnen dann Plätze anboten. Die Kellner waren selten in der Lage dazu, sie hatten viel zu viel zu tun, sie kamen aus den voll besetzten Revieren nicht heraus.
Dieses Schild wurde zum Missbehagen der Gäste auch nicht entfernt, als der Ansturm der Gäste nach Monaten oder Jahren nachließ.

Fast alle leeren Tische wurden jetzt als reserviert gekennzeichnet, obwohl nicht eine einzige Tischbestellung vorlag.
Die Kellner suchten sich ihre Gäste selbst am Eingang aus und bevorzugten jene, die gleich am Eingang ihr „Entree" möglichst in Westmark in die Hand des Kellners drückten.
Das hatte sich blitzartig herumgesprochen. Viele Gäste nutzten so ihre Chance, einen Platz zu ergattern. Das war dort der Fall, wo es sich das Servierpersonal auch erlauben konnte. Im Ratskeller war es eher selten.
In vielen volkseigenen Restaurants waren nicht die Gäste, sondern die Kellner die Könige. Mangelhafte Kontrollen oder Gleichgültigkeit der Geschäftsleitungen ermöglichten dies.
Die Geschäftsleiter waren Angestellte des Staates und hatten eben nichts vom Gewinn oder Verlust eines Restaurants. Außerdem wollte es sich kein Leiter oder Geschäftsführer mit den Kellnern verderben.
In der Abwaschküche des Ratskellers arbeitete eine ausgebildete Restaurantleiterin. Man hätte sie dringend nicht nur zur Begrüßung der Gäste gebraucht. Sie wurde strafversetzt, weil sie einen Ausreiseantrag nach Westberlin gestellt hatte.
Sie musste täglich das schmutzige Geschirr abwaschen. Diese Tätigkeit als ehemalige Leiterin vor allen Angestellten zu erledigen, war eine öffentliche Demütigung. Sie ließ sich persönlich nichts anmerken, sie konnte nicht kündigen. Mit einem Ausreiseantrag hätte sie nirgendwo eine Arbeit bekommen.
Eine junge Serviererin aus meiner Abteilung hatte ebenfalls einen Ausreiseantrag gestellt. Sie war noch nicht bestraft worden. Ich sagte zu ihr: *„Evi, lass das doch, du kommst sowieso nicht raus aus dem Arbeiterparadies, zum Schluss musst du auch noch in die Abwaschküche, oder sie sperren dich womöglich noch ein."* Evi interessierte das nicht. *„Na und, dann sperren die mich ein!"* Nachdem Evi wieder bei der Abteilung Inneres des Stadtbezirks Mitte zur Anhörung gewesen war, berichtete sie mir, dass der Bearbeiter des Ausreiseantrages gedroht hätte:

„*Sollten Sie weitere Ausreiseanträge nach Westberlin stellen, können Sie damit rechnen, inhaftiert zu werden, damit sie es wissen.*" „Na und, was willst du jetzt machen?", fragte ich.
„Die werden sich sehr wundern, ich gehe nach Hause und schreibe noch heute einen erneuten Antrag", sagte sie voller Überzeugung und entschlossen zu mir.
Am Mittwoch der folgenden Woche musste sie wieder zu dieser unangenehmen Abteilung. Ich ahnte nichts Gutes. Evi kam aufgeregt um 15 Uhr zurück in das Restaurant und berichtete mir unter Tränen: Stell dir vor, ich muss heute noch bis 0 Uhr die DDR verlassen haben. Die haben mir meinen Personalausweis weggenommen, eine Bescheinigung gegeben und mich zu einer unerwünschten Person der DDR erklärt. Ich weiß nicht, was ich machen soll, schluchzte sie.
„*Was mache ich mit meiner Wohnung? Meine Mutter liegt noch im Krankenhaus. Was soll ich bloß machen? Ich habe noch so viel zu erledigen und keine Zeit etwas zu packen.*"
Sie war völlig kopflos und weinte und jammerte. Nur mit Mühe konnte ich sie etwas beruhigen. Eine Wiedereinreise oder eine Besuchserlaubnis wurde von dieser Abteilung Inneres ausdrücklich ausgeschlossen. Mit allem hatte man gerechnet, nur nicht damit. Die Willkür des Arbeiter- und Bauernstaates hatte zugeschlagen. Evi ließ alles in ihrer Wohnung zurück und verließ nur mit ein paar persönlichen Sachen die Republik.
Es dauerte nicht lange und sie bekam eine Anstellung im bekannten Café Möhring in Westberlin. Ihre Hartnäckigkeit hatte sich, wenn auch unter dramatischen Umständen, gelohnt.

Ins Restaurant kamen in der Mittagszeit zusätzlich zum großen Geschäftstrubel auch noch etliche Reisegruppen. Meistens waren diese angemeldet. Die warme Küche war nur bis 15 Uhr geöffnet. Eine für 13 Uhr angemeldete Reisegruppe kam erst um 15.30 Uhr. Ich fragte beim Küchenchef nach, ob diese verspäteten Touristen noch mit warmen Speisen bedient werden könnten.

Ja meinte er, die Gäste müssten sich aber noch ein klein wenig gedulden. Nach etwa 10 Minuten rastete der Reiseleiter völlig aus. *„Wenn nicht sofort das Essen für die sowjetischen Genossen auf dem Tisch steht, lasse ich den Küchenchef wegen Sabotage von der ABI, der Arbeiter-und-Bauern-Inspektion verhaften. Der Mann weiß wohl nicht, was wir unseren sowjetischen Genossen schuldig sind!"* Hörte ich richtig? „Arbeiter-und-Bauern-Inspektion?" Noch niemals hatte ich gehört, dass dieses „Kontrollorgan" jemanden verhaftet hätte. Die ABI war ein gefürchtetes, mit ehrenamtlich tätigen Parteigenossen besetztes Kontrollinstrument des Staates, das darüber wachte, dass es keine Gesetzesverstöße in den Gaststätten gibt. Dass die vorgeschriebenen Preis- und Kalkulationsvorschriften in den Kneipen und Restaurants eingehalten werden. Sie lieferten die Zuarbeiten für die Kriminalpolizei und für die Stasi. „Kontrollorgane" verschiedenster Couleurs gab es reichlich, damit war man nicht sparsam.

Ich hatte schon geschildert, dass in der Mittagszeit mehr als reichlich zu tun war. Die Bestecke und die Servietten wurden, bevor das Restaurant öffnete, eingedeckt. Das konnte natürlich immer nur für die ersten Gäste sein. Für die vielen folgenden haben wir aus Zeitmangel Teller mit Bestecken und Servietten auf die Tische gestellt. Einmal fehlte auf einem Besteckteller ein Besteck. Ich hatte versäumt, eines nachzulegen, vielleicht wurde es auch gestohlen. Nun hatten sechs Gäste am Tisch nur fünf Bestecke. An diesem Tisch saß eine auffällig bunt gekleidete Dame. Sie rief laut und ein bisschen lustig provozierend: *„Herr Ober, gibt's denn hier im Osten für mich auch ein Besteck?"* Ich antwortete: *„Meine Dame, bei uns isst niemand mit Hammer und Sichel, selbstverständlich bekommen Sie bei uns im Osten auch ein Besteck!"* Ein Gelächter von den Gästen. Sie meinte das selbstverständlich spaßig, war aber sicher auf meine Antwort nicht vorbereitet. Die Dame konnte nur aus dem Westen gewesen sein. Sie bezahlte aber mit Ostgeld.

Mir wurde der Boden im Ratskeller zu heiß.

Der Chefkellner, den ich an seinen freien Tagen vertreten musste, arbeitete stramm mit der Küche zusammen. Das durfte wohl schon eine Zeit vor Beginn meiner Tätigkeit hier so gelaufen sein.

Bei den vielen Reisegruppen bekam er für eine oder zwei Gruppen pro Tag, jeweils immer 40 Personen, die Speisen aus der Küche ohne Bon. Wenn er frei hatte, sollte ich seinen Part übernehmen. Der eingenommene, ziemliche Geldbetrag wurde täglich mit dem Küchenchef heimlich geteilt. Als die Geschichte platzte, war ich Gott sei Dank schon ein Jahr aus dem Ratskeller verschwunden.

Aus dem damaligen Interhotel Stadt Berlin am Alexanderplatz kam ein ganzes sozialistisches Kollektiv von Köchen und Kellnern (über 30 Personen) geschlossen in den Knast. Es gab hohe Gefängnisstrafen wegen schwerer Unterschlagungen und Diebstahl an Volkseigentum. Darunter waren auch einige Genossen der Partei. *„Angeklagter, sind Sie Mitglied der Sozialistischen Einheitspartei Deutschlands?"*, wurde in den Verhandlungen vom Richter gefragt. Diese Frage musste von den Genossen immer mit *„Nein"* beantwortet werden. Das wusste selbstverständlich der Richter. Niemals stand ein Parteigenosse vor Gericht, weil jeder Genosse, der straffällig wurde, vor der Gerichtsverhandlung aus der Partei ausgeschlossen wurde. Egal ob er bei dem Ausschlussverfahren selbst dabei war oder nicht. Die Partei blieb immer sauber.

Die meisten Strafgefangenen mussten in den Gefängnissen arbeiten. So wurden in den Frauenhaftanstalten und in der zentralen volkseigenen Großwäscherei Rewatex die gesamten Tischdecken für alle Restaurants und sämtliche Hotelwäsche aus allen Hotels Ostberlins von den Sträflingen gewaschen.

Als es aus Anlass des 30-jährigen Bestehens der DDR 1979 überraschend vom Staatsratsvorsitzenden eine Amnestie für die vielen politischen Inhaftierten gab, fehlten von heute auf morgen die Gefangenen in den zentralen Wäschereien.

Das Ergebnis dieser zentralen Planwirtschaft:
Alle Restaurants und Bars standen ohne saubere Tischdecken und Handtüchern da. Die Hotels ohne Bettwäsche.
Reserven von sauberer Wäsche waren nur wenig vorhanden, am zweiten Tag alle verbraucht. Jedes Restaurant war verpflichtet, in der einzigen volkseigenen Großwäscherei Rewatex waschen zu lassen, eine andere Möglichkeit gab es nicht mehr.
Zu dieser Zeit der Amnestie im Oktober (Geburtstag der DDR) war die Saison an der Ostsee zu Ende.
Deshalb konnten uns freundlicherweise die Gaststättenbetriebe aus dem Norden der Republik mit Tischdecken aushelfen. Es wurden vorübergehend Wäsche-Shuttles eingesetzt. Dazu mussten zusätzliche Fahrzeuge beschafft werden. Sie wurden Baubetrieben entzogen die sie selbst dringend brauchten.
Mit Übergangslösungen und sozialistischer Hilfe ging es jahrelang weiter. Es ging alles seinen „sozialistischen Gang".
Jeder volkseigene Betrieb war verpflichtet, anderen volkseigenen Betrieben Unterstützung zu geben und sozialistische Hilfe zu leisten. Es gab wahre Meister des Behelfs und der Improvisation, der Interimslösungen in allen Bereichen der Gaststätten. Wahrscheinlich in fast allen Betrieben?
Einfallsreichtum und Beschaffungsideen standen hoch im Kurs und wurden meist mit Prämien außer der Reihe honoriert. Ich profitierte etwas davon, denn überall, wo ich bis jetzt tätig gewesen war, konnte ich dazu selbst Erkenntnisse einbringen und weitere sammeln. Organisationstalent gehörte von Anfang an nicht zu meinen schlechtesten Seiten.

Nur aus finanziellen Gründen weiter als Serviermeister oder Chefkellner zu arbeiten, das hätte mich beruflich nie befriedigt. Auch wenn ein Direktor oder Stellvertreter eines großen Hauses weniger verdiente als die Angestellten.

Man bot mir eine Stellung als stellvertretender Direktor der Großgaststätte Saalbau Friedrichshain in Berlin an.

„Saalbau Friedrichshain"

Der Saalbau ist der Mörder meiner Jugend", hieß es scherzhaft unter dem Bedienungspersonal. In der Tat, hier wurde geackert und gefeiert, dass die Schwarte krachte.

Ein provisorischer Flachbau, 1957 erbaut auf dem Gelände des ehemaligen prunkvollen Festsaales, der im Jahre 1887 gebaut und im Krieg zerstört wurde. Der Saalbau Friedrichshain spielte im politischen Berlin schon vor dem Krieg eine besondere Rolle. Hier lieferten sich der Kommunist Walter Ulbricht (damals 37 Jahre) und der Nazi Joseph Goebbels (33 Jahre) ihre Klassenkämpfe. Blutige Schlachten. Stuhlbeine als letzte Argumente, las ich in einer alten Zeitung vom Trödelmarkt. In der „Welt am Abend" vom 23. Januar 1931. Eine wahrlich traditionsreiche Veranstaltungsgaststätte mit einem geschichtsträchtigen Hintergrund. Nach der Neueröffnung gab es 1001 Plätze. Dazu eine Cocktailbar und eine Bierbar für jeweils 50 Personen. Im Garten noch mal etwa 400 Plätze.

Weil es so viele Großbetriebe und Kombinate in der DDR und in Ostberlin gab, die alle mindestens einmal im Jahr Betriebsvergnügen veranstalteten, war der Bedarf nach solchen großen Restaurants außerordentlich. Zwei Jahre vorher musste man den Termin für eine Veranstaltung buchen lassen, sonst hatte man wenig Chancen.

Die Ausstattung entsprach in der damaligen Gaststätten-Klassifizierung der Preisstufe drei, mittel bis gut.
Es gab eine große Bühne und eine geräumige Tanzfläche. Die Kombinate hatten so viele finanzielle Mittel in ihren Kultur- und Sozialfonds, dass sie zum Betriebsvergnügen viele namhafte Künstler auftreten ließen. Helga Hahnemann, Lutz Jahoda, Heinz Quermann, Achim Mentzel, Herricht und Preil. Ich kann sie unmöglich alle aufzählen. Es spielten große Tanzkapellen mit der Sängerin Nina Hagen und dem Sänger Gerd Christian.
Eberhard Cohrs war die Ikone des Humors in der DDR. Er hat mit einem Soloprogramm monatelang in dem täglich ausverkauften Friedrichstadtpalast gespielt.

Seinen letzten Auftritt hatte er im Saalbau, bevor er der DDR den Rücken kehrte. Am Abend nach seinem Auftritt sprach ich mit ihm bei mir im Büro. Er sagte mir natürlich nicht, dass er die Republik verlassen wollte, seinen Worten konnte ich aber entnehmen, dass er die Nase gestrichen voll hatte. Er wollte sich nicht mehr von der Partei bevormunden lassen, was er zu sagen oder nicht zu sagen hatte, und blieb nach einem Gastspiel in Westberlin.
Von den Conférenciers wurde bei jeder Veranstaltung durch die Blume Politik gemacht. Sie transportierten immer eine Message zwischen ihren Texten, nicht zur Freude der Parteigenossen.

Es gab stürmische Lachsalven von den Gästen, wenn die Misswirtschaft aufs Korn genommen wurde.
Die Gäste erwarteten von den Conférenciers, dass sie die politischen Verhältnisse verspotten. Sie waren wie ein Ventil für die Gäste und schafften ihnen, wenn auch nur für Momente, ein wenig Luft. Das konnte man deutlich nach Pointen spüren. Der Applaus war wie ein Seismograf für die politische Stimmung im Land.

Meist achtete der Vortragende darauf, dass seine Worte keine Auftrittsverbote zur Folge hatten. Trotz grandiosesten Beifalls gab es solche Verbote für gute Ansager. Zu ihnen gehörten O.F. Weidling und Günter Krause. Sie wichen oftmals von ihrem Text ab, der vorher eingereicht und genehmigt werden musste. Außerdem war es erforderlich jede Veranstaltung bei der Polizei anzumelden. Nicht nur bei der Polizei kümmerte man sich darum, dass nicht der Klassenfeind im Saale schwebte. Es gab einen ständigen Beauftragten des Ministeriums für Staatssicherheit, der uns freundlicherweise regelmäßig seine Aufwartung machte. Seine Informanten saßen zwischen den Gästen an der Cocktailbar und waren auch durch die Chefin der Bar, durch Gerdi hinter dem Ausschank vertreten. Sie fand das äußerst lästig, sagte sie mir nach der politischen Wende, dass sie ständig von der Stasi bedrängt wurde, Gäste zu belauschen.

Inzwischen war schon lange das Verbot des Auseinandertanzens in Gaststätten aufgehoben worden. Es wurde aber weiter reichlich Westmusik gespielt. Die Listen mit den einzelnen gespielten Musiktiteln, die der AWA (Anstalt zur Wahrung der Aufführungsrechte) nach jeder Tanzveranstaltung eingereicht werden mussten, wurden von oben bis unten vom Kapellenchef manipuliert. Wenn man sich an die absurde Quotenregelung mit 60 % Ostmusik und nur 40 % Westmusik gehalten hätte, wären vermutlich wenige Gäste auf die Tanzfläche gekommen. Das wussten die Musikanten ganz genau. Mitschnitte einzelner Titel von Aufpassern waren nicht mehr zu befürchten.

Zu jeder Veranstaltung gab es von mir für das Bedienungspersonal eine Einweisung zum Ablauf des Festes. Solch ein Briefing ist in den großen Häusern unumgänglich, um einen reibungslosen Ablauf zu garantieren. International üblich.

Der Unterschied war, dass grundsätzlich immer die politische Bedeutung einer jeden Veranstaltung hervorgehoben werden musste. Das fiel mir manchmal nicht leicht.

Das gipfelte bei sogenannten Freundschaftstreffen mit sowjetischen Gästen und erreichte seinen Höhepunkt bei der Bedienung von Parteigenossen zum Parteitag der SED.
Nicht die Tagungen der Parteitage fanden im Saalbau statt, sondern das Mittag- und Abendessen für einen Teil der Parteitagsdelegierten, hier für 600 Personen.
Ein immenser Aufwand wurde betrieben, um die ausgesuchten „Allerbesten" von den besten Genossen zufriedenzustellen. Nur diese seien auserwählte Delegierte des Parteitages, wurde uns gelehrt. In Vorbereitung traten überbetrieblich wochenlang Arbeitsgruppen zusammen und erstellten euphorisch immer wieder neue Maßnahmenpläne für den gastronomischen Ablauf. Auch wenn es an Ausstattung zu fast jeder Veranstaltung mangelte, zu der Parteiversorgung mangelte es an nichts. Wie ein Wunder war genügend Personal vorhanden. Der Küchenchef hatte keine Probleme mehr mit Fleisch und frischem Gemüse. Er sagte zu mir im Büro: *„Überraschung! Komm mal mit in die Küche, ich muss dir mal was zeigen!"* Dort angekommen zeigte er mir freudestrahlend, ohne ein Wort zu verlieren, eine Kiste mit grünem Kopfsalat.
„Ist die vom Himmel gefallen?", fragte ich.
Im Getränkevorratslager gab es plötzlich ein Reservoir verschiedener Sorten von guten Fruchtsäften, Weinen und Sekt. Gläser, Geschirr und Bestecke wurden in großen Mengen vorher bestellt und tatsächlich vollständig mit Qualität geliefert. Laut Anweisung musste bei der Bestellung im Katalog rot unterstrichen angegeben werden: Parteitagsversorgung!
Das war wie ein Schlüssel zur Überwindung sämtlicher Engpässe. Bevor täglich die Parteigäste kamen, gab sich eine Abnahmekommission nach der anderen die Klinke in die Hand. Absurderweise kontrollierten sie alle das Gleiche, das vorbereitete Essen und den vorbereiteten Ablauf für den Service.
Das Leitungsteam wurde über die Zeit von „oben" verstärkt von Direktoren aus anderen großen Häusern, die nicht in die Parteiversorgung involviert waren.

Ein Leitungsdirektorium von elf (11) Direktoren sollte darüber wachen, dass der vorgeschriebene protokollierte Ablauf strikt eingehalten wurde. Zehn Direktoren waren in der Partei, der elfte Direktor war ich.
Mustertische wurden eingerichtet, damit es nicht zu den geringsten Abweichungen beim Eindecken kam. Der Abstand der eingedeckten Bestecke und der Gläser wurde nachgemessen. Bei den Trockenübungen wurde mit der Stoppuhr geprüft, wie lange eine Bedienungskraft brauchte, um von der Küchenausgabe bis zum letzten Delegierten und zurück zu gelangen. Dabei ging es aber nicht um die Geschwindigkeit, sondern um die Arbeitsabläufe zeitlich zu dokumentieren.
Aber es passierte etwas „Ungeheuerliches".
Für jeden Delegierten wurden eine Leder-Schreibmappe, ein Kugelschreiber und drei Ansichtskarten von Berlin mit eingedeckt. Das bekamen wir abgezählt von der Partei.
Bevor die Gäste eintrafen, gab es nochmals eine erneute intensive Kontrolle und Abnahme der 150 eingedeckten Tische durch das elfköpfige Direktorium. Dabei wurde festgestellt, dass ein Tisch wackelte und an einem Platz eine Ansichtskarte fehlte. Für einen Delegierten zwei statt drei Karten. Sie konnte nur gestohlen worden sein. Die 36 Kellner und Serviererinnen mussten im Saal in einer Linie antreten und einzeln dem großen Direktorium gegenüber Stellung beziehen.
Tatsächlich gab es eine Gastronomie-Studentin im 2. Studienjahr aus der Fachschule für Gastronomie in Leipzig, die zugab, die Karte entwendet zu haben, um sie als Gruß ihren Eltern zu schicken. Die Direktoren setzten sich, bevor die Gäste eintrafen, zur Beratung zurück. Was sollte mit der Studentin passieren, die sich trotz intensiver Belehrungen nicht über die bedeutungsvollsten Gäste im Klaren war?
Es wurde beschlossen, sie sofort, noch bevor die Gäste eintreffen, nach Hause zu schicken und sie zu exmatrikulieren.
Die Direktorin der Fachschule aus Leipzig war als Begleiterin der Fachschüler mit angereist und bei diesem Beschluss dabei.

Ich war der Meinung, eine Bestrafung mit einem strengen Verweis sollte genügen. Obwohl mir gastronomischen Entscheidungen von den zehn Direktoren übertragen wurde, fand meine Stimme als parteiloser Direktor kein Gehör. Sie wurde sofort nach Hause geschickt.

Nach dem Parteitag kehrte wieder relative Normalität in diese Gaststätte ein. Es dauerte nicht lange, da kam der nächste politische Höhepunkt. Die Weltfestspiele der Jugend der Welt. Es wurde von dem Zentralrat der FDJ festgelegt, dass der große Festumzug des Festivals an der Straße am Friedrichshain direkt vor dem Saalbau entlang ziehen sollte.

Da habe ich, weil ich die Situation jetzt als einzigartig empfand, eine Notlüge gebraucht. Die große Pergola auf der Terrasse vor dem Restaurant war seit Jahren total verfault. Deshalb konnte niemals ein Gast auf der Terrasse einen Platz einnehmen oder bedient werden.

Mit ernster Miene informierte ich meine vorgesetzte Direktorin, dass ich einen Anruf vom Ministerium des Innern bekommen hätte. Es sei kurzfristig festgelegt worden, dass Walter Ulbricht den Festumzug von der Terrasse des Saalbaus von oben auf die Straße blickend verfolgen würde.

Hastig informierte sie ihre vorgesetzte Dienststelle der HO, und siehe da, die seit vielen Jahren heruntergekommene, verwahrloste Pergola auf der Terrasse wurde durchgehend in vier Tagen und drei Nächten eifrig von einem Handwerksbetrieb aus Sachsen wiederhergestellt. Niemand hatte gewagt, meine Botschaft zu überprüfen. In der Euphorie der Vorbereitungen hat keiner mitbekommen, dass es eine Lüge von mir war.

Ulbricht hat von den Weltfestspielen nichts mehr gesehen, jedoch der Saalbau hatte wieder eine gastfreundliche Terrasse. Unter dem Personal machte gleich ein Witz die Runde:

Als Ulbricht den Genossen Krenz gefragt haben soll, was wohl die Jugendspiele kosten würden, soll er nach der Antwort von Krenz, während der Spiele am 1. August 1973, tot umgefallen sein.

Auch im Saalbau wurde viel Geld verdient. Jeder Kellner hatte im Monat ca. 1000 Mark nur an Trinkgeldern. Das Personal an der Bar bedeutend mehr. Der reale Lohn der Angestellten lag bei 450 Mark brutto. Beim Trinkgeld wurde immer ein bisschen nachgeholfen. Unter den Serviererinnen gab es großartige Brieftaschen-Masseurinnen. Sie kassierten nach jeder bestellten Runde oder Lage oft immer gleich ab. Durch die großen Kellnerreviere keine unkorrekte Verhaltensweise. Bei jeder Rechnung ein schönes Trinkgeld. Im Osten gehörte es dazu, zum Servierpersonal sehr großzügig zu sein. Eine monatliche Wohnungswarmmiete wurde leicht mit dem Tages-Trinkgeld verdient. Ein Kellner gehörte zu den Bestverdienenden aller Berufsgruppen. Deshalb haben nach 1961 viele junge Menschen diesen Beruf erlernt. Leider auch Mitbürger, die gerade nicht dazu geeignet erschienen, und auch einige, die den Beruf durch Arroganz, Nachlässigkeit oder Betrügereien in Misskredit brachten. Von den Gästen wurden zu Recht der Schlendrian und die Arroganz des Servierpersonals in einigen Gaststätten kritisiert.

Im Saalbau ließen die Veranstalter Wertmarken für Getränke drucken und sind damit großzügig umgegangen. Nicht selten waren an den Einladungskarten der Gäste von den Betrieben Wertmarken in Höhe von 30 bis 50 Mark nur für Getränke! Ein halber Liter Bier kostete 1,36, ein doppelter Weinbrand 1,84 Mark. Eine Flasche Wein durchschnittlich 13,00 Mark. Sekt 21,50, Saft 0,80 und Mineralwasser 0,15 Mark.

Die Planerfüllungen ließen sich die volkseigenen Betriebe was kosten. Zum Beispiel standen alle Wohnungsverwaltungen der einzelnen Stadtbezirke von Ostberlin in den roten Zahlen.

Die Mietschulden gingen trotz geringster Mietpreise in die Millionen. Ich bezahlte für meine Neubauwohnung von 68 qm mit Bad und Balkon 36,80 Mark Miete, einschließlich Nebenkosten. Kaltes und warmes Wasser aus der Wand konnte man verbrauchen, soviel man wollte, es gab keine Wasserzähler für die Wohnungen.

Für die Heizkörper waren in allen Neubauwohnungen keine Absperrventile oder sonstige Regulierungen vorhanden. Bei Minusgraden im Winter war man gezwungen, zu Hause die Fenster immer wieder kurzzeitig zu öffnen, weil man sonst die Affenhitze in den Räumen nicht ertragen konnte. Viele Mieter haben ihre Miete trotzdem nicht bezahlt.
Ein grauhaariger Gerichtsvollzieher war nicht zu befürchten. Man drohte von der Wohnungsverwaltung, verwarnte den Säumigen und schaltete den Betrieb ein, wo der betreffende Mieter beschäftigt war, oft ohne Erfolg. Kein Mieter wurde wegen Mietschulden auf die Straße gesetzt. Wenn nun eine kommunale Wohnungsverwaltung (KWV) eines Stadtbezirks vor zwei Jahren viele Mietschuldner hatte und im vergangenen Jahr ein paar weniger, gab es reichlich Knaster vom Staat, zusätzlich für das Betriebsvergnügen. Die KWV wetteiferten untereinander um die geringste Schuldnerquote. Die Verwaltungen hatten insgesamt Tausende von Angestellten. Hausmeister und technisches Personal hauptsächlich aber Verwaltungsmitarbeiter. Außerdem gab es noch Prämien und Auszeichnungsgelder für die einzelnen Beschäftigten, die die Gäste meistens auch noch auf den Kopf schlugen. So war das in fast allen Betrieben. Es wurde gefeiert und geprostet, was das Zeug hielt. Mittelmäßigkeit war beim Trinken nicht angesagt.
Das Trinkverhalten war außergewöhnlich oder beispiellos. Der Pro-Kopf-Verbrauch bei Spirituosen war dreimal so hoch wie im Westen. Im Bierverbrauch lag die DDR an zweiter Stelle im Weltmaßstab. Das haben nicht nur wir im Saalbau zu spüren bekommen.
Jeder Bürger hatte in seinem Beruf einen Ehrentag. In der Gastronomie war es der „Tag der Mitarbeiter des Handels".
Zu jedem Ehrentag gab es große Festlichkeiten.
Es gab jede Menge Blechorden und haufenweise Ehrenzeichen. Massenweise schriftliche Anerkennungen, noch und noch Urkunden und Geldprämien. Jeder Ausgezeichnete war stolz.
Ich durfte mehrmals dazugehören.

Kalender der Ehrentage in der DDR

09.02. Tag der Werktätigen des Post- und Fernmeldewesens
11.02. Tag der Zivilverteidigung
16.02. Tag der Mitarbeiter des Handels
01.03. Tag der Nationalen Volksarmee
08.03. Internationaler Frauentag
23.03. Welttag der Meteorologie
27.03. Welttheatertag
07.04. Weltgesundheitstag
13.04. Tag des Metallarbeiters
18.04. Internationaler Denkmaltag
24.04. Internationaler Tag der Jugend
08.05. Weltrotkreuztag
08.05. Tag der Befreiung vom Hitlerfaschismus
10.05. Tag des freien Buches
16.05. Tag der Jugendbrigaden
17.05. Weltfernmeldetag
18.05. Internationaler Museumstag
01.06. Internationaler Tag des Kindes
08.06. Tag des Eisenbahners
08.06. Tag der Werktätigen des Verkehrswesens
12.06. Tag des Lehrers
15.06. Tag der Genossenschaftsbauern und Arbeiter der sozialistischen Land- und Forstwirtschaft
21.06. Tag der Werktätigen der Wasserwirtschaft
22.06. Tag des Bauarbeiters
01.07. Tag der Deutschen Volkspolizei
06.07. Tag des Bergmanns und des Energiearbeiters
01.09. Weltfriedenstag
20.09. Tag der Werktätigen des Bereiches der haus- und kommunalwirtschaftlichen Dienstleistungen
01.10. Weltmusiktag
13.10. Tag der Seeverkehrswirtschaft
18.10. Tag der Werktätigen der Leicht-, Lebensmittel- und Nahrungsgüterindustrie
07.11. Sieg der großen sozialistischen Oktoberrevolution
09.11. Tag des Chemiearbeiters
10.11. Weltjugendtag
16.11. Tag des Metallurgen
17.11. Internationaler Studententag
01.12. Tag der Grenztruppen der DDR
11.12. Tag des Gesundheitswesens
13.12. Pioniergeburtstag

Dazu kamen Brigadefeierlichkeiten, Hausgemeinschaftsfeste, Schuleinweihungen, Jugendweihen, Delegierungs-, Ein- und Ausstandsgelage, Weihnachtsfeiern, Plansilvester, Jahresabschlussfeiern.

Es feierten zum Beispiel 1000 Bäcker oder 1000 Fleischer ebenso viele Lehrer oder Taxifahrer. Auch damals noch Kohlenträger oder Ärzte, meist immer etwa 1000 Personen einer Gilde. Psychologiestudenten hätten Freude daran gehabt, das Verhalten der einzelnen Berufsgruppen beim Feiern zu studieren. Der Beginn einer Veranstaltung war höchst unterschiedlich honorig, das Ende durch die Wirkung des überreichlichen Alkoholgenusses meist gleich.

Der Frauentag war der 8. März eines jeden Jahres. Es gab viele Großbetriebe und Verwaltungen in Ostberlin, in denen Tausende Frauen arbeiteten. Sie konnten nicht alle gleichzeitig an einem Tag feiern. Deshalb war der gesamte Monat März jeden Jahres ausgebucht mit Frauentagsfeiern. Immer 1000 Frauen ohne Männer im Saal. Die Stimmung war grandios. Sie konnten feiern, und wie. Manch eine emanzipierte Frau, und davon gab es nicht wenige, die in der Produktion arbeitete, hätte leicht einen männlichen Büroangestellten, wenn er mitgefeiert hätte, ohne Gnade unter den Tisch geprostet.
Die Umsätze bei Getränken waren zuweilen höher als bei anderen Veranstaltungen.

Die Einweihungsfeier für den Palast der Republik wurde vorbereitet. Alle, die am Bau beteiligt waren, sollten am gleichen Tage feiern. Das waren viele Tausend. Solch einen großen Saal gab es nicht. Im Palast selbst, obwohl noch nicht offiziell eröffnet, die Feierlichkeiten für die oberen Tausend, die ihren Anteil an der Projektierung und Fertigstellung hatten.
Es blieben noch ein paar Tausend Bauarbeiter und Armeeangehörige, die geholfen hatten, sowie weitere Helfer übrig.
Dieser Personenkreis wurde auf verschiedene Großgaststätten verteilt und wir bekamen 800 Bauarbeiter davon ab.
Einige Wochen vorher wurde vom Veranstalter dazu ein Testessen mit vier Testtrinkern bei uns organisiert.
So etwas konnten sich nur die Funktionäre einfallen lassen.

Für die vier Personen wurden eine 0,7-Liter-Flasche Wodka und eine 0,7-Liter-Flasche Weinbrand auf dem Tisch bereitgestellt. Gratisbier in Halbliterlitergläsern durfte jeder Gast so viel bestellen, wie er wollte. Es gab ausgesuchte ein Kilo schwere Eisbeine mit Sauerkraut und Salzkartoffeln.
Die robusten „Testgäste", als Bauarbeiter verkleidet, haben es tatsächlich geschafft, in kurzer Zeit bei der Probe alles zu vertilgen, saßen am Tisch und taten so, als sei nichts geschehen. Das waren besonders stabile Genossen.
Nun kam die erwartete Veranstaltung: „Einweihung des Palastes der Republik". Es war im April 1976. Man hatte den Eindruck beim Empfang der Gäste, dass einige schon reichlich ausgelassen oder zumindest in animierter Stimmung waren. Am Rednerpult folgten die Lobgesänge eines Funktionärs auf das großartige, stolze Volk der Bauarbeiter der Deutschen Demokratischen Republik. Der Palast sei das größte Bauwerk aller Zeiten. Es gebe nichts Vergleichbares auf der ganzen Welt. *„Nur im Sozialismus sei ein so gigantisches Werk überhaupt möglich".* Kaum ein Bauarbeiter hörte zu. Sie wurden durch die lange Rede sehr unruhig, schielten nur auf die Schnapsflaschen und fieberten dem ersten Schluck entgegen. Endlich merkte das der Vortragende brach seine Rede ab und erhob das Glas, auf das die Arbeiter zum Anstoßen sehnlichst warteten. Anschließend begann das große Orchester mit Tanzmusik. Die Bauarbeiter tanzten nicht miteinander, Frauen waren keine anwesend. Sie fingen an zu trinken und kippten das Zeug so schnell es ging hinter die Kiemen. Die eingedeckten Flaschen mit Schnaps waren alle geleert, Bier in halben Litern floss weiter in Strömen. Es war abnorm mit anzusehen, wie das Bier gezapft wurde und die vielen Kellner flitzen mussten. Die Maßlosigkeit im Gratissaufen erreichte seinen miesesten Höhepunkt aller Zeiten. Zum Urinieren schafften es einige nicht mehr bis zu den Toiletten.
Drei Toilettenfrauen hatten unaufhörlich zu tun, das Erbrochene neben den Klosettbecken zu beseitigen.

Schließlich haben sich die betrunkenen Bauarbeiter gegenseitig die Souvenir-Bier-Gläser mit der eingebrannten Widmung vom Palast gestohlen, die sie am Eingang zur Begrüßung erhielten. Es kam, wie es kommen musste, es gab eine Massenschlägerei mit Tanzmusik. Ich rief die Polizei. Beim Eintreffen sagten sie mir, sie hätten vor Wochen schon Befehl bekommen, bei den Feierlichkeiten zum Palast nicht einzugreifen.
Es wurde eine besondere Ausnahmeregelung extra für diese Feier befohlen. Sie könnten nichts machen und zogen unverrichteter Dinge wieder ab. Als die Schlägereien sehr bedrohliche Formen annahmen, viele Gläser, Tische und Stühle zu Bruch gingen und die ersten Bauarbeiter schwer verletzt waren, rief ich das zweite Mal die Polizei und die Feuerwehr. Dann wurde mit Mannschaftswagen geräumt, die Verletzten abtransportiert und die Feier vorzeitig beendet.
Dieses Besäufnis lief nach Schilderungen meiner Kollegen aus den anderen Restaurants ähnlich ab. Im Palast selbst mussten die Schäden, die durch die Feier dort angerichtet wurden, Tag und Nacht beseitigt werden, sonst hätte man Erichs Lampenladen, wie er später genannt wurde, nicht pünktlich eröffnen können.
Im Saal befand sich auch eine Spielbude, wie man sie von Weihnachtsmärkten her kannte. Ein Stand, an dem man würfeln und auch Lose kaufen konnte. Er wurde von einem noch privaten Schausteller betrieben. Diese lustige, fröhliche Zillefigur nannten wir Puppen-Paule. Er hatte nach jeder Veranstaltung reichlich Schlagseite durch sein gefülltes Portemonnaie und mehr noch durch die größeren Mengen an Cognac-Infusionen. Seine Standmiete betrug lächerliche 30 Mark im Monat. Ein Los kostete 20 Pfennig, sein Verdienst war enorm. Paule besaß das Spielmonopol und arbeitete meist mit seiner Frau und noch einer oder zwei Mitarbeiterinnen.
Die Gäste standen in langen Reihen bei ihm an. Wenn sie in Stimmung waren, kauften sie gleich immer 50 oder 100 Lose oder würfelten, was das Zeug hergab.

Wenn nun einige Gäste schon 50 oder 60 Mark investiert hatten und nur eine Zahnbürste oder einen Radiergummi von ihren gewonnenen Losen trostlos in der Hand hielten, wurden manche Gäste ungemütlich. Der beschwipste Paule beschwichtigte sie, zeigte sich gut gelaunt und spendabel, schenkte ihnen einen kleinen Wackelhund für das Auto oder gab einen Schnaps aus. Die angetrunkenen Gäste waren wieder zufrieden. Nur die Nummern der Hauptgewinne waren immer noch nicht in seinen Lostöpfen drin. Die großartigen Püppchen und größere ausgestellte Sachwerte dienten lediglich als erfolgreiche Lockmittel.
Diese Los-Bude hatte auf das Ministerium für Staatssicherheit bei einer Veranstaltung große Anziehungskraft. Es feierte nämlich der Taubstummen- und Gehörlosen-Verband sein Vergnügen mit 1000 Gästen. Da auch Taubstumme aus der Tschechoslowakei, Polen, Westberlin und Westdeutschland angemeldet waren, ist man bei der Stasi äußerst misstrauisch geworden. Weil sich die Gäste nur in der Gebärdensprache verständigten, vermutete man, dass Klassenfeinde eventuell über manipulierte Lose kommunizieren könnten. Informationen in den Papierlosen. Sie beschlagnahmten argwöhnisch dem Puppen-Paule alle seine Lose vor Beginn der Taubstummen-Veranstaltung. Eine wahnwitzige, absurde Vorstellung. Trotz geheimster Mission blieb so etwas dem Personal nicht verborgen.

Im Saalbau arbeiteten etwa 60 Angestellte. Es gab wunderschöne, viele fröhliche Brigadeabende und die verschiedensten Ausflüge. Immer wurde viel gelacht, gescherzt und getanzt. Über Politik unterhielt man nicht untereinander.
Es gab Auswertungsfeiern, auf denen sich die Veranstalter für die gelungenen Veranstaltungen beim gesamten Kollektiv mit Getränken bedankten. Eine Veranstaltung für die Veranstaltung sozusagen. Wir tankten und prosteten reichlich als sozialistisches Gaststättenkollektiv.

Zum Feiern gab es für eine Brigade ständig einen Anlass.
Unter den Kollegen gab es freundschaftliche, kollegiale und hilfreiche Beziehungen. Einer half dem anderen, etwas zu besorgen. Man tauschte sich aus und hatte sich eingerichtet in der DDR. Jeder kannte jemanden, der entweder selbst etwas beschaffen konnte oder der wiederum einen Kollegen kannte, der helfen konnte. Auch nachbarschaftliche Hilfe im Wohnort spielte beim Organisieren von Konsumgütern eine nicht unwesentliche Rolle. Man half sich gegenseitig wo man konnte. Vieles, was zum täglichen Bedarf gehörte, war schwer zu beschaffen. Die Grundnahrungsmittel hingegen wurden vom Staat stets abgesichert. Essen und Getränke, vor allen Dingen Alkohol, waren immer und auch ausreichend vorhanden. Sehr preiswert. Eine sichtbare Kluft, Gräben zwischen Arm und Reich oder Neiddebatten gab es nicht. Eine Frau verdiente das gleiche Geld wie ein Mann. Keiner hungerte. Suppenküchen und Hilfsorganisationen für Obdachlose waren unbekannt.
Niemand brauchte um seinen Arbeitsplatz zu bangen (außer man stellte einen Ausreiseantrag). Arbeitslos zu sein, galt als asoziales Verhalten gegenüber der Gesellschaft und konnte nach § 249 des Strafgesetzbuches mit einer Freiheitsstrafe bis zu zwei Jahren oder mit Arbeitserziehungslager bestraft werden.
Man konnte es aushalten, wenn man keine politischen oder wirtschaftlichen Anforderungen stellte. Auch bereit war, den sichtbaren Verfall der Häuser und Straßen hinzunehmen.
Die katastrophale Umweltverschmutzung nicht zur Kenntnis nahm. Nicht reisen wollte und auch einverstanden damit war, auf ein Auto 15 Jahre und für einen Telefonanschluss bis zu 20 Jahre zu warten. Die Wartezeit für einen Telefonanschluss betrug zu dieser Zeit im Westen etwa drei Wochen.
Auf mein erstes Auto einen Trabant wartete ich 14 Jahre aber auf meinen Telefonanschluss nur 12 Jahre, weil ich das Glück hatte, drei Dringlichkeitsbescheinigungen von meinem Betrieb beim Telefon-Amt vorlegen zu können.

Inzwischen war ich 35 Jahre alt, und auch bei einem stellvertretenden Gaststättendirektor wurden keine Ausnahmen gemacht, ich wurde zur Nationalen Volksarmee einberufen.

Mit 31 Jahren wurde ich gemustert und durfte nun mit 35 Jahren als Reservist für ein halbes Jahr bei den Landstreitkräften dienen.

In Oranienburg bei Berlin stationiert standen uns eigenartige Ausbilder von 19 bis 21 Jahren gegenüber. Einige von ihnen sprachen so ein jämmerliches Deutsch, man hätte sich die Ohren zuhalten können: *„Wenn Sie die Kommandos nicht befolgen, werde ich Ihnen bestrafen!"*

Es waren meist Provinzler aus Sachsen mit einer dürftigen Schulbildung. Unter den Vorgesetzten war kein einziger Berliner.

In den regelmäßigen wöchentlichen politischen Schulungen wollten uns diese intelligenten Jungs erklären, dass die DDR unmittelbar vor einem Angriffskrieg stehe.

Der Westen wolle uns in allernächster Zeit überfallen und deshalb seien wir in dem Alter einberufen worden.

Damit man gerüstet sei, brauche man jetzt jeden Mann für die Besetzung der Waffen. Keiner von uns glaubte das. Das zu beobachtende politische Klima entsprach dem Gegenteil.

Kurz zuvor gab es nämlich die erste vorbereitende Konferenz über Sicherheit und Zusammenarbeit von Ost und West in Helsinki. Die jugendlichen Ausbilder plapperten nur das nach, was sie von ihren Politoffizieren aufschnappten. Es schien, als lebten diese Offiziere in einer anderen Welt.

Westfernsehen oder Westradio zu hören war unter ständiger Androhung von Zwangsmaßnahmen streng verboten. Unsere Ausbilder glaubten nur an das, was ihnen die Ost-Medien auftischten. Sie benutzten ein für uns ungewöhnliches Sprachvokabular, hatten ihre eigene Armeesprache. Außerdem musste jeder mit Genosse angesprochen werden: *„Sie sind Genosse Soldat." „Jawohl, Genosse Feldwebel"*, war die Antwort.

Für mich war die Armeezeit Himmel und Hölle zugleich.

In der Stube mit 12 Mann war der Zusammenhalt zunächst gut. Spätestens nach vier Wochen wusste man: Vorsicht war bei Gesprächen untereinander geboten. Man erkannte nicht gleich, wer vertrauenswürdig ist. Für zwei Tage Sonderurlaub hat manch einer seine Großmutter verraten.
Wir haben miterlebt, dass die jungen 1½-jährigen Wehrpflichtigen ungeahnte Erniedrigungen und Demütigungen erleben mussten. Diese gingen von den EKs, den Entlassungskandidaten aus. Wozu erwachsene Menschen fähig sind, haben wir zum ersten Male in der Kaserne erfahren müssen. Wer als zart besaitet oder als Schwuler zu erkennen war, musste grausame Spießruten laufen. Er wurde gehänselt, erniedrigt und auch vergewaltigt. Es gab mehrere schwere Straftaten unter den jungen Soldaten mit tödlichem Ausgang. Sie wurden von der Armeeführung den Angehörigen gegenüber stets als „Unfälle" deklariert.
Wie viele Soldaten sich wegen Folterungen der eigenen Zimmergenossen das Leben nahmen oder umgebracht wurden, ist unbekannt geblieben. In unserem Halbjahr war es einer der jungen Wehrpflichtigen, der sich wegen Drangsalierungen in der Kaserne erhängt hatte. Die Öffentlichkeit wurde niemals darüber informiert. Straftaten wurden immerhin verfolgt und die Straftäter landeten meist im Zuchthaus der Armee in Schwedt. Wie später bekannt, wurden aber die Wurzeln bis zur Auflösung der Volksarmee nicht beseitigt.
In unserem Reservisten-Kollektiv der „alten" 35-jährigen Soldaten ging man gemäßigter miteinander um.
Mein Spieß, ein Hauptfeldwebel, trank gern und reichlich.
Er lief ständig mit einer roten Nase und mit einer eigenen Fahne durchs Gelände. Als er durch die Unterlagen mitkriegte, dass ich aus dem Gastgewerbe kam, holte er mich in sein Schreibzimmer und sagte begeistert zu mir: *„Kneipier bist du, Genosse Soldat? Na, das ist ja stark!"*
„Jawohl, Genosse Hauptfeldwebel", antwortete ich in der Hoffnung, nicht noch mehr Fragen beantworten zu müssen.

Immer, wenn es möglich war, wollte er mehr über meine Arbeit erfahren. Das muss die Runde bei seinen trinkfreudigen Vorgesetzten gemacht haben. Ich wurde zu einem Gespräch zu einem Major bestellt. Dieser fragte mich, ob ich die Möglichkeit hätte, eine große Regimentsfeier in dem neu zu eröffnenden Klubhaus der Armee auf dem Gelände in Oranienburg zu organisieren. Eine Veranstaltung für alle Offiziere mit ihren Frauen. Dazu müsste ich aber die nötige Ausstattung, Tischdecken, Geschirr, Gläser, Bestecke usw. einschließlich der Dekoration besorgen. Das alles sei in dem neuen Klubhaus noch nicht vorhanden. Ich bejahte das und wir besprachen die Einzelheiten. Die gesamten Speisen für das kalte Büfett und sämtliche Getränke würde er beschaffen. Ich sollte aufschreiben, wie viel und was für 200 Personen, großzügig mit reichlich Reserven, alles benötigt würde.

Zur Vorbereitung wurde ich fünf Tage von der Ausbildung als „Mucker" (Landstreitkräfte) freigestellt. Fünf Tage brauchte ich nicht mit zumarschieren, fünf Tage nicht einbuddeln oder von 19-jährigen Jungs angeschrien werden. Eine kurze, aber traumhafte Zeit bei der Armee.

Ich habe dem Major einen umfangreichen „Maßnahmenplan zur Festveranstaltung - Eröffnung des Klubhauses" übergeben. Der war mehr als begeistert. Alles, was mit Maßnahmen zu tun hatte, gefiel ihm offensichtlich großartig. Maßnahmenpläne zu erarbeiten hatte ich ja schon fleißig bei der HO lernen dürfen. Darüber hinaus bestellte ich das gesamte Equipment, eine lange Liste von Ausrüstung, im Saalbau. Von Dekorationsmaterial über weiße Tafeltücher, Servietten, Geschirr und Gläser, Aschenbecher bis hin zu Stecknadeln wurde mir von meiner Arbeitsstelle kostenlos bereitgestellt. Mit einem Lkw und drei Soldaten holte ich die Ausstattung zwei Tage vor Beginn der Veranstaltung von der Gaststätte ab.

Ich durfte mir das Fachpersonal, 14 Soldaten aus anderen Kompanien aussuchen, die alle den Beruf eines Kochs oder Kellners erlernt hatten.

Sie standen mir zur Verfügung und wurden entsprechend vorbereitet. Alle Soldaten gaben sich außerordentliche Mühe. Jeder in der Hoffnung, durch hervorragende Arbeit ein paar Tage Sonderurlaub herausschlagen zu können. Die festliche Präsentation des kalten Büfetts mit glänzenden Schaustücken von Wild und Geflügel auf größeren Etageren und die vorbereiteten eingedeckten Tische für die Gäste waren musterhaft. Nicht nur die schmuckvoll gestalteten Tafeln, sondern auch die gestärkten, als Bischofsmützen gefalteten weißen Stoffservietten waren diesem Gästekreis bis dato wohl eher unbekannt. Auch die passenden Gläser zum entsprechenden Wein. Wir tranchierten die Schaustücke, versuchten die Hohe Schule der Gastronomie, wohl wissend, dass die meisten Offiziere eher befangen darauf reagieren würden. Sie waren auf eine solche klassische gastronomische Darbietung nicht vorbereitet oder hatten so etwas noch nie gesehen. Diese Feier muss auch auf den Bataillonskommandeur einen großartigen Eindruck gemacht haben. Es blieb nicht ohne positive Folgen für mich.
Nach der Feier stürzten sich meine Zimmergenossen auf die übrig gebliebenen Fressalien vom kalten Büfett und auf die alkoholischen Getränke, die ich ihnen von dem Fest mitbrachte. Für alle, die mitgewirkt hatten, gab es drei Tage Sonderurlaub.
Der Bataillonskommandeur schlug mich als Kellner für gastronomische Sonderaufgaben für das Offiziers-Kasino im Ministerium der Armee in Strausberg vor. Ich wurde zunächst für einige Tage dorthin abkommandiert und musste nach Hause fahren, um einen schwarzen Anzug, Schuhe, weiße Hemden und Krawatten zu holen. Ab sofort gehörte zu meiner Ausrüstung bei der Armee ein schwarzer Koffer mit diesem Dresscode. Ich brauchte nicht mehr in der stinkigen 12-Mann-Bude auf einer oberen Pritsche in Oranienburg zu nächtigen, sondern bekam als kleiner Soldat ein richtiges Federbett in einem Einzelzimmer des Offiziers-Ledigenheimes in Strausberg neben der Armeedienststelle.

Nach Dienstgraden getrennt gab es drei Abteilungen des Offizierskasinos in Straußberg. Ich hatte die oberen Ränge zu bedienen. Hier residierte und speiste auch der Minister für Verteidigung, Armeegeneral Heinz Hoffmann. Er trank gern und reichlich. Es war bekannt, dass er hart im Nehmen war, besonders wenn es um schöne Frauen und Wodka ging.
Nach einer Woche wurde ich informiert, dass der Verteidigungsminister Heinz Hoffmann, Polen besuchen und dort einen großen Empfang geben würde.
Mit anderen Köchen und Kellnern gehörte ich zum Vorauskommando.
Wir nahmen aus den Beständen des Ministeriums der Volksarmee alles mit, was wir für den Empfang brauchten.
Sämtliche Naturalien und das gesamte Equipment einschließlich Kühlkapazitäten. Im Konvoi mit drei großen Lkws und einem Bus ging es ab in Richtung Polen.
Wir hatten dort noch drei Tage Vorbereitungszeit, durften uns in der Ausgangsuniform der Armee in den Vormittagsstunden den polnischen Ort ansehen und uns frei bewegen.
Da diese feldgrauen Armee-Uniformen der DDR auffallend den Uniformen der ehemaligen Wehrmacht des Hitlerregimes ähnelten, wurden wir von der polnischen Bevölkerung in dem Ort laut beschimpft. Mein Kollege sogar angespuckt.
Wir bekamen daraufhin sofort Zivilerlaubnis.

Nach dem Bankett und allen Feierlichkeiten wieder Sonder-Urlaub und dann zurück nach Oranienburg.
Es dauerte nicht lange und ich wurde wieder abkommandiert. Diesmal sollte ich mit zwei weiteren Kellnern aus anderen Einheiten für Erich Honecker die Empfänge in den Unteroffiziersschulen vorbereiten, die er in dieser Zeit besuchte.
Mit meinem Sonderkoffer ohne Sturmgepäck und im schwarzen Anzug, wie befohlen, wurde ich im Pkw von der Armee zur ersten Unteroffiziersschule nach Neubrandenburg gefahren.

Als Erich Honecker den Raum betrat, kam er gleich auf mich zu, gab mir die Hand und begrüßte mich freundlich mit den Worten:
„Ach, das Ministerium ist ja auch wieder dabei!"
Obwohl er mich noch nicht kennen konnte.
Honecker hatte ich noch nie vorher gesehen oder bedient. Vermutlich meinte er das Ministerium für Staatssicherheit.
Er konnte nicht wissen, dass ich mit 35 Jahren im schwarzen Anzug nur ein kleiner Rekrut aus Oranienburg war. Auch die Versorgungsoffiziere kannten meinen Dienstgrad nicht.
Im schwarzen Anzug mit weißem Hemd und Krawatte und in dem Alter war ich für sie kein Soldat. Außerdem in Zivil mit einem Pkw der Armee mit Chauffeur angereist, für Erich Honecker. Der leitende Versorgungsoffizier nahm ohne zu zögern meine gastronomischen Anweisungen zum Ablauf entgegen. Einen Offizier lobte ich für seine Arbeit am kalten Büfett, bevor Honecker eintraf. Daraufhin salutierte er sofort. Erregt schlug er die Hacken zusammen, richtete seine Hand zur Stirn und sprach mit gebührendem Abstand die Worte:
„Ich diene der Deutschen Demokratischen Republik".
Eine militärische Ehrenbezeigung von einem Offizier gegenüber einem Soldaten. Das war schon mehr als skurril. Es war ein innerer Vorbeimarsch für mich.
Einmal passierte es, dass ich versehentlich aus Oranienburg zu spät nach Schwerin zu einem Empfang Honeckers geschickt wurde. Man hatte den vorgesehenen Termin für mich zur Abkommandierung in Oranienburg einfach verschlafen. Das hatte offenkundig, wie ich später vom Spieß erfuhr, Ärger für den Politoffizier gebracht. Dort angekommen war ein kurzer Empfang Erich Honeckers bereits beendet. Meinem Chauffeur sagte ich, er solle mich nicht wieder in die Einheit nach Oranienburg zurückfahren, sondern nach Hause zu mir nach Berlin-Lichtenberg. Ich war der Annahme, in Oranienburg rechneten sie erst am nächsten Tag, wie es meist üblich war, mit meiner Rückkehr. Da hatte ich mich aber gründlich geirrt.

Abends zog ich um die Häuser, nahm einen zur Brust und besuchte meine Freunde. In der Nacht zu Hause angekommen, war meine Wohnungstür aufgebrochen. Die Feldjäger der Armee hatten mich schon gesucht und mithilfe der Polizei meine Wohnungstür geöffnet und die Wohnung durchsucht. Dabei waren sie nicht zimperlich vorgegangen.
Als ich am nächsten Tag in Oranienburg in die Einheit zurückkam, bekam ich einen Sonderempfang. Sie sperrten mich sofort in eine Arrestzelle. Ein kleiner, dunkler Raum im Keller nur mit einer kahlen Pritsche. Zum Verhör wurde ich wie ein Gefangener dem Politoffizier vorgeführt. Der konnte sich nicht vorstellen, dass ich nur um die Häuser gezogen bin und Freunde besuchte.
Er brüllte mich an: *„Wo waren sie? Hier haben Sie Papier. Sie schreiben jetzt jede Minute auf, wo Sie gestern waren."* Als er sich beruhigt hatte, sagte er mir: *„Die Armee hatte bereits eine Republikfahndung eingeleitet. Diese Republikfahndung kostet die Armee 17.000 Mark!"*
Ich antwortete ganz gedämpft: *„Der Preis kommt mit sehr hoch vor. Wurde diese Summe schon einmal geprüft oder nachkalkuliert?"* Da sprang er aus dem Häuschen, er flippte total aus. Er tobte und schrie mich an*: „Was bilden sie sich ein, wissen Sie überhaupt, wer Sie sind? Sie bekommen jetzt fünf Tage Bau, ich kann sie auch im Bunker schmoren lassen, bis ihnen das Wasser im Arsch kocht!"*
Nach zwei Tagen musste man mich aus dem Bunker wieder hervorholen. Man konnte nichts machen, ich wurde erneut vom Ministerium für Nationale Verteidigung angefordert.
Da halfen keine Maßnahmen in Oranienburg. Plötzlich war der gleiche Politoffizier wie verwandelt, er war auffallend höflich zu mir. Mit einem Jeep der Armee und mit meinem schwarzen Koffer ging es wieder ab zum Verteidigungsminister.
Diese „Maßnahme" wurde eine große Lachnummer in der ganzen Kompanie. Meine Stubenkameraden amüsierten sich köstlich über dieses Theaterstück von der Armee.

Als das halbe Jahr zu Ende war, wurde ich wegen dieser angeblichen Republikfahndung zur Strafe nicht wie alle anderen zum Gefreiten befördert, obwohl ich als Richtschütze auf einem Schützenpanzerwagen ausgebildet war und gute Schießergebnisse aufzuweisen hatte.

Bei der Beförderungsprozedur mussten alle Soldaten drei Schritte vortreten, nur ich musste stehen bleiben. Die Missachtung brauchte ein Bild. Das störte mich überhaupt nicht. Hatte ich doch ein wesentlich besseres halbes Jahr als andere Soldaten erlebt und viel gelernt, wie man mit Mitmenschen umgeht. Auch, dass manche Soldaten aus der eigenen Stube für einen Tag Sonderurlaub ihre Kameraden verrieten.

Über das alles, was ich bei der Armee erlebte, wollte ich meiner alten Mutter bei Kaffee und Kuchen im Garten berichten. Aber seit der Grenzschließung 1961 brauchte jeder, der ein Grundstück in der 500-Meter-Sperrzone vor der Mauer zu Westberlin besaß, einen Passierschein für sein eigenes Grundstück. Das war in Späthsfelde auch so. Als ich diesen vor Wochen beantragten Schein von der Polizei abholen wollte, wurde er mir verweigert. Ich wollte wissen warum.

„Wir sind ihnen keine Rechenschaft schuldig!" Das war die einzige Antwort der Polizei. Zu gern hätte ich gewusst, warum man mir diesen Passierschein verweigerte. Habe es einfach nicht in Erfahrung bringen können. Vermutlich hat das Vorkommnis bei der Armee eine Rolle gespielt.

Inzwischen war mein Onkel Erich in Westberlin verstorben. Ich erhielt keine Erlaubnis, nach Westberlin zu fahren. Durfte an der Beerdigung nicht teilnehmen. Das stimmte mich erst traurig, und nach dem Tag der Beisetzung war ich über diese Entscheidung erbost. Meine politische Haltung hatte sich inzwischen gefestigt. Ich zweifelte immer häufiger an der Richtigkeit dieser Politik und an der angeblichen sozialistischen Arbeiter- und Bauernmacht, die weder ein Arbeiter noch ein Bauer, infrage stellen durfte.

In der schwulen Bar der roten Hilde, im Burgfrieden, habe ich meinen Freund Peter kennengelernt. Er war wie ich 36 Jahre alt und bereits Oberarzt des Krankenhauses Prenzlauer Berg. Hepatitis-Spezialist und Einstellungsarzt, Vertragsarzt bei der Volkspolizei. Wir verstanden uns sehr gut. Beide hatten wir keine familiären Bindungen. Abwechselnd schliefen wir in unseren Wohnungen, mal bei ihm, mal bei mir. Öfter philosophierten und debattierten wir bis zu mitternächtlicher Stunde über die desaströsen Zustände in der DDR. Über Größenwahn, Dilettantismus und Unvermögen der Parteioberen, die den Tatsachen einfach nicht ins Auge sahen oder sehen wollten. Zeigten einige sogar paranoide Symptome?
Wir konnten beide Beispiele aus dem gesellschaftlichen Leben benennen, die diese These zumindest hätten vermuten lassen. Darüber hinaus wurden elementare Grundrechte den Menschen verwehrt, Systemkritiker ohne ordentliche, faire Gerichtsverfahren in die Gefängnisse gesteckt.
Der Wunsch von Peter bestand genau wie bei mir darin, im Beruf selbstständig zu sein. Beide gingen wir in unserer fachlichen Tätigkeit auf, er schwärmte von einer eigenen Arztpraxis und ich von einem eigenen Restaurant.
Wir hatten gemeinsame Interessen und Hobbys, dazu gehörten Geschichte, Architektur und klassische Musik. Regelmäßig sind wir zusammen in den Urlaub gefahren und besuchten Opern- und Theaterpremieren.

Mein Freund erzählte zu Hause von den Ereignissen im Krankenhaus Prenzlauer Berg. Davon, dass unfähige junge Ärzte, nur der Partei zugehörig, sich in der Klinik aufspielten.
Fehler, die er ihnen nachwies, wurden unter den Teppich gekehrt. Wenn er dazu Kritik übte, wurde er freundlich vom Chefarzt zurückgepfiffen. Von einem jüngeren Parteiarzt wurde er als Oberarzt in Gegenwart des Chefarztes gerügt, weil er angeblich für ältere Patienten zu viele Westmedikamente angewendet hatte.

Der Chefarzt, der Peter Schöpke in der jüngsten Vergangenheit als ausgezeichneten Operateur bezeichnet hatte, sagte dazu kein Wort.
Die Hierarchie der Ärzte versuchte man von den Parteigenossen auf den Kopf zu stellen. Parteiärzte haben trotz unkorrekter oder fehlerhafter Diagnose recht bekommen. Das machte meinem Freund zu schaffen, und damit wollte er nicht leben.
Schöpke hatte als Hepatitis-Spezialist schon einzelne fachliche Publikationen veröffentlicht, die internationale Aufmerksamkeit und Anerkennung auf Ärztekongressen hervorriefen.
Er war stets nachdenklich, weil ihm als nicht parteizugehörigem Oberarzt die Hände gebunden waren.
Vom Charakter eher feinfühlig, auch ein wenig sensibel. Von den Patienten wurde er deshalb besonders gemocht, auch weil er äußerst einfühlsam war und auf die Sorgen der Patienten einging. Er war der Meinung, dass die Psyche eines Menschen für die Krankheitsvorgeschichte von großer Bedeutung ist, einen bedeutenden Einfluss auf die Therapie und auf die Genesung hat, aber in der Schulmedizin in der Ausbildung noch zu wenig Berücksichtigung findet.

Eines Abends, es war ein trüber Novembertag, etwa gegen 19 Uhr rief mich mein Freund Peter zu Hause an und sagte mir, er befinde sich in Westberlin, ich solle mir bitte keine Sorgen machen. Zunächst dachte ich, es wäre ein Scherz und bat ihn, nach Hause zu kommen. Als er zweimal bestätigte, dass es die Wahrheit war, ist mir heiß und kalt geworden. Ich war sprachlos und wusste nicht, was ich dazu sagen sollte. In der Realität kann ich die Verfassung, die Stimmung, in der ich mich befand, hier nicht mehr exakt wiedergeben. Stimmte das wirklich? Als ich den Telefonhörer auflegte, ist mir noch in Erinnerung, dass mir der Schweiß auf der Stirn stand. Ich war niedergeschmettert und konnte keinen klaren Gedanken mehr fassen. Das Gespräch war nur kurz. Er war fest überzeugt, dass unser Telefon abgehört wurde. Richtige Überlegung.

Zwei Tage später wurde ich nämlich von der Polizei abgeholt. Man brachte mich in das Polizeipräsidium am Alexanderplatz. Ich wurde wie ein Verbrecher behandelt.
Eine Gittertür wurde auf- und nach mir wieder zugeschlossen. Dann eskortiert von zwei Polizisten rechts und links den langen dunklen Flur entlang. Das nächste schwere Metallgitter aufgeschlossen und nach mir so kräftig zugeschlagen und verschlossen, dass es dem hohen Gebäude laut schepperte.
Das wurde vermutlich mit Absicht getan, um beim vermeintlichen Delinquenten schon eine demoralisierende Wirkung zu erreichen. An der Tür des Raumes, in den ich hineingeführt wurde, hing draußen ein Schild: „Vernehmung - nicht stören". In dem Raum saßen vier jüngere Vernehmer in Zivil aus Sachsen. Ich sollte ohne Umschweife sagen, wie Dr. Schöpke die Republik verlassen hatte. Sie könnten es mir einfach machen, wenn ich wollte, aber auch gleich besonders schwer. Das hätte ich ab jetzt selbst in der der Hand.
„Ich weiß es nicht, wie Doktor Schöpke die Republik verlassen hat, das ist alles, was ich zu sagen habe."
Sie behaupteten, sie wüssten es aber besser. Jetzt kamen jede Menge Fragen: *„Wo und wann haben Sie den Doktor kennengelernt, seit wann leben sie zusammen"? „Führten sie eine gemeinsame Haushaltskasse?"* Verächtlich fragte er mich: *„Sie sind beides schwule Homosexuelle, nicht wahr?"* Was sollte das? Wollte er durch „schwule" das Wort „Homosexuelle" noch bedeutungsvoller negativ besetzen? Sarkastisch, mit einem ironischen Grinsen im Gesicht und ehrverletzend meinte ein anderer: *„Verbrachten sie ihre Nächte immer liebevoll zusammen in einem Bett? Wo haben sie immer geschlafen, in Lichtenberg oder beim Doktor?"* Durch diese herablassenden Bemerkungen fühlte ich mich gedemütigt und gekränkt.
Die Zeit verging nicht. Zwei von den vier Vernehmern stellten indiskrete Fragen zu unserer Beziehung, dazwischen im ursächsischen Dialekt: *„Wir sind überzeugt, dass Sie genau wissen, wie Schöpke aus der Republik weggemacht hat."*

Das ging über einige Stunden. Mal sprach der eine im ruhigen Ton, mal rastete ein anderer total aus und brüllte mich an: *„Sagen Sie jetzt, verdammt noch mal, wie ist er rübergekommen?"* Nach sechs Stunden des Verhörs endlich das Ende mit einer entsetzlichen Botschaft für mich:
„So, jetzt passen Sie mal auf, was wir ihnen zum Schluss zu sagen haben. Wir lassen Sie jetzt noch mal gehen, aber Sie können sicher sein, wir holen ihren Herrn Doktor aus Westberlin zurück, ob tot oder lebendig! Das dürfen Sie ruhig ausrichten, wenn er Sie wieder anruft!"
Innerlich zitterte ich, wollte mir aber auf keinen Fall etwas anmerken lassen. Nur mit Mühe konnte ich wenigstens meine Tränen ersticken.
Auf der Fahrt nach Hause gingen mir fürchterliche Gedanken durch den Kopf. Hoffentlich würden sie Peter keine Gewalt antun. Nie habe ich in Erfahrung bringen können, wie mein Freund über die Grenze gekommen ist. Vermutlich gab es für ihn eine blitzartige Gelegenheit. Ohne eine Vorbereitung nutzte er diesen Augenblick. Er hatte innerlich schon längst mit dem System gebrochen.
Mein Freund ist in Westberlin aus ungeklärten, mysteriösen Gründen auf der Königsallee im Grunewald, in der Nacht vom 7. zum 8.12.1976 durch einen Frontalzusammenstoß mit einem anderen PKW tragisch ums Leben gekommen. Er starb auf dem Weg ins Krankenhaus. Es konnte von der Polizei nicht geklärt werden, wie der Unfall zustande kam. Diese Informationen bekam ich von einer ehemaligen Kollegin, die als Rentnerin nach Westberlin fahren durfte und einen Artikel hierzu aus der Berliner Morgenpost mitbrachte. Der Name Dr. Peter Schöpke, ehemaliger Oberarzt des Krankenhauses Prenzlauer Berg, wurde dabei öffentlich erwähnt.
Noch heute denke ich an die vielen schönen gemeinsamen Stunden. Er war der Sonnenschein in meinem Leben.
Wenn wir auch keinen Kontakt mehr pflegen konnten, war es für mich ein tief greifender, ein überaus schmerzlicher Verlust.

Kurz zurück zum Saalbau.
Ich musste internatsmäßig noch einmal einen Lehrgang zur Weiterbildung für leitende Mitarbeiter in der Akademie des Handels in Potsdam besuchen. Wir sagten dazu: „Lehrgang mit Rotlichtbestrahlung." In den politischen Seminaren äußerten wir das, was der Seminarleiter oder der Lektor von uns hören wollte. Immer treffende Antworten aus der SED-Propaganda-Kiste. Man sprach gekonnt mit gespaltener Zunge. Es wurden fortwährend von den Doktoranden und von uns Studierenden wie selbstverständlich potemkinsche Dörfer beschrieben. Immer schön staatstreu und systemkonform. Einer hat den anderen in die Tasche gelogen und die meisten wussten das.
Eines Tages erklärte der Schulleiter zu unserer Überraschung: *„Bitte ziehen Sie in ihren Abschlussarbeiten nicht mehr so große rote Fahnen hoch. Ich bin der Meinung, kleine rote Wimpel sind der Zeit angemessener."*
Er sprach gekonnt durch die Blume, jeder verstand das.
Nach einem Studium fiel einmal eine schriftliche Prüfung vollständig ins Wasser. Der Grund war, dass wir nach den Schriften des Wirtschaftswissenschaftlers und Politökonomen Fred Oelßner unterrichtet wurden. Dieser war ein ehemaliges Mitglied des Politbüros des Zentralkomitees der SED. Nachdem er durch Kritik bei Walter Ulbricht in Ungnade fiel, wurde er später durch seine Selbstkritik wieder rehabilitiert. Seine Schriften sollten trotzdem plötzlich nicht mehr weiter Anwendung finden. Nun sollten wir die umfangreichen Pamphlete und die Beschlüsse des Parteitages für unser Studium zugrunde legen. Dort standen die Probleme der DDR-Wirtschaft im Mittelpunkt. Durch den Beschluss zur „Einheit von Wirtschafts-und Sozialpolitik" sollte das materielle und kulturelle Lebensniveau der Menschen erhöht werden.
Gastronomische Themen oder Konzepte spielten immer eine völlig unbedeutende, belanglose Nebenrolle.
Prüfungen hierzu gab es keine.

„Haus des Lehrers & Kongresshalle" Berlin

In der Mitte das Haus des Lehrers, rechts daneben die Kongresshalle

Das Haus des Lehrers und die Kongresshalle gehörten zusammen. Es gab die verschiedensten gastronomischen Einrichtungen im Lehrerhaus, die auch für die Öffentlichkeit zugänglich waren. Im 1. Stock ein Café, im 2. ein Speiserestaurant, im 7. eine Theaterbar, im 8. die Kantine für die Lehrer und Angestellten und im 12. Stock eine Nachtbar. Dazu die Kongresshalle. Eine völlig andere Atmosphäre als im Saalbau. Hier spielte nicht der geforderte Umsatz eine Rolle, sondern mehr die Qualität der Gastronomie. Das lag daran, dass der HO hier nur die Bewirtschaftung oblag und Hausherr das Ministerium für Volksbildung war. Damit war Frau Margot Honecker Schirmherrin als Ministerin für Volksbildung.

Der Direktor der HO, der die Gesamtleitung für die Gastronomie im Haus des Lehrers und der Kongresshalle hatte, kannte mich durch die Parteitagsversorgung im Saalbau und warb mich von dort ab. Ich bekam einen Vertrag als gastronomischer Leiter und stellvertretender Gaststätten-Direktor.

Die Veranstaltungen hatten hier ein anderes Niveau und mit dem Massencharakter des Saalbau Friedrichshain nichts zu tun. Es durfte nicht jeder Betrieb ein Vergnügen durchführen. Der Saal kostete einen Veranstalter für einen Tag 6000 Mark Miete und dazu noch alle Personal- und Nebenkosten. Außerdem bestimmte ein ausgewählter Personenkreis, wer diesen Saal nutzen durfte.

Erich Honecker selbst hatte das ehemals für Walter Ulbricht eingerichtete Zimmer in der Kongresshalle im ersten Stock hinter der Bühne bei seinen Besuchen zur Verfügung. Die Ausstattung des etwa 30 qm großen Raumes soll eine Unmenge Devisen verschlungen haben, bequem und außerordentlich luxuriös für einen sehr kleinen Personenkreis. An der Wand hing ein großer, dicker, hellgrauer handgewebter Teppich mit dem Bildnis Lenins. In den angefertigten Schrankwänden aus Edelholz waren die besten elektrischen Küchenmaschinen, Kühleinrichtungen und Bar-Geräte aus dem Westen eingebaut, die man für eine erstklassige Gastronomie benötigte.

Es waren nur wenige vom Personal, die diesen Raum überhaupt betreten durften. Mir wurde die Berechtigung erteilt.

Vor dem Raum Sicherheitsschleusen, einige Räume der Staatssicherheit.

Anlässlich des „Weltkongresses der Frauen" im Jahr 1975 gab es ein Gespräch zwischen Margot Honecker und Angela Davis in diesem Zimmer. Angela Davis war eine bekannte kommunistische amerikanische Bürgerrechtlerin. Als gastronomischer Leiter bekam ich den Auftrag, sie beide zu bedienen.

Frau Honecker schwärmte von der DDR. Sie stellte die Republik als die einzig wahre Gesellschaftsordnung dar. Dabei erwähnte sie auch die außerordentlichen sozialistischen Errungenschaften mit der Schülerspeisung in den Schulen.

Ich zitiere Margot Honecker: *„Die Kinder in den Schulen der Deutschen Demokratischen Republik können sich die kostenlosen Speisen nach einer Speisekarte selbst aussuchen!"*

Es war schlicht die Unwahrheit.

Möglicherweise glaubte sie selbst daran? Hatte man ihr Theater vorgespielt? Potemkinsche Dörfer? Ich wusste es nicht.
Ich wusste nur, dass es nicht selten Beschwerden und harsche Kritik zur Schülerspeisung gab. Die Großgaststätten, wie auch der Saalbau, haben Tausende von Portionen Schüleressen neben ihrer eigentlichen Aufgabe kochen müssen. Obwohl sie längst mit ihren Verpflichtungen im Haus ihre Kapazitätsgrenzen erreicht hatten. Eine ständig weitere Belastung ging zweifelsfrei zulasten der Qualität. Darauf wurde immer wieder von den Küchenchefs hingewiesen. Ohne Erfolg. Es gab auch Probleme wegen nicht ausreichender und teilweiser defekter Thermophore und immer wieder Transportschwierigkeiten. Diverse Maßnahmen des Magistrates von Berlin sollten eine Verbesserung herbeiführen. Ehrenamtliche Kommissionen kümmerten sich darum, die Schulspeisung zu verbessern.
Man versuchte es zum Schluss mit der Einführung von Qualitätspässen und täglichen telefonischen Rapporten bis zum Magistrat bei Qualitätsabweichungen.

Es gab viele internationale Großveranstaltungen, Empfänge und Staatsbanketts in der Kongresshalle. Als der Küchenchef bei einer Absprache für ein kaltes Büfett dem Veranstalter sagte, er könne die besonderen extravaganten Wünsche zum kalten Büfett mangels Rohstoffe leider nicht erfüllen, gab es, als ich das erste Mal bei der Absprache dabei war, für mich eine totale Überraschung. Der Veranstalter meinte:
„Das sind überhaupt keine Probleme. Schreiben Sie bitte alles auf, was sie an Ware benötigen, unser Kraftfahrer fährt zum Bahnhof Zoo nach Westberlin und holt alle Produkte von dort ab." Innerlich schüttelte ich nur mit dem Kopf. Ist das möglich? Was habe ich alles getan, um an Ware heranzukommen? Trotz Mauer und akuter Versorgungsmängel, für gewisse Personen wurden alle Spezialitäten ohne Mühe herangeschafft. Man konnte Räucheraal, Lachs, Austern und Kaviar schlemmen. Kein Gast fragte, woher die Produkte stammen.

Ein Stammgast des Hauses war der erste Sekretär der Bezirksleitung der SED, Konrad Naumann. Maßte er sich mehr Machtbefugnisse an als der Oberbürgermeister? Seine ausschweifenden und genusssüchtigen Nachtmahle waren unter den Angestellten bestens bekannt.

Wenn er einmal ohne Anmeldung unverhofft ins Haus kam, ging gleich ein Raunen durch die Etagen. *„Naumann ist im Haus! Hast du gehört, Naumann!"* Die Läufer der Staatssicherheit schwirrten rasend schnell, wie aufgescheuchte Vögel auseinander, alle an ihre einst zugewiesenen Plätze in den Etagen. Naumann empfanden alle als den obersten, kompromisslosen Befehlshaber der Hauptstadt. Er feierte so lange, wie er lustig war, und so ausgiebig, wie er wollte. Es gab keine einzige Einschränkung für den besonderen Genossen. Natürlich bezahlte das alles die Partei. Ihn interessierte keine gesetzlich vorgeschriebene Polizeistunde. Alle Leiter und Stellvertreter, Sicherheitspersonal und Küchenmitarbeiter mussten die ganze Nacht immer im Hause bleiben bis Naumann sich morgens, reichlich betrunken, verabschiedete.

Als er sich wieder einmal ankündigte, sagte mir die zuständige Serviererin, die Parteigenossin war: *„Ich stehe für den Genossen Naumann nicht mehr zur Verfügung. Bitte nehmen sie mich aus dem Dienstplan für Naumann."*

Ich habe nicht schlecht gestaunt und wollte wissen warum. *„Ich kann ihn nicht mehr bedienen. Wenn er betrunken ist, wird er äußerst unangenehm, anzüglich und fasst mir immer unter den Rock. Das habe ich meinem Mann erzählt, und der sagte, du bedienst ihn nicht mehr, und wenn es tausendmal der Konrad Naumann ist!"*

Naumann bestand immer auf dieser einen Serviererin, und ich war für die Diensteinteilung des Servierpersonals verantwortlich. Ich meinte zu ihr: „Wenn Sie gesundheitlich ein Unwohlsein spüren, lassen Sie sich doch krankschreiben."

Sie verstand meine bedenkliche Lage und folgte meinem Rat. So kamen sie und ich erst einmal aus dieser Nummer heraus.

Nach dem Vietnamkrieg 1976 kam es zur Wiedervereinigung von Nord- und Südvietnam. Es gab eine Siegesfeier der Vietnamesen in der Kongresshalle. Dazu wurden alle akkreditierten konsularischen Vertretungen und Botschaften in die Kongresshalle eingeladen. Es gab ein Stehbankett für 500 Personen. Die gastronomische Leitung wurde mir übertragen.
Was könnte man tun, um die Vietnamesen zu begeistern?
Da kam mir der Gedanke. Ich habe eine große rechteckige Tafel zusammenstellen lassen und die Konturen eines Sterns in die Mitte des weißen Tafeltuchs gezogen. Dann wurden Gläser mit goldenem Wein gefüllt und ähnlich eines Sterns in die Mitte gestellt. Rings darum alle mit Rotwein gefüllten Gläser. Diese große Weintafel wurde von oben mit Scheinwerfern beleuchtet und der Raum etwas abgedunkelt.
Der Wein funkelte in den Gläsern.

Nach der Ansprache des vietnamesischen Gastgebers hatte jeder der 500 Gäste nun zumindest symbolisch aus diesem Anlass Teilhabe an der vietnamesischen Fahne. Ich wusste, dass die Gastgeber, genau wie auch die Chinesen und Russen, auf politische, symbolträchtige Einlagen emotional reagierten. Der freudetrunkene vietnamesische Botschafter war begeistert und lud mich nach Vietnam ein, um dort ein großes Bankett zu organisieren. Leider wurde diese Einladung nie realisiert.
Auch der Leiter der Ständigen Vertretung der Bundesrepublik Deutschland, Herr Günter Gaus, war bei dieser Feier anwesend. Wie gern hätte ich ihn angesprochen, ob er mir nicht bei einer Ausreise helfen könnte. Das war Illusion. Wie meine Mitarbeiter wurde ich auf Schritt und Tritt beobachtet.
Es wimmelte von bezahlten Spezis und Schnüfflern. Ein paar Tage im Voraus des Festes wurde mir und meinen Mitarbeitern ausdrücklich ein Gespräch mit westlichen Gästen verboten. Es galt als eine illegale, feindliche Verbindungsaufnahme mit Konsequenzen.

Das Haus des Lehrers und die Kongresshalle waren verwanzt. Die Telefone angezapft. Es gab kaum einen Ort im Haus, wo man nicht abgehört wurde. In den Gaststätten, in denen ich vorher tätig war, hielten sich die „Beschützer" versteckt auf. Hier gaben sich die meisten „Dienstleister" der Partei offen zu erkennen.

Der für mich beauftragte Lauscher wurde mir sogar vorgestellt. Er hieß wie ich Wolfgang. Er war mindestens die Hälfte seiner Arbeitszeit dort, wo ich mich aufhielt, auch bei mir im Büro. Wir duzten uns, ich hatte nichts zu verbergen. Dennoch fand ich diese Beschattung ein ziemlich finsteres Unterfangen. Ich weiß bis heute nicht, ob er wirklich Wolfgang hieß.

Die Belege und Aufzeichnungen von mir, die sich ausschließlich mit der Vorbereitung und Durchführung von Veranstaltungen befassten, fand ich ab und zu morgens nicht mehr geordnet in meinem Schreibtisch, sondern durchstöbert vor. Selbst Bestuhlungs- und Dienstpläne wurden durcheinandergebracht. Was suchten sie nur?

Nun kam das, womit ich schon gerechnet hatte: Ob ich bereit wäre, in die Sozialistischen Einheitspartei Deutschlands einzutreten. Als leitender Mitarbeiter eines solchen Hauses sei das Parteibuch eine selbstverständliche Pflicht. Es gab zwei Aussprachen. Ich blieb beim Nein. Wenn man nicht bereit sei, in die Partei einzutreten, könne man auch nicht bereit sein, die Beschlüsse der Partei und Regierung umzusetzen. Nur diese seien aber überhaupt die Grundlage für meine Arbeit in der Gastronomie. Ich blieb bei meinem nein. *„Ich habe meine Gründe, über die ich nicht sprechen möchte."*

Jetzt konnte ich auch das Misstrauen verstehen. Wer nicht für uns ist, muss gegen uns sein. Das hat niemand geäußert, aber die Leitungsfunktionäre, die alle parteizugehörig waren, verhielten sich so mir gegenüber. Es gab einige Leitungsberatungen, wo meine Teilnahme nicht erwünscht war. In ihren Augen gehörte ich nicht zu ihnen, es gab immer nur ein Schwarz-Weiß-Denken. Dazwischen war kein Platz vorgesehen.

Eine äußerst unangenehme Begegnung werde ich nie aus dem Gedächtnis löschen. *„Du musst heute noch um 14 Uhr zu einem Gespräch zum Lothar nach oben in den achten Stock",* sagte Stasi-Wolfgang um 10 Uhr zu mir. Lothar war ein gefürchteter Stasi-Offizier, selbst unter seinen Genossen. Er war der Kommandeur des Abhörkommandos. Sein Dienstgrad war mir unbekannt. Er hielt sich oft im Zimmer des Hauptdirektors vom Haus des Lehrers, der vom Ministerium für Volksbildung eingesetzt war, auf. Die ältere, angenehme Sekretärin empfing mich im Vorzimmer mit den Worten: *„Bleiben Sie nur ruhig, es wird schon nicht so schlimm werden."*
„Ich weiß nicht, was der Genosse von mir will, ich habe mit dem Mann nichts zu tun. Er ist weder mein Vorgesetzter noch mir weisungsbefugt", erwiderte ich.
Nach etwa zehn Minuten Wartezeit durfte ich hineingehen. Im Zimmer der Hauptdirektor von der Volksbildung und dieser „Lothar". Ein schmaler, großer, etwa 30-jähriger dunkelblonder Typ. Markantes Gesicht mit tief liegenden, kalten Augen. Seine Sitzposition könnte ich noch heute aus dem Gedächtnis malen lassen. Süffisant flegelte er sich im Sessel. Die Beine von sich gestreckt. Er trug eine schwarze Lederjacke und ein dunkelblaues Oberhemd mit einer losen Krawatte. Eine dunkle Hose mit braunen Schuhen. Sein Pistolenhalfter konnte man deutlich durch seine offene Lederjacke sehen. Auch ein Blinder hätte gemerkt, dass er angetrunken war. Er stellte sich nicht vor und bot mir auch keine Sitzgelegenheit an. Es hätte nur noch gefehlt, das es an seiner Waffe rumgespielt hätte.
„Stellen Sie sich mal hier hin", sagte er im Befehlston zu mir. Ich stand als gastronomischer Leiter wehrlos vor dieser unkultivierten Person. Der Hauptdirektor von der Volksbildung saß daneben und schwieg. Jetzt dieser „Lothar" mit einer gehörigen Portion Zynismus: *„Nun erzählen Sie mir mal, was ihnen bei uns nicht passt. Sie können mir alles erzählen. Mir wurde berichtet, dass Sie staatlichen Organen gegenüber eine spitze Zunge haben? Stimmt das?*

Lassen sie sich auch zu negativen Äußerungen gegenüber unserer Deutschen Demokratischen Republik hinreißen? Passt das? Wissen Sie überhaupt, w o Sie hier sind, und w o sie hier arbeiten? - Antworten Sie!"
Von mir kam das berühmte Schweigen im Walde.
Was eilte alles im Kopf herum. Sofort viel mir der Text des deutsche Volksliedes ein, das Mutter oft zur Gitarre sang: „Die Gedanken sind frei." Den Text konnte ich auswendig.
Kein Jäger kann Gedanken erschießen heißt es in dem Text.
Wie wollte er mich zwingen, sie zu äußern? Warum sollte ich der Stasi gegenüber rechenschaftspflichtig sein? Ich wusste genau: Jetzt war mein Schweigen mehr wert als jedes gesprochene Wort. Meine Lautlosigkeit war meine einzige wirkungsvolle Waffe, damit brachte ihn aus der Fassung. Er steigerte sich im Tonfall. Alles, was ich erwidert hätte, wäre sinnlos, zumindest zwecklos bei diesem Typen gewesen.
„Wenn Sie mir nichts sagen wollen, dann werde ich ihnen einmal etwas sagen. Sie arbeiten hier in einem Haus, wo man nicht machen kann, was man will. Ist Ihnen das klar? Es wird alles gesehen und alles gehört! Warum wollen Sie nicht in die Sozialistische Einheitspartei Deutschlands eintreten?
Was gibt es für einen Grund, möchte ich jetzt von Ihnen hier sofort auf der Stelle klipp und klar beantwortet haben!
Außerdem sind Sie ein Homo, nicht wahr, ein H o m o, ein schwuler warmer Bruder. Einer vom anderen Ufer.
Antworten Sie!"
Während er im Gesicht schon etwas rot anlief, ballte sich in Gedanken meine Hand zur Faust. Meine Herzfrequenz stieg, die Belastungsgrenze war erreicht.
So etwas Unverschämtes in dieser Tonart, mit einer beispiellosen, maßlosen Arroganz, hatte ich bis dato noch nicht erlebt. Dieser Genosse nahm sich eine Narrenfreiheit heraus, wie ich es niemals für möglich gehalten hätte.
Er benannte nicht ein einziges Beispiel eines wirklichen konkreten Fehlverhaltens von mir.

"Seien Sie sehr vorsichtig mit ihren spitzfindigen Äußerungen und Bemerkungen und passen Sie gut auf sich auf!"
Als ich die Atmosphäre der Widerwärtigkeit verlassen durfte, wurde die Verabschiedung noch mit drohenden Worten begleitet: *"Sie können jetzt gehen, aber ich könnte auch noch ganz anders mit Ihnen verfahren!"* Ich habe den Raum verlassen, ohne dass in der gefühlten Stunde auch nur ein einziges Wort meine Lippen verließ.

Diese Begegnung empfand ich wie eine grobe, verbale Folterung. Man konnte sich gegen solche Burschen, die ja das Schild und Schwert der Partei verkörpern sollten, nicht wehren. Man kann es heute kaum begreifen, ich konnte von niemandem, auch nicht von meinem unmittelbaren Vorgesetzten, der mir gut gesonnen war und der mich ja vom Saalbau Friedrichshain abwarb, einen Beistand erwarten.

Warum konnten sich Offiziere der Staatssicherheit solche Unverschämtheiten herausnehmen? Das in Gegenwart des Direktors des Hauses, eines älteren Pädagogen, der nicht einen einzigen Kommentar dazugab. Sein Schweigen waren für mich viele Worte, die mich sehr nachdenklich stimmten.

Ich war verzagt, entmutigt und mit den Nerven total am Ende. Meine angeborene Sensibilität stand mir nicht hilfreich zur Seite. Als Homosexueller war ich gewiss äußerlich ein maskuliner Typ, nur fehlte mir wohl etwas Hornhaut auf meiner Seele. Ich hatte immer gern mit Freude gearbeitet und der Beruf war mein Hobby. Mir lag das vermutlich angeborene Bedürfnis am Herzen, immer hilfsbereit zu sein. Mein Credo im Beruf lautete, die Gäste ohne Wenn und Aber gastronomisch zufriedenzustellen, das hatte ich gründlich im Adlon gelernt.

Nach langer Zeit erinnerte ich mich wieder an meine Ausbildung und an die Worte des Stammgastes vom Außenhandel. Hatte er recht behalten? *"Mach so schnell du kannst, hier wegzukommen. Du hast hier im Osten keine Zukunft"*. Das waren seine Worte, und das war jetzt fast 20 Jahre her.

Nach Überlegungen kam ich zu der Feststellung, du kannst gastronomische Aufgaben super erfüllen, es nützt alles nichts, wenn du nicht mit diesen Komplizen der Macht korrumpierst. Genau das wollte ich niemals, ich hatte immer noch die schrecklichen Erinnerungen des 17. Juni 1953 im Kopf.

Nach der Passierscheinverweigerung für mein Grundstück, dem menschenverachtenden Verhör bei der Stasi zu der Republikflucht meines Freundes Peter, seinem fürchterlichen Unglück, diesen vielen Widersprüchen und Bevormundungen im Beruf und jetzt nach diesem Psychoterror von „Lothar" war endgültig Schluss. Ich musste jetzt die Reißleine ziehen.

Die Menschenwürde hatte in diesem Staat, unter diesen Verhältnissen keine Bedeutung mehr, sie wurde von der Politik und deren ausführenden Organen mit Füßen getreten.

Wo konnte man einen neutralen Menschen kennenlernen, der nicht aus dem unmittelbaren Umfeld des Kollegen- oder Bekanntenkreises kommt und mir bei einer Ausreise helfen konnte? Das waren jetzt Tag und Nacht meine ständigen Geisteshüter. Gastwirte waren eingesperrt, weil ihre Fluchtpläne von Gästen oder eng vertrauten Kollegen verraten wurden.

Wo konnte man Verbindungen knüpfen? Eventuell dort, wo sich Menschen aus Ost und West begrüßten und verabschiedeten? In der Nähe des „Tränenpalastes", der Grenzübergangsstelle in der Friedrichstraße? Das wäre es. Nur zum Erkunden, erst einmal Ausschau halten, machte ich mich auf den Weg in das Pressecafé (später Goldbroilerrestaurant) gegenüber vom Tränenpalast. Dort lernte ich nach etwa 10 Minuten einen Ausländer kennen. Vermutlich einen Iraker.

Er setzte sich an meinen Tisch und wir kamen ins Gespräch. Er sprach gut Deutsch. Ich schilderte, dass ich gern nach Westberlin flüchten wolle. Er sagte, er wohne in Westberlin, könne jederzeit hin- und hereisen und könne mir behilflich sein. Er habe mit einer Organisation schon einigen geholfen. Nach etwa 20 Minuten wollte er meine Adresse und Telefonnummer haben, damit er sich bei mir melden könne.

Das ging mir auffälligerweise ein wenig zu schnell. Sollte mich meine bisher erworbene Menschenkenntnis täuschen?
Ich wurde misstrauisch und riss vorsichtshalber von meiner Visitenkarte nur die untere rechte Ecke mit meiner privaten Telefonnummer ab und gab sie ihm.

> ~~spräche zu führen. Bei der Verabschiedung überreichte der Wolfgang "Adam" eine Visitenkarte, zerriß diese in der Mitte, so daß der IM nur in den Besitz der Telefonnummer
>
> 52 95 893
>
> gelangte, den Namen behielt Wolfgang ein.

Aus meiner Stasiakte

Im Gespräch erwähnte ich meine Tätigkeit, aber weder meinen Namen, noch den Namen meiner Arbeitsstelle oder Wohnadresse. Nach ein paar Tagen, ich traute meinen Augen kaum, stand dieser Mann vor mir im Restaurant des Haus des Lehrers und meinte: *„Was ist denn nun?"* Sofort machte es „klick" bei mir. Ich merkte, wie mir das Blut in den Kopf stieg. Meine Alarmglocken läuteten Sturm. Schon die Verbindungsaufnahme mit Personen zum Verlassen der DDR war eine strafbare Handlung und führte meist geradewegs ins Gefängnis.
„Nein danke", sagte ich laut. *„Ich habe es mir anders überlegt, ich bleibe hier, verschwinden Sie bitte!"* Ich wusste sofort, ich war in eine bösartige Falle der Stasi getappt. Woher wusste der, dass ich im Haus des Lehrers arbeitete? Wir hatten darüber nicht ein einziges Wort gesprochen.
Er hatte noch nicht mal meinen Namen, sondern nur meine private Telefonnummer bekommen. Ich wurde also observiert.
Er war ein Agent der Stasi, auf mich angesetzt und trug den schönen Spitzelnamen Adam.
Die Flucht hätte ohne jeglichen Zweifel hinter Gittern geendet.
Adam wollte mich nur an das Messer liefern, um seinen Judaslohn, die Kopfprämie zu kassieren.
Die Stasi-Zentrale war längst darüber informiert.
Kurze Zeit später bekam ich eine offene, dick vorgedruckte Postkarte zugestellt, für jedermann lesbar:

Zur Klärung eines Sachverhalts bitten wir Sie bei der Volks-
polizei-Inspektion Lichtenberg vorzusprechen.

Es war natürlich nicht die Volkspolizei, die mich sprechen wollte, sondern Offiziere des Staatssicherheitsdienstes. Zwei große Genossen in Zivil. Sie benutzten die Räume der Polizei.
Der eine eröffnete das Gespräch harmlos mit den Worten:
„Na, wie gefällt ihnen denn unsere Deutsche Demokratische Republik Herr Hoebel?" Ich antwortete: *„Es wäre einiges dringend reformbedürftig."* Ahnte ich doch den Ernst der Lage. Sie wussten längst von der Begegnung von mir und ihrem Zuträger im Restaurant in der Friedrichstraße und brachten es auch zur Sprache. Legten bereits einen Übersichtsbogen zur operativen Personenkontrolle an.

1	2	3	4	5	6	7	8	9	10	11	12	13	14	15	16	17	18	19	20	BStU

Übersichtsbogen zur operativen Personenkontrolle

Name, Vorname ▬▬▬▬ Wolfgang
geboren am, in 24.1o.37 in Berlin
wohnhaft 1136 Berlin-Friedrichsfelde, Löwenbergerstr. 2
beschäftigt Kongreßhalle   Tel. 52 95 893

1. Entscheidung über das Einleiten   HA XX/AIG
   Lohs   26.9.75   Otto
   (vorschlagender Mitarbeiter) (Datum)   (Leiter)

Stasiakte

Mir wurde vorgeworfen, dass ich mehrfach die DDR ablehnend beurteilte und mich auch zu negativen Äußerungen hinreißen ließ. Darauf erwähnte ich, dass es noch viele wirtschaftliche Hindernisse gebe, die womöglich nicht sein müssten und nach Abhilfe schrien. Schließlich räumte ich ein, dort in dem Restaurant in der Friedrichstraße, einen Ausländer kennengelernt zu haben, nur leugnete ich, dass ich jemals die DDR verlassen wollte. Ich tischte ihnen ein kleines Märchen auf. Meine schauspielerischen Fähigkeiten zeigten Erfolg:

„Der Ausländer schilderte mir Westberlin und Westdeutschland in den schönsten Farben. Ich könne mir nicht vorstellen, wie bunt das Leben dort sei. Sofort würde ich in Westberlin eine Arbeit in der Gastronomie bekommen. Der Ausländer fragte mich, ob ich nicht die DDR verlassen wolle, er könne mir mit einer Organisation helfen. Er habe schon einigen geholfen."

Ich drehte den Spieß einfach herum. Das musste ich so überzeugend dargelegt haben, dass sie glaubten, ihr eigener Spitzel hätte sie belogen, nur um die Prämie zu kassieren. Das stand im Protokoll auf einer von 94 Stasi-Seiten, die ich nach der politischen Wende 1989 einsehen durfte.

```
Schlußfolgerung:

Die Aussprache hat gezeigt, daß //███████ mit großer
Wahrscheinlichkeit nicht derjenige war, der im Sommer die-
ses Jahres die Initiative ergriffen hat, um Wege und Mög-
lichkeiten für ein illegales Verlassen der Republik zu
suchen.
Es wird eingeschätzt, daß der IM "Adam" diese Initiative
von sich aus ergriffen hat und uns die Dinge anders dar-
gestellt haben muß, wie sie sich in Wirklichkeit abgespielt
haben.
Aufgrund des Gesprächsverlaufes mit //███████ wird vorge-
schlagen, den Kontakt zu dem H. aufrecht zu erhalten.
```

Aus der Stasiakte

Die beiden Stasi-Offiziere legten mir dann Fotos von westlichen Personen vor, die aufgrund ihrer illegalen Schleusungstätigkeit festgenommen wurden. Sie sagten, sie hätten bei diesen festgenommenen Personen Namen und Adressen von Schleusungskandidaten gefunden, darunter auch meinen Namen und meine Adresse. Damit hatten sie eindeutig gelogen. Noch nie hatte ich mit jemandem anders als mit diesem Adam über eine Republikflucht gesprochen. Sie waren die schlechteren Laienschauspieler.

Man nannte das nicht Lüge, sondern in der Poesie der Stasi, „Legende".

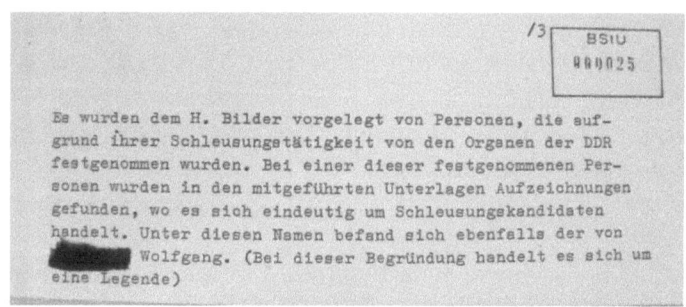
Aus der Stasiakte

„Passen sie auf, wir können ihnen helfen, dass Sie keinerlei Probleme mehr in der Kongresshalle bekommen, und Sie können uns helfen. Sie melden uns bestimmte Vorkommnisse in der Kongresshalle und im Haus des Lehrers. Auch alles, was sie privat von den Kolleginnen und Kollegen erfahren können. Dabei interessieren wir uns auch für Kleinigkeiten, die für Sie unwichtig erscheinen. Sie brauchen keine Angst zu haben, ihnen passiert natürlich nichts."

Sofort dachte ich an diesen unverschämten Lothar. Wie hatte er mich verächtlich behandelt. Möglicherweise könnte man diesem Kerl anders begegnen, seine Drohnentätigkeit ein wenig einschränken. Den Hochmut ein wenig abkühlen, wenn man Offiziere vom Ministerium der Staatssicherheit direkt kennt. Ich war in der Kongresshalle längst zu der Erkenntnis gelangt, dass die Kundschafter untereinander Misstrauen hatten. Bei einigen war ein übersteigertes Machtbedürfnis und die Entwertung eines anderen Beobachters wahrnehmbar.

Ich willigte ein, habe aber niemals eine Verpflichtungserklärung unterschreiben müssen. So paradox, wie es klingen mag, ich fühlte mich ein wenig befreit. Das Ding leistet sich der Lothar nicht noch einmal mit dir, dachte ich. Es war auch so. Fortan ließ man mich in Ruhe. Man legte aber ohne mein Wissen eine Stasi-IM (informeller Mitarbeiter) Vorlaufakte an.

Ich wurde also instrumentalisiert. Man könnte es auch Erpressung nennen.

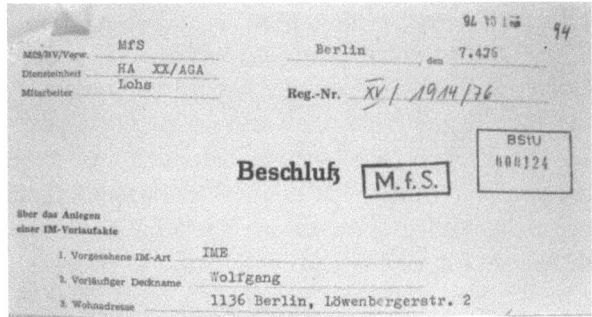
Aus der Stasiakte

Der eine Offizier nannte sich Roland, er war Major.
Er besuchte mich in meiner Wohnung einmal im Monat. Er duzte mich und benahm sich, als wären wir beste Freunde. Jetzt möchte er schriftliche Berichte von mir haben. Wer in der Kongresshalle hatte Verwandtschaft im Westen oder redet schlecht über die DDR. Er musste wiederholt von mir hören:
„Meine Tätigkeit nimmt mich so in Anspruch, dass mir keine Zeit bleibt, mich mit den Kollegen über Privates zu unterhalten."
„Ihr müsst euch doch unterhalten während der Arbeitszeit. Versuch doch mal zu Geburtstagsfeier eingeladen zu werden. Dazu nimmst du ein paar Flaschen Wein und Blumen mit. Die Kosten ersetzen wir dir selbstverständlich. Wenn die Leute angetrunken sind, verlieren sie ihre Hemmungen, lockern ihre Zunge und kommen mehr aus sich heraus. Präge dir immer den Ort der Feierlichkeit gut ein. Auch alle Geburtstagsgäste."
Spitzeltätigkeiten ausführen? Ich dachte nicht im Traum daran. Jedes Mal, wenn Roland kam, sagte ich, es gebe nichts Neues und erzählte ihm, wie gut die Banketts in der Kongresshalle ablaufen. Das interessierte ihn alles nicht. Ich dachte nur daran, wann er wieder die Wohnung verlassen würde.
„Wir führen im Restaurant unter den Kollegen keine Privatgespräche", sagte ich. Es war auch so.

Roland blieb eine paar Monate weg.
Wie wollte er mich zwingen, Berichte zu liefern?
Nach einiger Zeit meldete er sich wieder telefonisch bei mir, um einen Termin zu vereinbaren. Ich wurde nervös und unruhig. Mich beschäftigte, wie lange er sich noch an der Nase herumführen lassen würde, bis er merkte, dass ich keinesfalls bereit war, die Kollegen auszuhorchen oder auch nur einen einzigen Bericht für die Stasi zu schreiben.
Die Verbindung zu diesem Roland ging noch über ein paar Monate, immer ohne jegliche Resultate für ihn. Oftmals habe ich den vereinbarten Termin nicht eingehalten. Ich entschuldigte mich telefonisch immer sehr kurzfristig vor dem Termin mit zusätzlichen, (erfundenen) umfangreichen Arbeitsaufgaben.
Man forderte von mir nicht mehr, in die Partei einzutreten.
Völlig überraschend bot man von der Hauptdirektion an, auch ohne Parteizugehörigkeit die Stellung als Gaststättendirektor zu bekommen. Eine außergewöhnliche Entscheidung.
Allerdings nicht als Direktor der Kongresshalle sondern der Großgaststätte „Alextreff" am Alexanderplatz. Vielleicht war es auch ein vorgeschriebenes Wegloben, von den „Organen" organisiert? Ein abgekartetes Spiel? Es war wohl so gewollt, das man nicht durchsah im Dschungel der Verhaltensstrategien, der Geheimniskrämereien und der oftmals willkürlichen Entscheidungen der oberen sozialistischen Direktionen. Die Plausibilität blieb mehrfach im Verborgenen.
„Es gibt die größten Probleme in dieser Mehrzweckeinrichtung Alextreff, du wärst mit deinem organisatorischen Talent und deinen Erfahrungen in der Lage, sie zu bewältigen", sagte schmeichelnd der stellvertretende Hauptdirektor von Berlin, zu mir. War das ehrlich gemeint? Da blieben für mich viele Fragezeichen offen. Für eine Gehaltsaufbesserung, nicht immer weiter nur Vize sein zu müssen und völlig neue gastronomische Aufgaben zu lösen, das überzeugte mich schließlich nach längeren Überlegungen.

Großgaststätte „Alextreff" Berlin

Es war einer der größten gastronomischen Betriebe der HO in Ostberlin.
160 Mitarbeiter und dazu noch 40 Kochlehrlinge. Zu meiner Geschäftsleitung gehörten ein stellvertretender Direktor, die Parteiorganisatorin der SED, ein Produktionsleiter, der Küchenchef, ein technischer Leiter, der Leiter der Ökonomie, ein Ausbildungsleiter und sogar eine wissenschaftliche Mitarbeiterin. Dazu einige Verwaltungsmitarbeiter.
Hier gab es:
In den Spitzenzeiten eine Küchenproduktion von etwas mehr als 14.000 Essensportionen pro Tag. Eine große Selbstbedienungsgaststätte im Parterre und im ersten Stock eine Mehrzweckeinrichtung für 650 Personen.
Dazu noch eine lange Strecke sogenannter ambulanter Handel mit Verkaufsständen zwischen Gaststätte und S-Bahn-Brücke. Außerordentliche zusätzliche Warenumsätze durch den Verkauf von Bockwürsten und Eintöpfen, Eis, Getränken und Zigaretten.

Obendrein gab es noch unter der S-Bahn-Brücke eine ständig überfüllte kleine schwule Mokkabar, in der emotionale Gäste flehend schon mit einem Stehplatz in der dritten Reihe an der Theke zufrieden waren. Der spätere Name: Besenkammer.
Das alles zusammen war mein neues Refugium.
Allein in die Küchentechnik des Alextreffs investierte der Magistrat von Ostberlin acht Millionen Westmark.
Die warme und die kalte Küche einschließlich einer großen Fleischerei waren ausgerüstet mit modernster Technik und Kochautomaten der westdeutschen Firma Neff. Es gab Küchenroboter für die verschiedensten Fertigungen. Zum Beispiel einen Automat, der in kürzester Zeit 1000 Schnitzel panieren und braten konnte. Einen Eierautomat, um Tausende von Eiern gleichzeitig abzukochen. Große Automaten zum Schneiden, Garen, Kochen, Backen und Frittieren. Ein Speisentransportband beförderte die Gerichte mit Plastik-Tabletts, auf denen die fertigen angerichteten Teller standen, von der Küche im Erdgeschoss in den Verkauf in die erste Etage.
Und im Erdgeschoss drängelten sich die Gäste an den Schaltern für die Speisen in Selbstbedienung.
Im ersten Stock standen zur Mittagszeit nicht nur die Touristen, sondern auch Hunderte Verwaltungsmitarbeiter der vielen umliegenden Büros in langen Schlangen an.
Sie bezahlten einen Einheitspreis von 4,50 Mark. Ununterbrochen nahm einer nach dem anderen das fertige Essen vom Band. Es gab immer nur ein Gericht, dieses wechselte aber täglich. Ein moderner Speisenbetrieb mit beispielloser Massenabfertigung im Sekundentakt.
Da es zu dieser Zeit immer noch viel zu wenig Restaurantbetriebe gab, konnte der Ansturm der Berlin-Touristen und der vielen Kantinenbenutzer kaum anders bewältigt werden.
Jeder war froh, gut, schnell und preiswert essen zu können.
Diese vielen Millionen Westmark an Investitionsmitteln wurden aber ohne jegliche finanzielle Planung für Instandhaltung und Reparaturen eingesetzt.

Mit der westdeutschen Firma Neff wurde kein Wartungsvertrag abgeschlossen. Nicht ein Betrieb in der DDR war in der Lage, auch nur kleinere Reparaturen an diesen hoch technisierten, komplexen Automaten durchzuführen. Sie mussten teilweise, nur weil winzige Ersatzteile fehlten, stillgelegt werden. Das Geschirrrücktransportband, das zum Spülautomaten führte, funktionierte eines Tages nicht mehr. Die Unmengen von schmutzigem Geschirr mussten nun per Lastenaufzug von Mitarbeitern manuell zurück nach unten in die Küche transportiert werden. Ein gewaltiger Aufwand, der logischerweise die geforderte Arbeitsproduktivität einschränkte.

Immer wieder gab es neue technische Störungen ohne eine Lösung. Das könnte eventuell den Roland von der Stasi interessieren, dachte ich. Ich schilderte in einem Bericht die desolaten technischen Zustände der Küchentechnik.

Beim nächsten Treffen bekam er endlich sein erstes Schriftstück von mir geliefert. Er sah sich das an und überflog grimmig den Text. An seinem Gesichtsausdruck merkte ich sofort: Das war genau das, was er n i c h t haben wollte.

Er nehme das aber mit, sagte er, und wolle mich mal in der Gaststätte besuchen kommen. Niemand dürfe ihn bemerken, das musste ich zusichern. Er kam früh um 7 Uhr, meine Sekretärin war noch nicht da. Roland wollte alle Namen und Adressen der Angestellten und ein Schriftstück von der Schreibmaschine meiner Sekretärin haben.

Irgendetwas, was sie geschrieben hat, sagte er. Ohne zu überlegen, was das bedeuten könnte, nichts Böses ahnend, übergab ich ein altes abgelegtes Rundschreiben.

Roland ließ über längere Zeit nichts von sich hören.

Schließlich sah sich der Magistrat von Ostberlin genötigt, wenige Valutamark bereitzustellen, um die dringendsten Reparaturen an den Kochautomaten von der Westfirma Neff durchführen zu lassen. Es blieb bei Ausbesserungen, bei Stückwerk. Die bewilligten Valuta-Mittel reichten nicht für eine grundsätzliche Sanierung der Anlagen.

Der Saal im ersten Stock eignete sich aber auch hervorragend für Veranstaltungen. Warum nur Auslastung zur Mittagszeit? Das war Gegenstand meiner neuen Konzeption zur Effektivität dieses Großbetriebes.
Neben Disco-Veranstaltungen organisierte ich die unterschiedlichsten Feste. Weil solche „Happenings" in einer volkseigenen Gaststätte unter Mitwirkung des Personals auf der Bühne schon außergewöhnlich waren, berichteten davon das Fernsehen mit Übertragungen, der Rundfunk und verschiedene Zeitungen. Alle Veranstaltungen waren ständig ausverkauft.

Altberliner-Schlachtefest

Ein herzhaft-deftiges Vergnügen erlebten gestern mehr als 650 Gäste beim Schlachtefest im Alextreff. Mit dem Einmarsch der kostümierten Fleischer, Köche und Kellner begann um 19 Uhr ein Programm, das bis Mitternacht einen Nonstop-Augen-, Ohren- und Magenschmaus servierte. Gurkenheinrich, Latschenpaule, Blumenmädchen, Wurstmaxe, der konferierende Fleischermeister Derbsch und Fritzens Dampferband hauten auf die Stimmungspauke und machten Appetit auf Delikatessen vom warmen Schlachtebüfett.

Ein gelungener Abend, an dessen Vorbereitung und Durchführung das gesamte Kollektiv der 166 Mitarbeiter vom Alextreff seinen Anteil hatte. Auch heute wird wieder zum Schlachtefest geladen. Die Karten sind bereits vergriffen. Ob die große Nachfrage zu Wiederholungen dieser Veranstaltung anregt?

Aus der Berliner Zeitung vom 17. September 1977

Das Engagement für große und besondere Unterhaltungsfeste hatte mich gepackt. Damit hatte ich mir aber etwas „schönes" eingebrockt. Die vorgesetzte Leitung und der Magistrat nutzten das aus und ließen mir keine Ruhe, wollten ständig neue Maßnahmenpläne, Konzeptionen und Veranstaltungsentwürfe von mir haben.
Ich erinnere mich noch genau: Ein von mir erarbeitetes umfangreiches Konzept über 30 Seiten wurde vom Magistrat abgelehnt und mir zurückgeschickt. Mit der Begründung:

Die geschilderten Veranstaltungsmaßnahmen würden nicht ausreichen, um die Steigerung der Arbeitsproduktivität perspektivisch nachzuweisen, und die neuen gesellschaftlichen, politischen Aufgaben seien zu gering dargestellt worden.
Ich sollte ein neues Manuskript vorlegen.
Meine Sekretärin brachte mich auf eine Idee. Sie meinte: *„Ich kann mir beim besten Willen nicht vorstellen, dass das Skript je gelesen wurde."*
Dessen war ich mir nicht sicher. Mir war nicht wohl dabei, aber sie erhielt den Auftrag von mir, nur das Layout und das Datum zu ändern und ich gab das gleiche Konzept drei Wochen später retour zum Magistrat.
Es ist kaum zu glauben, ich bekam die Bestätigung vom Magistrat, dass das neue Konzept für sehr gut befunden worden sei und nun dem Fachbereich Gastronomie zur Entscheidung gereicht würde. *„Keiner sieht durch, aber alle machen mit. Man muss sich im Chaos nur zu helfen wissen"*, lachte und scherzte meine Sekretärin.
Mit der Vorzimmerdame, die auch für Homosexuelle aufgeschlossen war, gab es eine gute Zusammenarbeit, ein kollegiales und respektvolles Verhältnis. Meine sexuellen Neigungen waren unterdessen bekannt aber selten ein Thema. Der § 175 wurde in der DDR 1968, früher als in Westdeutschland, abgeschafft. Homosexualität wurde inzwischen „offiziell" von der Gesellschaft toleriert.
Ende der 70er- und Anfang der 80er-Jahre war die Zeit der Aphorismen von Kritikern. Ursprünglich gedacht als Pendants zu den vielen Phrasen, den Hunderten von vorgegebenen politischen abgedroschenen Parolen und Leitsätzen von Partei und Regierung, denen man überall in der DDR in großen Lettern begegnete. Um die Erfinder solcher Parteilosungen zu verspotten, ließen sich viele Bürger immer neue Sprüche einfallen. Es machte mir Spaß, mich heimlich daran zu beteiligen.
Einige der folgenden Sprüche, die damals nie schriftlich niedergelegt werden konnten, stammten von mir:

> „In der DDR macht jeder, was er will, keiner das, was er soll, aber alle machen mit!"
> „Spare mit jedem Gramm Material, koste es, was es wolle!"
> „Was wir wenig haben, ist immer da, was wir viel haben, kommt morgen!" „Was du heute kannst besorgen, hast du morgen deine Sorgen!" „Doch ein Plan steht niemals fest, da er sich ja ändern lässt!" „An der Spitze zu stehen ist immer noch zu weit hinten!" „Über Kuba lacht die Sonne, über die DDR die ganze Welt!" Usw.

An Handys war noch nicht zu denken. Es war sehr interessant, mit welcher Geschwindigkeit sich diese Sprüche nur durch Mundpropaganda verbreiteten und welches Feedback ich einmal in Leipzig anlässlich der Messe durch fremde Personen bekam. Niemandem konnte ich natürlich anvertrauen, dass sein erwähnter Spruch von mir stammte. Meine „Urheberrechte" wären mir möglicherweise, trotz des gefühlten politischen Tauwetters, nicht gut bekommen.

Wir bekamen vom Staat immer neue Aufgaben zusätzlich, die nichts mehr mit dem einst vorgeschriebenen Versorgungsauftrag für die Gaststätte zu tun hatten. Es handelte sich um zusätzliche Großveranstaltungen unterschiedlichster Art außerhalb des Hauses. Zum Beispiel im April 1979 die Gastronomie, das Bankett nach dem FDGB-Fußballpokal-Endspiel im Stadion der Weltjugend zu organisieren. Das Stadion lag an der Grenze zu Westberlin. Deshalb musste ich der Kaderabteilung eine Liste der Mitarbeiter vorlegen, die dort an dem Tag tätig sein würden. Ein tüchtiger Mitarbeiter, Viktor Z., den ich am Ausschank dringend benötigt hätte, wurde von der Liste gestrichen, weil er angeblich eine Tante in Westdeutschland besaß und ich das nicht berücksichtigt hatte. Wie sollte ich das wissen? Personalakten durften wir nicht verwalten. Diese lagen streng gesichert in den zentralen Kaderabteilungen.

Das bedeutete, der Kollege Z. stellte ein Risiko für die DDR in dem Stadion in der Nähe der Grenze zu Westberlin dar.

So wurden fleißige Mitarbeiter, die nicht ins politische Regelwerk passten, einfach aussortiert, ins Abseits gestellt.
Als wir nun einige Stunden vor dem Spiel in den zugewiesenen Räumen des Stadions die Vorbereitungen für den Empfang trafen, sah ich, dass viele Lkws ins Stadion hineinfuhren. Es waren Armeefahrzeuge. Es stiegen junge Menschen von diesen Lkws, vermutlich alles Soldaten und Stasis in Zivilkleidung. Sie besetzten auffallend sehr viele Plätze auf allen Seiten der Ränge. Es kamen immer mehr Fahrzeuge. Als das Stadion für das Fußballspiel geöffnet wurde, war es aus Sicherheitsgründen schon umfangreich mit Beobachtern gefüllt, die sicher nicht alle Interesse am Fußballspiel hatten.
Nach dem Spiel begann nun unsere Aufgabe, der Empfang für die Fußballer und der Ehrengäste. Genosse Harry Tisch war der Chef der Einheitsgewerkschaft des FDGB der DDR mit über 9 Millionen Mitgliedern. Er war die wichtigste Person an diesem Tag und hatte zum Bankett geladen. Der Gewerkschaftsboss Tisch war aber schon so betrunken, dass er kaum noch stehen konnte. Als die Fußballer aus ihren Kabinen kamen, hatten sie das natürlich bemerkt und grienten. Einige zogen kecke Grimassen hinter seinem Rücken, und manche blickten beschämt, peinlich berührt nach unten.
Es war mucksmäuschenstill. Auch die Siegermannschaft traute sich nicht zu lachen, als Tisch bei seiner Begrüßungsrede von zwei Funktionären rechts und links gestützt werden musste.
Er brummelte und brabbelte mit seiner ohnehin schon undeutlichen Aussprache, vom Blatt ablesend, ein schwer verständliches Zeug in das Mikrofon, kaum jemand hat etwas verstanden. Als er mit seiner Rede fertig war, rief er überraschenderweise laut und schrill wie ein Kind: *„Ich freue mich so! Ich freue mich so!"* und lachte und lachte. Jetzt endlich lachten alle, die Fußballer und die vielen Funktionäre.
Man merkte ihnen an: Sie waren alle erlöst und erleichtert applaudierten sie für dieses unverständliche Kauderwelsch.
Nun konnten sie fröhlich und ausgelassen feiern.

Meine Gaststätte „Alextreff" bekam den Auftrag, auf dem zentralen Weihnachtsmarkt am Alexanderplatz im November und Dezember u. a. Glühwein und Nüsse zu verkaufen.
Der zentrale Weihnachtsmarkt auf dem Alexanderplatz hatte eine besondere Bedeutung für die Menschen. Viele Bürger aus entfernten Bezirken kamen hauptsächlich deshalb zur Weihnachtszeit in die Hauptstadt, in der Hoffnung, wenigstens auf dem Weihnachtsmarkt Südfrüchte, Nüsse oder Erdnussflips zu ergattern. So etwas erhielten sie nur sehr selten in Brandenburg, Sachsen oder Thüringen.
Alles wurde von uns sorgfältig zum Verkauf auf dem Weihnachtsmarkt vorbereitet. So wie es der vorgeschriebene Maßnahmenplan zur Weihnachtsversorgung vorsah.
Die vom Großhandel gelieferten großen Säcke von Walnüssen, Para- und Haselnüssen mussten wir, kurz bevor der Weihnachtsmarkt am ersten Tag geöffnet wurde, wieder zubinden und auf Lkws zum Rücktransport verladen. Zwanzig Minuten vor der feierlichen Eröffnung durch den Oberbürgermeister Erhard Krack entschied dies der Stadtrat für Handel und Versorgung, Genosse Herbert. Er sagte zu mir:
„So geht das nicht, mit den Nüssen wird bei unserer Bevölkerung ein Bedarf geweckt, der niemals gedeckt werden kann. Die Nüsse packt ihr besser wieder ein!" Also aus politischen Gründen besser nicht mit Nüssen erst anfangen. Dafür gab es meistens Orangen auf dem Weihnachtsmarkt. Bis zu zwei Kilo konnte man als einzelne Person erwerben. Deshalb haben sich nach Möglichkeit Familienmitglieder mit angestellt.
Südfrüchte waren erstrangig zum Tauschen gegen andere Mangelware oder zum Spicken geeignet.

Dafür gab es aber Glühwein massenhaft auf dem Berliner Weihnachtsmarkt. Viel mehr, als tatsächlicher Bedarf vorhanden war. Der Großhandel schüttete uns mit Rotwein regelrecht zu. Wohin nach der Weihnachtszeit mit dem vielen restlichen Rotwein? Ich stand vor einer Entscheidung:

Zu Pfingsten verkaufte man üblicherweise Pfingstbowle. Diese, so hatte ich gelernt, setzt man mit frischem Waldmeister und Weißwein an. Da wir aber noch große Bestände von mehreren Tausend Flaschen Rotwein vom Weihnachtsmarkt hatten, sollte ich einen klugen Einfall haben. Zum Staunen meiner engsten Mitarbeiter, ohne die Abteilung Handel und Versorgung zu informieren:
„Wir verkaufen auf dem Alexanderplatz zu Pfingsten Rotweinbowle mit Kirschen!" Ich selbst hatte von Rotweinbowle mit Kirschen noch nie etwas gehört. Kirschen in Gläsern, die zwar erst entsteint werden mussten, waren aber genügend vorhanden. Wir verkauften schon zwei Tage vor Pfingsten bei schönstem Sommerwetter gekühlte Rotweinbowle mit Kirschen in Pappbechern. Soviel, als ob die vielen Leute auf dem Alexanderplatz darauf gewartet hätten. Am nächsten Tag bekam ich einen Anruf von der Abteilung Handel:
„Bitte sofort keine Rotweinbowle mehr ansetzen!"
Ob ich nicht wüsste, dass die Volksdemokratien (gemeint waren Ungarn, Bulgarien und Rumänien) die Rotweinverträge mit der DDR gekündigt hatten. Woher sollte ich das wissen? Solche Informationen sind nicht nur der Bevölkerung, sondern auch uns Gastronomen verheimlicht worden.

Eine ungeplante Tomatenschwemme machte der Regierung zu schaffen. Wir sollten laut staatlichem Auftrag mit einem extra neu einzurichtenden Stand Tomaten auf dem Alex verkaufen. Das Kilo für 30 Pfennig. Sie gab es jetzt überall, selbst Touristen aus Sachsen kauften keine Tomaten mehr.
Warum sollte ich Verkaufsmitarbeiter zusätzlich binden, wenn nicht die geringste Aussicht auf Verkaufserfolg bestand?
Das sei eine zentrale politische Arbeitsanweisung, ohne weiter zu diskutieren, wurde mir mitgeteilt. Punkt.
Beim Großhandel sind Tomaten tonnenweise vergammelt.
An Tomatenmark oder Ketchup für die Küchen oder an Tomatensaft war immer noch nicht einmal zu denken.

Ich beauftragte meinen cleveren Produktionsleiter Daniel R., er solle zum Großhandel fahren und unauffällig versuchen, möglichst irgendeine Obstsorte zu bekommen, dann ließen sich bestimmt auch noch ein paar wenige Tomaten nebenbei am Stand verkaufen. Er hat es gepackt.
Es kam ein großer Lkw mit Anhänger und reifen, gut aussehenden, saftigen 1A ungarischen Pfirsichen. Schön einzeln in Papiermanschetten und in Stiegen verpackt. Wir bauten vor der Gaststätte zusätzliche Verkaufsstände auf. Dann wurden die vielen Kisten mit den wohlriechenden, großartigen reifen Pfirsichen gestapelt.
Was jetzt passierte, konnte kein Prophet erahnen, und die Dimensionen sind kaum zu beschreiben. Innerhalb von wenigen Minuten standen in einer Reihe, immer zu dritt nebeneinander, Hunderte von Menschen an. Sie standen auch hinunter auf der Treppe zur U-Bahn. Der Ein- und Ausgang der U-Bahn war völlig blockiert. Nachdem der Bahnhofsvorsteher des U-Bahnhofs Alexanderplatz mir große Vorwürfe machte, lenkte ich mit einiger Mühe die langen Schlangen von U-Bahn-Ankömmlingen um.
Als nun der Verkauf begann, kamen immer mehr Menschen angeströmt. Obwohl es noch keines Handys gab, hatten sich die Pfirsiche ich wie ein Lauffeuer herumgesprochen.
Werdende Mütter stellten sich vorne an. Jede Schwangere wusste: Laut einer Verordnung brauchte sie nur drei Käufer vorzulassen, dann war sie an der Reihe. Egal, wie viele Menschen anstanden. Inzwischen standen auch schon einige Schwangere vorne, die jeweils immer drei Kunden abwarteten.
Als ein junger Mann aus der Schlange sich vordrängeln wollte, erschallte es gleich laut aus der wartenden Menge:
„Hallo, hallo, sind sie auch werdende Mutter? Warum drängeln sie sich vor, junger Mann?"
Vier Verkäuferinnen arbeiteten, so schnell sie konnten, nur die Schlange wollte und wollte sich nicht kürzen lassen.

Wo das westdeutsche Fernsehen so schnell herkam, um diese sozialistische Wartegemeinschaft zu filmen, weiß ich bis heute nicht. Meine Hände hatte ich nicht im Spiel.
Nach etwa einer Stunde kam ein Herr, zeigte mir seine Klappkarte und fragte mich, ob ich der Leiter sei. Er bat darum, mit mir in mein Büro zu gehen. Dort angekommen sagte er laut zu mir: *„Sagen Sie, sind Sie denn wahnsinnig geworden? Wo haben Sie denn die Pfirsiche her?"* „Vom staatlichen Großhandel woher sollte ich sie denn sonst haben?", erwiderte ich schuldlos. Er wolle einmal telefonieren und dazu solle ich bitte für einen Moment mein Büro verlassen. Ich stand vor der Tür meines eigenen Büros und wartete. Nach circa fünf Minuten kam er heraus und sagte: *„Die Pfirsiche sind ab sofort zu sichern und zurück in die Vorratsräume zu transportieren. Sie werden vom Großhandel wieder abgeholt."*
Viele Kunden, die schon eine Weile anstanden, freuten sich sicher schon auf die riesengroße Pfirsichüberraschung in der Familie. Aus der Traum.
Als wir den Verkauf einstellten, wollten uns die vielen Kunden auf der Straße fast steinigen.
Es gab laute, unüberhörbare Rufe. Sie beschimpften uns: *„Schweine, Banditen, Strolche, die Bonzen wollen die Pfirsiche nur unter sich aufteilen!"* Der Volkszorn war unüberhörbar. In Gruppen diskutierte man noch, als wir längst alles abgeräumt hatten. Die Stimmungslage der Bevölkerung war hochgradig explosiv. Ein Funke durch einen Initiator hätte vermutlich gereicht, und es wäre zu politischen Protesten und einer Eskalation auf dem Alexanderplatz gekommen. Durch die vielen enttäuschten Kunden durchaus zu einer Demonstration gegen das Honecker-Regime.
Pfirsiche als Initialzündung von politischen Krawallen? Unter den damaligen Verhältnissen erschien dies sehr naheliegend. Der verantwortliche Leiter beim Großhandel hatte keine Genehmigung gehabt, uns die Pfirsiche zu liefern, musste die Konsequenzen tragen und wurde entlassen.

Angeblich waren die Pfirsiche für Krankenhäuser und für die Arbeiterversorgung in den Betrieben vorgesehen. Aber es war ein Freitag, und wenn die überreifen Pfirsiche über das Wochenende beim Großhandel unter den bekannten Lagerungsbedingungen leiden mussten, sind sie möglicherweise verdorben. Nachts beschäftigte mich dieses Ereignis noch im Bett. Ich malte mir in Gedanken die Situation aus, wenn es tatsächlich zu einer größeren politischen Aktion auf dem Alexanderplatz gekommen wäre. Eine Gefängnisstrafe für mich wäre nicht ausgeschlossen gewesen.

Die Umsatzplanerfüllung war das erste Gebot in jeder Gaststätte. Deshalb wurden außerordentliche Umsätze mit Waren erzielt, die in großen Mengen zur Verfügung standen und mit beträchtlichen Verkaufsprämien vom Staat zusätzlich unterstützt wurden. Dazu zählten hauptsächlich Geflügel und Eier. Bei diesen beachtlichen Mengen, die wir verarbeiteten, sammelten sich schnell Tausende von Mark an Prämien an, die in die Brigadekassen flossen. Die verschiedenen Abteilungen konnten davon mehrmals Kollektivreisen unternehmen und üppige Brigadeabende veranstalten.

Nun machte eine ungeplante Pflaumenschwemme der obersten Plankommission zu schaffen. Das Kilo Pflaumen kostete im Einkauf 15 Pfennig. Die Pflaumenprämie, die wir vom Staat bekamen, betrug für ein Kilo 30 Pfennig. Wir hätten die Pflaumen auch vernichten können und bei diesen Margen noch gute Prämien zusätzlich kassiert. Es wurden tonnenweise Pflaumen geliefert, und wir gaben sie gratis zur Schülerspeisung in die Schulen aller Stadtbezirke.

Die Schüler fanden das sehr lustig. Sie bewarfen sich gegenseitig reichlich mit den Pflaumen, deshalb mussten wir am dritten Tag die von uns großzügige Überraschung, infolge Hilfeschreie der Schulleitungen, wieder einstellen. Statt die Pflaumen in der Industrie zu verarbeiten, sollten wir sie jetzt in den Gaststätten einwecken.

Wir wären dazu grundsätzlich bereit, erklärte ich der Abteilung Handel. *„Ich würde privat eine Prämie aussetzen, wenn mir jemand verraten könnte, wo man Einweckgläser aufspüren könnte."* Wenn es tatsächlich einmal welche gab, fehlten die dazugehörigen Gummiringe, das wusste ich von meiner Mutter, die noch immer Gartenfrüchte konservieren wollte.

An einem Abend kam ich nach Hause und musste gleich auf die Toilette, um ein „großes Geschäft" zu verrichten. Ich saß auf meinem Klobecken im Bad und erschrak.
Ich sah, dass das letzte gebrauchte Toilettenpapier von der Rolle vertikal bzw. senkrecht abgerissen wurde. Das tat ich aber niemals. Das Papier war etwas breiter als heute üblich aber grau, einlagig und hart, dazu schlecht perforiert. Es gab nur die eine Sorte in der Republik. Man musste das Stück Papier, um es gerade abreißen zu können, meist vorher etwas falten oder die Rolle dabei festhalten. Das tat ich generell immer. Es gibt Dinge im Leben, die in Fleisch und Blut übergehen. Das gehörte bei mir jedenfalls in der DDR dazu.
Niemand hatte einen Schlüssel zu meiner Wohnung. Es musste jemand in meiner Wohnung gewesen sein. Beunruhigt schaute ich sofort in allen Schränken und Schubladen nach, fand aber keinen weiteren Hinweis, der eventuell auf einen Einbruch hindeutete. Vermutlich war es die Staatssicherheit gewesen, die sich überzeugen wollte, ob ich möglicherweise doch ein westlicher Agent war oder wenigstens Verbindungen zum Westen hatte. Hatten sie auch meine Wohnung verwanzt? Wurde es mit dem Toilettenpapier absichtlich so gemacht, um mich zu beunruhigen? War es jemand, der auf das Abreißen des Papiers keinen Wert legte und es bei sich zu Hause immer so machte? Ich wusste es nicht. Jetzt war ich gespannt, wann Roland wieder auftauchen würde. Nach längerer Pause gab es wieder ein Treffen mit dem Stasi-Roland bei mir zu Hause.
Ich war wieder aufgeregt. Wie sollte ich mich jetzt nach der Angelegenheit mit dem Toilettenpapier verhalten?

Sollte ich es erwähnen? Oder besser nicht?
Roland sagte mir am Telefon: *„Ich bin schon zweimal bei dir zu Hause gewesen und habe dich nicht angetroffen. Bitte sei am Montag unbedingt zu Hause."* Hatte er etwas mit dem Toilettenpapier zu tun?
Wie lange sollte dieser Zustand bloß noch anhalten, wie lange sollte dieses fürchterliche Theater noch gehen, dachte ich.
Roland trat in mein Wohnzimmer und sagte vorwurfsvoll: *„Ich habe dir etwas zu sagen. Hör mal zu, die Zusammenarbeit mit dir hat keinen Zweck. Sie ist nicht konstruktiv, wir hatten viel mehr von dir erwartet. Deine Kooperationsbereitschaft ist zu gering."*
Mir fiel ein Stein vom Herzen. Wie froh war ich. Genau das, nur das wollte ich erreichen!

Aus der Stasiakte, die ich nach der politischen Wende einsehen durfte: Gründe für die Einstellung. Der Kandidat ist völlig unzuverlässig in der Einhaltung der Trefftermine u. bei der Lösung oper. Aufgaben insgesamt. Die zahlreich geführten Aussprachen blieben stets erfolglos.
Lohs, Major

Dass dieses letzte Gespräch so harmlos verlief und er mir keine weiteren Vorwürfe machte, konnte ich kaum verstehen.
Er hatte nicht mitbekommen, dass ich ihn die ganze Zeit an der Nase herumführte. Er bat mich, eine Schweigeverpflichtung zu schreiben. Diese beinhaltete, dass niemand von einer Verbindung, die es vom Staatssicherheitsdienst zu mir gegeben hatte, erfahren durfte. Er betonte, sollte ich das nicht befolgen, müsste ich mit einer Gefängnisstrafe rechnen. Meine Hand zitterte beim Schreiben dieser Erklärung.
Als Roland meine Wohnung verließ, atmete ich auf und genehmigte mir erst einmal einen guten Cognac.
Es war wie ein Befreiungsschlag, in Gedanken hüpfte ich vor Begeisterung. Dass niemand von einer Verbindung erfahren sollte, mit dieser Geheimhaltung konnte ich sehr gut leben, dachte ich. Sollte ich jetzt wirklich aus den Fangleinen der Stasi befreit sein?
Plötzlich machte ich mir selbst paradoxerweise Vorwürfe, warum ich diesen verfluchten Deal mit der Stasi überhaupt eingegangen war. Auch wenn ich keine Verpflichtungserklärung unterschrieb und niemanden verraten hatte, bewegte mich ein schlechtes Gewissen. Wie lange sollte das bloß noch gehen, dass man seinen eigenen Kolleginnen und Kollegen nicht trauen konnte?
In keinem Restaurant und in keiner Kneipe warst du vor diesen Gehörorganen sicher. Einer bespitzelte den anderen, selbst die Späher untereinander, das musste ich ja in der Kongresshalle erfahren. Man musste ständig aufpassen, welchen Menschen man etwas anvertraute.
Wie viele zwischenmenschliche Beziehungen waren dadurch inzwischen zerstört worden? Wie viel Vertrauen missbraucht? Wie viele finanzielle Aufwendungen wurden in die Mauer, in Absperr- und Abhöranlagen, in spitze Ohren gesteckt statt in Investitionen für Produktionsanlagen?
Wie viel bewaffnete Macht war eigentlich notwendig, um diese Herrschaftsmechanismen zu erhalten?

Die Mauer würde eines Tages verschwinden, weil dieses System einfach unerträglich und menschenverachtend war und zerbrechen würde, aber ich würde es leider nicht mehr erleben. Dessen war ich mir ziemlich sicher.

Meine Funktion als Direktor nahm aber kein gutes Ende. Es war wieder die Politik im Spiel.
Im Leitungskollektiv feierten wir öfter einmal eine Prämierung, eine Auszeichnung für unser Haus. Zu dieser Leitung musste immer die Partei gehören. Die Parteiorganisatorin hatte gleichzeitig die Funktion als Leiterin des ambulanten Handels. Alle Verkaufsstände mit Bockwürsten und Eintöpfen auf der Straße am Alexanderplatz.
Sie benutzte im Sprachgebrauch häufig ein vulgäres Vokabular. Weil sie aber in allen Leitungsentscheidungen ihre Zustimmung geben musste, war sie eine wichtige Person. Das wusste sie genau und nutzte das auch aus. Zwischen Reden und Handeln bestand bei ihr eine nicht geringe Diskrepanz. Ohne Zustimmung der Partei durfte keine wichtige Entscheidung von mir getroffen werden, auch wenn von 168 Angestellten nur fünf in der Partei waren. In den Parteiversammlungen, in denen über meine Beschlüsse diskutiert wurde, hatte ein parteiloser Direktor nichts zu suchen.
An diesem bewussten feuchtfröhlichen Abend, nach unseren Feierlichkeiten, machte ich wie immer, bevor ich nach Hause ging, meinen Rundgang durch das ganze Haus. Ich musste leider feststellen, dass das schmutzige Geschirr des ambulanten Handels nicht, wie festgelegt, in deren Abteilung abgewaschen, sondern in bequemster Weise von der Straße in die Abwaschküche des Haupthauses gekarrt wurde. Dort war aber schon Dienstschluss und nun standen große Berge, Hunderte von schmutzigen Tellern, Schüsseln und Bestecke nicht abgewaschen über Nacht dort. Weil der Platz auf den langen Abwaschtischen nicht reichte, stellte man das schmutzige Geschirr einfach auf den Fußboden der Großküche ab.

Statt erst die Arbeiten zu erledigen, feierte die Parteiorganisatorin fröhlich mit den Angestellten im Bereich noch weiter die Prämierung. Mit ihrem ordinären Mundwerk konnte man sie schon von Weitem hören.
Am späten Abend gab es eine Auseinandersetzung, die eskalierte. Ich stellte sie zur Rede: *„Warum belastest du zusätzlich die Abwaschküche mit euren schmutzigen Geschirrbergen? Es kann nicht sein, dass du erst technische Voraussetzungen in deinem Bereich zum Abwaschen forderst, und jetzt, wo diese längst gegeben sind, sollen andere eure Arbeit machen. Das geht auf keinen Fall, dass diese Berge von schmutzigem Geschirr über Nacht dort in der Küche stehen und die Speisereste antrocknen. Du solltest wissen, dass das mit Lebensmittelhygiene nichts mehr zu tun hat."*
Das war ihr zu viel.
Im angetrunkenen Zustand ließ sie ihre Maske fallen:
„Weißt du was, du hast mir gar nichts zu sagen, du bist wohl der Direktor, aber ich die Partei! Wir haben in der Parteiversammlung lange beraten, ob wir dich als Parteilosen und dazu auch noch S c h w u l e n bei der Direktion der HO als Gaststättendirektor überhaupt bestätigen können. Schließlich haben wir von der Partei ja gesagt und unsere Zustimmung gegeben. Wenn du noch lange Theater machst, kann ich dich fallen lassen wie eine heiße Kartoffel. Wenn ich will, bist du morgen nicht mehr Direktor, damit du Bescheid weißt!"
Das erzürnte mich derart, dass ich die Fassung und total die Beherrschung verloren habe. In mir kochte der Zorn, die Wut über so viel Böswilligkeit und Unverschämtheit. Was bildete sich diese ungelernte Bockwurstverkäuferin ein?
Es war bereits 01:00 Uhr. Angetrunken und wutbeladen verlor ich die Kontrolle und mir entgleiste heftig meine Zunge: „Weißt du, was du bist? Eine Partei-F...., ein Kommunistenschwein!" Das war es. Nicht mehr und auch nicht weniger. Es gab keine Zeugen, aber das war zu viel. Angetrunken ging sie noch in der Nacht zur Polizei. Sie zeigte mich an.

Am nächsten Morgen ist mein Büro besetzt worden. Vor der Bürotür standen zwei Polizeibeamte in Uniform und bewachten den „Tatort", verweigerten mir den Eintritt. *„Der Zutritt ist Ihnen ab sofort verboten!"*.
Wie ich später erfuhr, wurde das Büro auf den Kopf gestellt. Kleinste Aufzeichnungen von mir wurden kontrolliert.
Mehrere Mitarbeiter in der Fleischerei, im Lager-, Küchen-, und Servicebereich wurden befragt, ob sie etwas gegen mich aussagen könnten. Die Fragesteller, in Uniform und auch in Zivil, die sich deshalb tagelang in den Bereichen aufhielten, hatten keinen Erfolg.
Es dauerte ein paar Monate, die ich ohne Arbeit und in Ungewissheit zu Hause verbrachte. Inzwischen wurde ich im Polizeipräsidium verhört. Ich erklärte, dass mich die Parteileiterin mit ihren beleidigenden Worten zur Weißglut gebracht und ich leider unter Alkoholeinfluss die Beherrschung verloren hatte. Das fand kein Gehör bei den jungen Vernehmern. Wiederholt schilderte ich den Sachverhalt. *„Ich wollte doch nicht die Partei beleidigen, sondern nur diese Frau."* Einer der Vernehmer erklärte mir: *„Sie müssten doch als Direktor wissen, wo eine Genossin oder ein Genosse ist, da ist auch die Partei. Die Partei haben Sie öffentlich herabgewürdigt und eindeutig beschädigt! Welche Arbeitsprobleme Sie mit der Genossin haben, interessiert uns nicht. Jetzt steht ihnen das Wasser bis zum Hals und nun müssen sie aufpassen, dass sie nicht ertrinken, das sollten sie wissen!"*
Zu Hause hatte ich viel Zeit zum Nachdenken. Wie weit bist du nur gesunken, dachte ich. Warum stand ich nicht mehr über den Dingen? Warum hatte ich mich so gehen lassen?
Konnte das auch das Ergebnis jahrelanger Bevormundungen gewesen sein? Von Genossen, die in übergeordneten Funktionen die absurdesten Anweisungen gaben, jedoch über keinerlei fachliche Befähigung verfügten? Brachte die Aussage der Bockwurstverkäuferin: *„Ich kann dich fallen lassen wie eine heiße Kartoffel"*, nur das Fass zum überlaufen?

Anlässlich von Empfängen und Staatsbanketts hatte ich erlebt, wie sich Genossen bei der obersten Parteiführung anbiederten. Wie die unteren und mittleren Chargen sich gehorsamst unterordneten. Der Personenkult hatte bei Walter Ulbricht schon Dimensionen, doch bei Erich Honecker kannte die Unterwürfigkeit der Genossen kaum noch Grenzen.
Als Honecker einmal einen Witz erzählte, ahnten die nebensitzenden Genossen nicht, dass mit der banalen, belanglosen Pointe der Witz schon beendet sein sollte. Niemand lachte. Funkstille, Sekunden der Peinlichkeit. Erst als Erich Honecker selbst über seinen profanen Witz ein Gelächter anstimmte, trällerten alle seine Genossen. Waren einige nur Pantomimen, Marionetten?
Die totale Ergebenheit hatte oberste Priorität.

Ich wollte einfach nichts mehr von Partei und Stasi wissen. Nur meine gastronomischen Aufgaben erfüllen.
War ich ein Utopist, ein Träumer, illusionär?
Nach vielen Monaten wurde mir der Prozess gemacht.
Bevor ich vor Gericht gestellt wurde, suchte ich mir einen Anwalt. Die Suche gestaltete sich problematischer, als ich es vermutete. Bereits vier Rechtsanwälte lehnten eine Verteidigung in dieser „politischen Angelegenheit" ab. Durch einen Bekannten bekam ich zufällig eine neue Adresse von einem Anwalt, der es möglicherweise übernehmen würde.
Dieser Rechtsanwalt fand das zunächst nicht komisch.
„Hätten Sie doch bloß Fotze gesagt, das wäre kein Problem gewesen. Aber die Partei davor, o Gott, o Gott! Außerdem Kommunistenschwein. Was hat denn bei Ihnen ausgesetzt? Sie müssen doch betrunken gewesen sein, etwas anderes ist ja nicht denkbar. Wissen Sie, solche Sachen sind sehr brisant und für mich schwer zu verteidigen. Trunkenheit findet in der DDR keine Berücksichtigung beim Urteil. Eine verminderte Schuldfähigkeit unter Alkoholeinfluss gibt es nicht."

Er gab mir Instruktionen, wie ich mich bei der Verhandlung verhalten solle:
„Bitte nur Antworten, wenn Sie dazu aufgefordert werden. Dabei immer wieder einfließen lassen, sie wollten niemals die Partei beleidigen. Es war eine persönliche Beleidigung. Sehr wichtig ist, dass sie nicht ihre eigene Meinung zu der Sache äußern. Gehen Sie vor der Verhandlung noch einmal zum Friseur, aber die Haare nicht zu kurz schneiden lassen. Auf keinen Fall ein braunes Hemd oder einen braunen Anzug anziehen, dann sieht der Staatsanwalt rot."
Ich besaß gar kein braunes Hemd oder einen braunen Anzug.
Mein Rechtsanwalt wusste nicht, was ich zu erwarten hätte. Wohl aber, dass das Urteil, die Strafe vor der Verhandlung schon feststand, er es aber nicht zu sehen bekam.
Eine Gerichtsverhandlung also nur eine Farce, eine Show?
Da fiel mein ein, das hatte ich schon einmal von einem ehemaligen Staatsanwalt, von Gerd dem Nemski Direktor, in Bulgarien in einer leutseligen Runde bei einigen Bechern Rotwein gehört. Ich wollte es damals kaum glauben.
Niemand von den vielen Mitarbeitern, die mich alle unterstützen wollten, durfte als Zuhörer an dieser Verhandlung teilnehmen. Sie mussten vor dem Gerichtsgebäude warten. Es war meine erste „Sonderveranstaltung" die unter Ausschluss der Öffentlichkeit stattfand.
Nun die Verhandlung: Die Anklage wurde vom Staatsanwalt verlesen. Nachdem der Richter: *„Angeklagter schildern Sie lückenlos ihren Lebenslauf"* Das tat ich. Als ich fertig war, fing der Richter an: *„Sie haben etwas sehr Wichtiges in ihrem Lebenslauf vergessen!"* Ich überlegte, grübelte und brütete, was meinte er nur, etwa meine homosexuelle Veranlagung?
Mein Rechtsanwalt wusste es auch nicht und zuckte nur mit den Schultern.
Der Richter*: „Sie haben doch bei der Nationalen Volksarmee der Deutschen Demokratischen Republik gedient, oder nicht?"*
„Ja, selbstverständlich", antwortete ich.

"Na also, warum konnten Sie so etwas Bedeutungsvolles in ihrem Leben vergessen?"
Mein Rechtsanwalt erwähnte nun, dass ich während meiner Armeezeit den Vorsitzenden des Staatsrats, Erich Honecker bediente und für den Verteidigungsminister, Armeegeneral Hoffmann, Empfänge organisierte. Er benannte zahlreiche Auszeichnungen und Aktivisten-Medaillen, die ich für außerordentliche Arbeit bekam. Das Gericht ging darauf nicht ein. Man konnte den Eindruck gewinnen, er langweilte damit das Gericht nur. Nun kamen die Zeugen.
Zuerst die herausgeputzte, zirzensisch aufgetakelte Bockwurst-Verkäuferin. Der Richter: *"Schildern Sie den Vorfall und sagen Sie uns, was der Angeklagte zu ihnen gesagt hat."*
Sie zierte sich und mimte wie eine Schauspielerin die feine Dame der gehobenen Gesellschaft. Grande Dame der sozialistischen Moral:
"Nein, Herr Staatsanwalt, so etwas nehme ich nicht in den Mund!"
Der Richter: *"Sie können es ruhig sagen, was meinen Sie, was wir schon alles hören mussten!"* *"Nein, ich sage es nicht."*
Der Richter ließ nicht locker und wurde lauter: *"Sagen sie es jetzt!"* *"Herr Staatsanwalt"*, sagte sie zu dem Richter, *"ich werde es buchstabieren."* – *"Ja, tun Sie es!"* – *"Der Angeklagte hat gesagt, Partei-F, Nein, V, o, Punkt, Punkt, e, und Kommunistenschwein."*
Die Peinlichkeit hatte ihren Höhepunkt erreicht. Ein bühnenreifes, beschämendes Schauspiel und eine üble und unangenehme Aufführung für mich. Das Gericht verzog keine Miene. Ich habe schamhaft nach unten schauen müssen. Innerlich zog ein Schaudern durch meinen ganzen Körper, wie ich es noch nie erlebt hatte. Was hatte ich da nur angerichtet. Die zweite angebliche Zeugin, die bei der Auseinandersetzung nicht dabei war, zog eine ähnliche Nummer mit dem Buchstabieren ab.
Das war zwischen den beiden ohne Zweifel abgesprochen und hatte schon den Ausdruck einer Lächerlichkeit.

Das Wichtigste aber, ob die angebliche Zeugin die Wahrheit sprach, wurde vom Gericht gar nicht erst geprüft.
Sie wurde von der Parteimadame benutzt, sie war eine Mitarbeiterin von ihr, im Verkauf tätig. Das Gericht war aber der Auffassung, wenn sie das so schilderte, konnte sie nur dabei gewesen sein.
Das Ergebnis der Verhandlung: eintausend Mark Geldstrafe, an den Staat zu zahlen, und eine Strafversetzung. Sowie das Verbot, als Gaststätten-Direktor zu arbeiten. Mein Rechtsanwalt riet mir: *„Heben Sie sich das Urteil gut auf, eventuell können Sie es einmal gebrauchen!"*
Warum wohl, dachte ich, meinte der, dass sich die politischen Verhältnisse einmal ändern könnten? Das glaubt der doch im Leben nicht, ging es mir durch den Kopf.
Die intelligente Parteileiterin hatte keine Vorteile durch das Verfahren, nur die Genugtuung, dass die Partei immer recht hatte: *„Ich kann dich fallen lassen wie eine heiße Kartoffel, wenn ich will, bist du morgen nicht mehr Direktor!"*
Ab sofort wurde sie in der Gaststätte Alextreff von den meisten Mitarbeitern gemieden, teils sogar verachtet, das berichtete mir meine ehemalige Sekretärin.
Meine Strafversetzung erfolgte in das Opernpalais Unter den Linden als Lagerleiter für Getränke. Mein Arbeitsplatz war fortan in einem Büro im Keller des Hauses, verbunden mit einer kräftigen Gehaltskürzung. Am ersten Tag meiner neuen Tätigkeit kam um 9 Uhr meine einstige Sekretärin mit Kaffee, belegten Brötchen und brachte mir Frühstück.
Sie schimpfte wie ein Rohrspatz auf diese freche Bockwurstverkäuferin auf die Rücksichtslosigkeit des Staates. Ich bat sie, nicht mehr zu kommen, das konnte nur noch mehr Ärger geben. *„Sie sind nicht mehr meine Sekretärin, und ich kann nichts mehr dagegen tun. Ich war selbst schuld an dieser Entgleisung, stand nicht mehr über den Dingen"*, sagte ich zu ihr.
Sie meinte, sie und die meisten Mitarbeiter beurteilten das aber völlig anders.

Als in Polen aus der Streikbewegung heraus die Gewerkschaft Solidarność gegründet wurde, hat meine ehemalige Sekretärin sich solidarisch gezeigt und in ihrem Wohnungsfenster (sie wohnte Parterre) ein kleines polnisches Papierfähnchen und eine brennende Kerze gestellt. Jeder Straßenpassant konnte es sehen. Da lief den Staatsorganen die Galle über. Sie wurde morgens um 6 Uhr von fünf Männern und einer Frau abgeholt und eingesperrt. Sie wurde auch deshalb verhaftet, weil sie Ausreiseanträge für Kollegen geschrieben hatte. Mit der Schreibmaschine von der Gaststätte Alextreff. Das wusste ich nicht. Deshalb also brauchte Stasi-Roland die Schreibprobe von der Sekretärin und alle Adressen der Mitarbeiter.

Nach Monaten wurde sie von der Bundesrepublik aus dem Gefängnis freigekauft. Menschen für geringste Vergehen einzusperren, um sie dann für schönes Westgeld zu verkaufen, wurden zu einem lukrativen, verlockenden Geschäft für die DDR. Mangel gab es immer, an politischen Gefangenen mangelte es nie. Von 1964 bis 1989 wurden 33.755 Häftlinge von der Bundesrepublik freigekauft. Anfangs pro „Stück" für 40.000 Mark, später handelte man einen Pauschalbetrag pro Gefangenen von 96.000 Westmark aus. Die oberste Geschäftsleitung der DDR kannte keine Skrupel.
Durch den angestiegenen schwunghaften Handel mit Gefangenen brauchte man aus Platzgründen in den Haftanstalten keine Amnestie mehr zu erlassen. Es gab keinen plötzlichen Ausfall an sauberer Tischwäsche für die Restaurants oder Bettwäsche für die Hotels mehr.
Jetzt ging alles wieder seinen sozialistischen Gang.
Zwei Jahre verrichtete ich meine Arbeit im Opernpalais.
Meine Aufgabe bestand darin, die angelieferten Spirituosen, Weine und Sekte in die elf preislich unterschiedlichen Restaurant-Abteilungen und Bars auszuliefern. Das Opernpalais gehörte zu der Gruppe der Repräsentations-Gaststätten und wurde vom Großhandel bevorzugt beliefert.

Jede Woche bekam ich ausreichend Ware, mehrere Paletten. Meist nicht den Wein und Sekt, den ich bestellt hatte, aber immer genügend andere Sorten als Ausgleich. An Ersatzlieferungen hatte man sich im Opernpalais, das zu meiner Zeit noch Operncafé hieß, längst gewöhnt.
Es musste nach einem Richtsatz von 21 Tagen gearbeitet werden. Die gelieferte Ware sollte nach Möglichkeit innerhalb dieser Zeit verkauft sein. Eine Bestandshaltung über längere Zeit war allen Gaststätten untersagt. Aus diesen Gründen war die hübsche Weinkarte des Operncafés logischerweise wie überall, unbeständig. Wenn ein Gast eine bestimmte gute Flasche Wein genoss, konnte er nicht sicher sein, ob er diese Sorte bei seinem nächsten Besuch wieder präsentiert bekam.
Bei der Anlieferung verglich ich die gelieferte Ware mit der Rechnung im Beisein des Fahrers auf Vollständigkeit.
Wenn ich der letzte Kunde auf seiner Tour war und es fehlte Ware, bekam ich ein Gutscheinprotokoll zur Rechnung. Gab es aber noch ein oder zwei Kisten mit Wein und Sekt auf seinem Fahrzeug darüber hinaus, dann ließ er sie bei mir einfach stehen. Immerhin im Wert von ca. 80 bis 150 Mark.
Er meinte, er wisse nicht, wohin die gehören, sicherlich seien sie zu viel aufgeladen worden. Da er aber jetzt Feierabend habe, fahre er nicht extra noch einmal zum Auslieferungslager zurück.
Nach zwei Jahren bat ich den Hauptdirektor von Berlin, mich nun bald aus dem Getränkekeller herauszuholen und mir wieder eine leitende Stellung in der Gastronomie zu vermitteln. Vom Gericht wurde keine bestimmte Zeit der Strafversetzung festgelegt.
Meiner Bitte wurde entsprochen. Eine erneute Beschäftigung als parteiloser Direktor einer Großgaststätte wurde aber ausgeschlossen. Der oberste Gastronomie-Chef von Ostberlin, Genosse Erich Weber sagte wörtlich zu mir:
„Du stellst ein erhebliches politisches Risiko dar, wir können dir kein großes Kollektiv in Gaststätten mehr anvertrauen."

„Café Freizeit"
in der Leninallee in Berlin

Was sollte ich nun machen?
Ich rief einen guten alten Kollegen an, den ich aus Zenner-Zeiten kannte. Er war inzwischen Direktor aller kleinen HO-Gaststätten, die im Bezirk Weißensee in Berlin lagen.
„Komm her, wir besprechen alles."
Meine Story kannte er schon. Er konnte nicht glauben, was man mit mir aus angeblich politischen Gründen veranstaltet hatte.

„Wir haben hier in Weißensee ein kleines Café, das einfach nicht läuft. Keinen Monat wird dort der Umsatzplan erfüllt. Was hältst du davon, dieses Café zu übernehmen? Warum willst du nur große Gaststätten leiten? Du verdienst doch viel mehr Geld als ein Direktor, wenn du einen kleinen Laden hast. Ich würde mich freuen, wenn du dieses kleine Café zum Erfolg führst."

Das war wie ein Signal für mich. Eigentlich ging es mir in meinem Beruf immer um den gastronomischen Erfolg, weniger darum, die schnelle Mark zu machen. Ein Leiter einer kleinen Gaststätte hatte am Monatsende durch Umsatzprämien, Trinkgelder und durch illegale Abschöpfung des Überschusses wesentlich mehr Geld im Portemonnaie als ein Direktor.
Miete, Energie, Löhne- und alle Nebenkosten trug die HO, der Staat.

Nach zwei Monaten bekam ich die Schlüssel für das Café in einem 24-stöckigen Hochhaus in Weißensee.
Außer mir gab es noch einen Kellner, eine Büfettkraft und eine Putzfrau als Stundenkraft. Die Öffnungszeiten waren vorgeschrieben von 16 bis 24 Uhr.
Kurz bevor ich am ersten Tag um 16 Uhr das Café aufschließen wollte, klingelte es an der Hintertür am Personaleingang. Ich sah auf die Uhr, es war genau 15.45 Uhr. Als ich öffnete, stand ein mir bis dahin unbekannter Herr mit einem großen Blumenstrauß vor der Tür.
„Guten Tag, Du bist also der neue Gaststättenleiter. Ich gratuliere dir zur Übernahme des schönen Café Freizeit in unserem Haus."
Ich stellte mich vor und sagte: *„Kommen Sie doch herein."*
Er gleich:
„Du brauchst nicht Sie zu mir zu sagen, wir arbeiten doch schließlich alle an einer gemeinsamen sozialistischen Sache. Ich bin der Sekretär der Wohngruppe unserer Parteiorganisation, der Sozialistischen Einheitspartei Deutschlands."
Mir ist fast schlecht geworden.
Es war, als hätte ich einen Kloß im Hals, den ich mit Mühe hinunterwürgen musste. Mein Magen drehte sich. Jetzt geht das schon wieder los, dachte ich.
Wo war ich denn jetzt gelandet?
Ich schaute ihn an, er war schon etwas älter als ich. Er schien durch seine Figur, die er verkörperte, aber ganz gemütlich zu sein. *„Schenk mal für uns beide einen ein"*, meinte er kumpelhaft. Er trank Wodka. Man sah seiner Nase an, dass er kein Abstinenzler war.
Jetzt plauderte er, er hätte sich über mich schon erkundigt und wisse alles über mich. Legte seine Hand auf meine Schulter und sagte: *„Es ist besser, Wolfgang, wenn du dich hier gleich einordnest, damit es mit dir keine Probleme gibt. Dass du schwul bist, ist nicht so schlimm, ich habe auch schon mal einen Homo gekannt, der war ganz nett."*

„Wir haben hier eine starke Wohnparteigruppe im Haus und eine aktive Hausgemeinschaft. Ich gehöre selbst der Hausgemeinschaftsleitung an und führe auch das Hausbuch. Ich habe schon viele Erfolge mit den Mietern in dem Haus zu verzeichnen."
Mich hat das nicht interessiert, ich wollte nicht wissen, was das für Erfolge mit den Mietern waren.
Der erste Tag war für mich gelaufen.
Erst zu Hause war ich fassungslos. Ich konnte nicht begreifen, dass man völlig fremden Menschen, dazu noch einem solchen Schnatterich der Partei, der auch noch gerne becherte, persönlichste Informationen gab. Von wo hatte er sie? Meine Vergangenheit war also angeblich bestens bekannt. Nach der unruhigen Nacht zu Hause war mir klar: Mir blieb keine andere Wahl, ich musste einfach da durch. Es gab keine Alternative, musste mich zusammenreißen und das einfach so verkraften, wie es war. Vor allen Dingen zu allen politischen Ausführungen meinen Mund halten. Das war meine letzte Chance im Beruf. Ich stürzte mich in die Arbeit.
Der Laden lief gut an. Schon im zweiten Monat habe ich den vorgegebenen Warenumsatzplan erfüllt. Im Café trank man seit Jahren Spirituosen und Bier.
Ich erweiterte das Angebot, wie es sich für ein ordentliches Café gehört, mit Kuchen und Torten. An den Wochentagen mäßiger Absatz, aber an den Wochenenden Kuchen und Torten außer Haus ohne Ende. Nicht nur die Hausbewohner standen in Schlangen an Sonn- und Feiertagen vor der Theke und nahmen die Torten lieber mit nach Hause. Das war mir egal, ich dachte an die geforderte Planerfüllung. Immer nur der Umsatz, nicht die Rentabilität war ausschlaggebend.
Es gab keine Bäckereien, die sonntags geöffnet waren. Wir hatten in der einzigen Großkonditorei in der Mauerstraße unsere Torten zu bestellen. Die lieferten nur in den frühen Morgenstunden zu den unterschiedlichsten, nicht abgesprochenen Zeiten an Wochentagen.

Die Torten standen ungeschützt in Kartons verpackt auf der Straße vor der Tür. Zur Freude der Kinder und auch manchmal der Hunde, die sich an den Torten zu schaffen machten. Eine Warenschleuse konnte aus finanziellen Gründen nicht gebaut werden, deshalb schrieb man lieber die beschädigten und teilweise vernaschten Torten ab. Mein Vorschlag, einen Schlüssel zu hinterlegen, damit die Ware wenigstens in den ersten Vorraum der Gaststätte gestellt würde, wurde abgelehnt. *„Die Großkonditorei ist nicht verpflichtet, für die Sicherheit der gelieferten Ware aufzukommen."*

Ausgerechnet jetzt, als ich das Café übernahm, gab es eine Kaffee-Krise in der DDR. Es wurde Bohnenkaffee mit Surrogaten, den verschiedensten Ersatzstoffen gemischt und als „Kaffee-Mix" in den Handel gebracht. Das führte zu flächendeckenden Ausfällen der Kaffeemaschinen in den Cafés und Bars, da der Mixtur u. a. Erbsenmehl beigemischt wurde. Das darin enthaltene Eiweiß quoll unter Druck und Hitze auf und verstopfte die Filter. Wir mussten unsere Kaffeemaschine auch außer Betrieb setzen und brühten den Kaffee jetzt per Hand im Aufgussverfahren. Bei frisch gebrühtem Kaffee rümpfte man gleich die Nase. Die mündlichen und schriftlichen Beschwerden und Eingaben der Bevölkerung aus der gesamten Republik an den Staatsratsvorsitzenden Erich Honecker waren derart stark und massiv, dass sich die Parteiführung gezwungen sah, ihre Entscheidung zum Kaffee-Mix zurückzunehmen. Kaffeesahne zum Kaffee gab es immer noch auf Zuteilung für die Gaststätten. (1982)
Um mehr Umsatz zu machen, versuchte ich es mit kleinen Tanzveranstaltungen an den Wochenenden und hatte Erfolg. Der Laden brummte. Auszeichnungen und Prämierungen für beste Umsatzergebnisse flatterten ins Haus. Ich errang ständig die ersten Plätze im Vergleich aller Cafés.
Drei Jahre später wurde ich vom Magistrat für: „Bestes Café der Hauptstadt" vom Oberbürgermeister ausgezeichnet.

Das war nicht dem Wohnparteisekretär zu verdanken, im Gegenteil. Er machte mir immer Kummer, wenn er blau war. Das war nicht selten der Fall. Seine Abende verbrachte er lieber bei mir im Café bei Schnaps und Bier als im dritten Stock im Kreise seiner Familie.
Es war 23:45 Uhr und ich rief: *„Es ist Feierabend! Ausschank-Schluss!"* Übliches Prozedere. Fünf Gäste waren noch anwesend. Um 0:15 Uhr musste jeder Gast die Gaststätte verlassen haben. Der Parteisekretär kannte die Bestimmungen genau, ließ sich aber ständig als einziger Gast Zeit mit dem Aufbrechen. Das bemerkte schon mehrmals eine ältere Dame, die ich ebenfalls zu meinen Stammgästen zählte.
Sie ging zu ihm und ich hörte, wie sie angetrunken laut sagte: *„Hör mal zu, auch für Genossen ist jetzt Feierabend, oder kannst du das nicht begreifen, weil du in der Partei bist?"*
Er wurde böse und meinte, sie solle endlich verschwinden. Man hörte eine Rangelei aus der Ecke. Gläser klirrten und Stühle flogen um, wo er saß. Als ob die Gäste sich schlagen wollten. Er kam nach vorne an die Theke gestolpert und sagte äußerst aufgebracht und außer Puste zu mir:
„Die Alte wollte mir mein Parteiabzeichen abreißen, hast du das gesehen? Ich sagte: *„Ich kann doch nicht um die Ecke gucken."* In der Tat stand hinter seinem Tisch ein Stützpfeiler, man hätte diesen Tisch vom Ausschank aus nie einsehen können. Jetzt er: *„Ich frage dich ein letztes Mal, hast du gesehen, dass die Alte mir mein Parteiabzeichen abreißen wollte?"*
„Ich habe es nicht gesehen!"
Er im Zorn: *„Du w o l l t e s t es nicht sehen, oder? Antworte!"* Als er ging, sagte er: *„Ich kenne dich, wir werden uns damit in den nächsten Tagen in der Wohnparteigruppe befassen, das kann ich dir jetzt schon versprechen!"*
Ich habe wieder einmal eine nachdenkliche Nacht verbracht. Dass ich nichts gesehen hatte, hätte man mir möglichenfalls in einer Aussprache nicht abgekauft.
Er ließ sich in den nächsten Wochen nicht blicken.

Es kam aber ein anderer im Haus lebender, vergleichbarer, nur jüngerer Typ. Der kannte angeblich den Vorfall und meinte, er sei selbst bei der Abteilung Inneres beschäftigt und mahnte mich: *„Der Genosse kann für dich gefährlich werden, ich warne dich."*
Einmal schenkte ich einem Stammgast, der am Büfett stand und immer sehr großzügig mit Trinkgeld war, einen kleinen Weinbrand Auslese ein. „Bitte", sagte ich, „*der ist für dich.*"
Er bedankte sich mit den Worten: *„Auf dein Wohl!"*
Daraufhin mischte sich ein anderer Gast ein und meinte zu mir: *„Du weißt doch hoffentlich, was du da machst?"*
Ich fragte: *„Was meinst du?"*
„Du verwaltest als Gaststättenleiter hier Volkseigentum. Die Ware gehört dir nicht. Wenn du hier Schnaps verschenkst, ist das Diebstahl an Volkseigentum. Ich habe nämlich nicht gesehen, dass du den Weinbrand aus deiner eigenen Tasche bezahlt hast!"
Das muss ein Tausendprozentiger gewesen sein. Erst dachte ich, er machte Spaß, aber er meinte es tatsächlich ernst.
Ich erwiderte: *„Ich bezahle meine große Zeche immer erst zum Feierabend. Wenn du willst, lade ich dich dazu ein."*
Er blickte mich infantil an und wusste nicht, was er davon zu halten hatte. Es war schon ein extrem rotes, ideologisches Gebäude mit dem Café Freizeit in der ehemaligen Leninallee. Ein dickes Nest von gehorsamen Gesinnungsgenossen. Ausgerechnet ich musste dort landen. Vom Wohnparteisekretär kam nichts weiter, er hatte eben nur gedroht.
Nach drei Wochen kreuzte er wieder auf und tat so, als wäre nichts geschehen. Vermutlich konnte er sich auch nicht mehr richtig an diesen Abend erinnern.
Ein fast täglich einkehrender netter junger Stammgast ließ sich über Monate nicht blicken. Als er wieder auftauchte und wie ein Blitz aus heiterem Himmel überraschend an der Bar stand, fragte ich ihn, ob er zwischenzeitlich ein besseres Café als das meine gefunden hatte.

„Nein", sagte er, „die Schweine hatten mich eingebuchtet."
„Wie? Wer?", wollte ich wissen. „Ich kann mir nicht vorstellen, dass du einer Fliege etwas antun könntest."
Er sagte: „Das ist hier bei dir passiert. Dem ich das zu verdanken habe, sitzt da drüben, der Lange mit der Lederjacke!" Er zeigte auf einen jungen Mann, der gerade anwesend und auch fast täglich abends Gast bei mir war.
„Was ist denn passiert? Komm doch endlich mal mit der Sprache heraus!" Er schilderte:
„Ich war hier auf der Toilette. Neben mir am zweiten Pinkelbecken stand dieser Kerl. Beim Pinkeln sagte ich so vor mich hin, mich kotzt das hier im Osten alles an, die sind schlimmer als die Nazis. Ich haue ab nach drüben. Mehr habe ich nicht gesagt. Als ich abends aus deinem Café gegangen bin, wurde ich vor der Tür verhaftet. Ich habe sechs Monate gekriegt und vier absitzen dürfen."
Ich sagte zu ihm: „Du weißt doch, welche Leute hier verkehren, sei vorsichtig und trink nicht so viel, damit es nicht noch einmal passiert." Er hatte für die restliche Zeit noch ein paar Monate Bewährung bekommen. Man musste eben mit diesen Gästen leben. Man konnte niemandem trauen.

Als ich aus dem Urlaub zurückkam, musste ich gleich zum HO Direktor, der mir das Café übertragen hatte. Der Grund: In meiner Urlaubszeit wurde durch Zeugen nachweisbar, der Westsender RIAS gehört. Was ich für eine Erklärung hätte, fragte er mich. Westsender zu hören war strengstens verboten. Ich sagte ihm: „Die Sender, die wir empfangen dürfen, sind auf der Frequenzskala des Radios alle mit einem Papier-Klebestreifen gekennzeichnet, so wie es Vorschrift ist. Es kann nur ein Versehen gewesen sein, beim Weiterdrehen auf die richtige Station. Außerdem war ich im Urlaub."
Daraufhin sprach er sofort sehr laut, als ob er die Aufmerksamkeit anderer Mitarbeiter in den Nebenbüros erreichen wollte:

„Das ist nicht zu akzeptieren! Wenn man als Gaststättenleiter arbeitet, hat man die politische Verantwortung für seine Mitarbeiter, auch im Urlaub. Ein Zeichen, dass man sein Personal nicht genügend ideologisch geschult hat. Wenn man das nicht kann oder nicht will, ist man als Leiter auch eines kleinen Cafés nicht geeignet!"
Ich zweifelte daran, dass er selbst daran glaubte, was er mir sagen musste, das entnahm ich seinem Gesichtsausdruck und seinem Augenzwinkern dabei. Wir kannten uns ja gut. Vermutete er eine Abhörwanze in seinem Büro? Lauschgeräte konnten ja optische Signale nicht erfassen. Vermutlich sollte es wohl eher eine Persiflage mit Theaterdonner sein.
Das blieb auch ohne Folgen für mich. Er wurde offenbar von der Partei aufgefordert, mit mir diese Aussprache nach meinem Urlaub zu führen. Nun konnte er schriftlich berichten: „Die Aussprache zum Tatbestand des groben Verstoßes wegen Hören des Feindsenders ist mit dem Gaststättenleiter erfolgt. Er wurde nochmals eingehend über die festgelegten Bestimmungen für die Beschallung eines Restaurants belehrt. Er war einsichtig, bedauerte diesen groben Verstoß und verpflichtete sich mit seinem Kollektiv zusätzliche VMI Stunden zu leisten." (VMI unbezahlte, freiwillige Arbeit.) Ich hatte eine Kopie dieses Protokolls erhalten und staunte nicht schlecht über meine angebliche Verpflichtung.
Dieses Café hatte auch eine schöne Terrasse, die sich unmittelbar vor dem Hochhaus befand, allerdings ohne Überdachung. Sonnenschirme oder Markisen, die ein wenig Schutz hätten bieten können, haben wir nicht bekommen. Nicht wegen der Sonne war es ein gefährliches Vergnügen, auf der Terrasse zu verweilen. Einige Mieter, Jugendliche und Kinder handelten unverantwortlich: Sie warfen alle möglichen Gegenstände und Essenreste einfach aus ihren Wohnungsfenstern. Dabei waren volle Milchtüten, Wurstdosen, Stullenbüchsen, auch zwischendurch schon einmal ein Teller oder eine Tasse. Selten verging ein schöner Sommertag ohne Schäden.

Das war in gleich gebauten anderen Hochhaus-Gaststätten in Ostberlin ebenso. Die Schäden mussten von der Versicherung ständig ersetzt werden. Die Polizei konnte die Übeltäter nicht ausfindig machen. Es war auch schlicht unmöglich bei 24 Stockwerken mit den vielen offenen Fenstern im Sommer.
Als ein gut gekleidetes Ehepaar beim Wein trinken auf der Terrasse von oben aus einem Fenster reichlich mit Kot und Urin überschüttet wurde, musste ich die Terrasse endgültig schließen.
Aber trotz Terrassenschließung, dass weniger Umsatz bedeutete, haben wir meist schon im Monat Oktober spätestens im November eines jeden Jahres „Plansilvester" feiern dürfen.
So hieß das, wenn man bis dahin seinen Jahresumsatzplan erfüllt hatte.

Nun stand das nationale Jugendtreffen der FDJ 1984 vor der Tür. Die Vorbereitungen in der Gastronomie liefen auf Hochtouren. Eine schriftliche Anweisung jagte die nächste.
Wieder ging es nicht ohne Maßnahmenpläne.
Nun glaubte ich, mit dem kleinen Café würden sie nicht so viel Wirbel machen, zumal es ja nicht im Zentrum der Hauptstadt, sondern etwas weiter entfernt in Weißensee lag. Denkfehler.
Ich hatte ebenso Pläne zur Absicherung und Durchführung des Jugendtreffens zu erfüllen wie andere im Zentrum auch. Dazu gehörte ein umfangreicher Rapport. Alle Vorkommnisse waren sofort telefonisch zu melden: Negative Diskussionen von den Gästen, Störungen bei Warenanlieferungen, Ausfall von Technik usw. Ab sofort sollte bei Telefonanrufen überprüft werden, ob diese aus dem Westen kommen könnten. Es musste sofort aufgelegt werden und war als „schweres Vorkommnis" sofort meldepflichtig. Bei mir hatte sich niemand aus dem Westen gemeldet. Bei den Warenbestellungen wurden wir verpflichtet, rot unterstrichen in die Bestellkataloge einzutragen:
<u>Absicherung des Jugendtreffens der FDJ.</u> Mehr als die bestellte Menge wurde ohne Beanstandungen geliefert.

Der Handelsleiter wies absurderweise an, noch mehr Ware zu bestellen, hauptsächlich viel Eis, Torten, Kaffee und reichliche Mengen an Säften. Ich entgegnete:
„Es bestehen nicht so viele Kühlmöglichkeiten, ich habe aber schon reichlich Reserven mit eingelagert, was ist, wenn mir einige Lebensmittel verderben?"
Das wäre in diesem Fall kein Problem, meinte er. *„Für solche verdorbene Ware wird ein Abschreibungsprotokoll mit Hinweis Jugendtreffen angefertigt und die Ware vernichtet. Du bekommst dafür ein Gutscheinprotokoll. Ich sage dir noch einmal, wenn etwas zum Jugendtreffen nicht reichen sollte, oder ein Sortiment nicht vorhanden ist, bekommst du großen Ärger!"* Das sagte der Handelsleiter zu mir am Telefon.
Als ich den Hörer auflegte, überlegte ich: Wovor hatten die Verantwortlichen eigentlich Angst? Was sollte das alles?
Diese fieberhafte Versorgungshysterie war doch ein reines Affentheater. Ein durchsichtiges politisches Manöver.
Schon ein paar Tage vor dem Jugendtreffen gab es sogar Apfelsaft, Tomatensaft und Orangensaft. Diese Säfte haben wir trotz wiederholter Bestellungen in unseren Katalogen monatelang, fast jahrelang nie zu Gesicht bekommen. Man konnte es kaum glauben, jetzt gab es sogar zum ersten Male ausreichend Kaffeesahne und kontingentierte Zigarettensorten.
Nun kam das Jugendtreffen:
Mir war klar, dass ich die viele gelieferte Ware niemals in der vorgeschriebenen Zeit im Café verkaufen konnte.
Ein Telefongespräch vom gleichen Handelsleiter am ersten Tag des Jugendtreffens setzte dem allen die Krone auf:
„Schließe bitte sofort deine Gaststätte und begib dich mit deinen zwei Mitarbeitern zum Alexanderplatz, ihr werdet dort dringend als Verkaufskräfte gebraucht. Ihr arbeitet über die Zeit des Jugendtreffens auf dem Alexanderplatz, und dein Café bleibt geschlossen! Du brauchst gar nicht erst mit mir anzufangen zu diskutieren. Das ist eine zentrale politische Anweisung von oben, ich kann nichts daran ändern."

Ich glaubte, meinen eigenen Ohren nicht zu trauen. „*Wir müssen schließen*", erklärte ich meinen zwei Mitarbeitern vor Dienstbeginn. Die wollten das nicht glauben, sie waren felsenfest davon überzeugt, dass ich mit ihnen einen schlechten Scherz machte. Erst als ich meine Straßengarderobe anzog und die Ladenschlüssel zur Hand nahm, waren sie gewiss, dass es stimmte.

Eine Mitarbeiterin meinte: „*Die da oben drehen jetzt völlig durch. Haben die noch alle Tassen im Schrank? Was sollen wir denn auf dem Alexanderplatz? Wozu haben wir denn so viel Ware bekommen?*"

Wir also zum Alexanderplatz. Dort beim verantwortlichen Leiter gemeldet, kam die nächste Überraschung. Der dortige Verantwortliche: „*Das ist doch nicht möglich, ich bekomme immer mehr Arbeitskräfte zugeteilt, was soll ich mit so vielen Leuten? Ihr tretet euch ja gegenseitig auf die Füße!*"

Für mich passte das genau ins Bild. Die vielen schriftlichen Anweisungen zum Festival wurden von jetzt auf gleich Makulatur. Von mir gab es keinerlei Randbemerkungen zu diesem unbeschreiblichen Chaos. Ich war ein gebranntes Kind, musste mich auf die Probe stellen, meinen Mund zu halten und zum Lachen fehlte mir einfach der Mut.

Nun verkauften wir nicht in dem Café das vorbereitete Sortiment von Kuchen, Eis und Säften, sondern tapfer auf dem Alexanderplatz Hotdogs. Durften aus politischen Gründen die Wurst aber nicht Hotdog, sondern mussten sie „Ketwurst" nennen. Auch der Name „Hamburger" war im Osten verboten. Der Hamburger hieß, wie vorgeschrieben, „Grilletta".

Wir verkauften Tausende, außerordentliche Mengen. Die zusätzlich eingerichteten Verkaufsstände waren für diese Masse der vielen jungen Menschen völlig unzureichend. Die langen Schlangen der jugendlichen Käufer rissen auch um Mitternacht nicht ab. Die Polizeistunde wurde über die Zeit des Jugendfestivals aufgehoben.

Auch noch nach 22 Uhr kam immer wieder frische Ware.

Ein beeindruckendes Schauspiel für einen gelernten DDR-Bürger. Der telefonisch avisierte nächtliche Transport und die gelieferten Waren ohne Mängel. Ein Traum. Man kam aus dem Staunen nicht heraus, selbst das Leergut wurde sofort wieder mitgenommen.
Wir wurden für unseren Einsatz gleich immer am Tag in bar ausgezahlt, zusätzlich zu unserem Monatslohn. Auch jede Überstunde wurde mit Zuschlägen in der höchsten Kategorie gut besoldet. Man war sehr großzügig. Nach dem erfolgreichen Jugendtreffen wurden ein paar Torten und Eis, ein Teil meiner im Café gebunkerten Ware, abgeschrieben. So war das auch in einigen anderen kleinen Einrichtungen, die über das Festival auf Anweisung von oben geschlossen werden mussten.
Das Jugendtreffen war wieder ein gelungenes Fest für die Propaganda der Partei ohne Rücksicht auf Verluste und auf Kosten der Allgemeinheit.
Inzwischen liefen die Vorbereitungen für das große Ereignis, die 750-Jahr-Feier Berlins an. Da in Westberlin ebenfalls die Vorbereitungen auf die 750-Jahr-Feier begannen, gab es einen Wettlauf der beiden politischen Systeme in der geteilten Stadt. Wollte man im Osten unter allen Umständen als Sieger hervortreten? Überraschend gab es plötzlich ungeahnte Ressourcen. Die HO eröffnete neue Bars und Restaurants. Große und kleinere, hübsche und gemütliche Gaststätten.
Der lange Dornröschenschlaf der Gastronomie schien endlich beendet. Wo kamen plötzlich die Mittel her für eine solche Expansion? Wir bekamen keine einzige Erklärung dazu.
Auch in den Außenbezirken in Hohenschönhausen, Hellersdorf und Marzahn wurden jetzt wie verrückt neue, längst überfällige Gaststätten gebaut. Große Klubgaststätten als Mehrzweckeinrichtungen mit vielen unterschiedlichen Speiselokalen, Cafés und sogar erstaunlicherweise Gaststätten mit Kegelbahnen. Vor ein paar Jahren erklärte man uns noch: „Kegelbahnen sind nicht notwendig, weil bei den Bürgern in unserer Republik kein Spielbedürfnis bestehen würde."

Ich leitete sechs Jahre lang dieses Café Freizeit, in dem ich meinen neuen Freund und Lebenskameraden Michael kennengelernt habe, der ebenfalls eine gastronomische Ausbildung machte und ein sehr guter, zuverlässiger Stellvertreter von mir wurde.

Nun besorgte ich mir Adressen von leer stehenden Gewerbeobjekten und bemühte mich erneut bei den Behörden, die Genehmigung zur Eröffnung eines eigenen Restaurants zu erreichen. Es war eine gewisse politische Entkrampfung oder ein wenig mehr Offenheit auf diesem Gebiet zu beobachten. Alle Bemühungen von mir blieben erfolglos. Immer wieder wurde mir eine Genehmigung zur Übernahme eines Objektes in verschiedenen Stadtbezirken ohne Begründung verweigert. Der Selbstständigkeit wurden weiter Steine in den Weg gelegt. Lieber ließ man die kleinen, seit Jahren leer stehenden ehemaligen Kneipen und Läden verwahrlosen, als dass man sie einer vernünftigen privaten Bewirtschaftung zuführte.

Es war für mich ein gastronomischer Weg mit Hindernissen, weil ich weiter gezwungenermaßen HO Leiter war. Ich konnte jetzt aber durch die rasante Entwicklung, die wie Phönix aus der Asche kam, überraschend profitieren.

Dazu mein neuer Direktor, Genosse G. aus Hohenschönhausen: *„Wir haben in Hohenschönhausen ein gastronomisches Neubauobjekt in Vorbereitung, hättest du Interesse daran?"*
„Was ist das für eine Einrichtung?", wollte ich wissen.
„Das wird ein anspruchsvolles Restaurant mit einem Biersalon in der höchsten Preisstufe", sagte er. Ich meinte: „Anspruchsvolles Restaurant hört sich ja vornehm an." Er schilderte wie nach einem Film das neu zu errichtende Restaurant. Alles in brillantesten Farben. Der Name stand auch schon fest, so mein Chef zu mir: „Das Restaurant, das gebaut wird, heißt Feldmarkschenke." Ich erwiderte: *„Feldmarkschenke? Dieser Name passt nicht für ein anspruchsvolles Restaurant, mit den geschilderten wertvollen Original-Bildern an den Wänden und den erwähnten echten Ledersesseln."*

Er meinte: „*Auf den Namen haben wir keinen Einfluss, der wird immer von oben vorgegeben.*" (Alles was von „oben" kam, durfte nur gut sein.)
Jedenfalls hatte er die Konzeption für das Haus schon gelesen und war stark beeindruckt. „Das gesamte Sortiment, das schon feststeht, wird dich als Gastronom total begeistern", meinte er.
„*Allein die fünf Sorten Bier aus dem Hahn.*" „*Ein temperierter Keller zusätzlich mit Bier-Tanks, die automatisch eine 24-Stunden-Kühlung für das Bier garantieren.*"
„*Fünf Sorten Bier vom Hahn? Meinst du alle Sorten aus einem Zapfhahn?*", fragte ich spöttisch nach.
„Nein", sagte er, „*es sind vorgesehen die Sorten Radeberger, Wernesgrüner, Deutsches Pilsener und Pilsator. Stell dir mal vor, sogar Bier aus der Tschechoslowakei, Pilsener Urquell und Budweiser bekommst du geliefert.*"
Das hörte sich ja alles sehr gut an. Es blieb aber für mich sehr zweifelhaft. Ich wusste, dass die Tschechoslowakei für ihr gutes Bier längst zahlungskräftigere Partner im Westen gefunden hatte (1987). Man musste den Eindruck gewinnen, die Handelsfunktionäre erfassten einfach nicht die Wirklichkeiten. Nahmen sie nicht zur Kenntnis, dass gute Restaurants wie zum Beispiel das Restaurant „Moskau" große Probleme mit den genannten Bieren hatten? Selbst gutes Bier aus der DDR, wie Wernesgrüner oder Radeberger, wurde ihnen nur auf Zuteilung geliefert. Die Brauereien arbeiteten alle am Limit. Weitere Produktionssteigerungen waren ausgeschlossen, weil es an Rohstoffen, hauptsächlich an Hopfen mangelte und Investitionen in die Technik fehlten.
Ich sagte für dieses Neubauobjekt, für dieses Restaurant mit Namen „Feldmarkschenke", dennoch zu.

Nach sechs Jahren Café Freizeit in dem roten Nest in der Leninallee war ich zufrieden, ohne weitere politische Schwierigkeiten, ohne Rote Karte da herausgekommen zu sein.

Restaurant „Feldmarkschenke"

Nun umfasste mein berufliches Repertoire schon fast alles, was man auf der gastronomischen Strecke der Gastronomie, jedenfalls bei der HO, in Erfahrung bringen konnte.
Inzwischen diente ich beruflich bereits 35 Jahre dem HO Betrieb. Mich konnte eigentlich nichts mehr erschüttern.
Ich hatte endlich gelernt, nicht mehr alles so ernst zu nehmen.
In den bisherigen Jahren meiner Tätigkeit hatte ich auch viele schöne Zeiten erlebt, nette Menschen und gute Kolleginnen und Kollegen kennengelernt. Darüber hinaus auch viele bekannte Künstler und Prominente. Es gab immer reichlich Spaß und Amüsement bei den vielen Veranstaltungen. Meist ging es lustig und feuchtfröhlich zu. Nicht nur Probleme und Schwierigkeiten, sondern überwiegend auch angenehme, schöne Erinnerungen prägten meine bisherige berufliche Vergangenheit.
Nun hatte ich zum ersten Mal die Gelegenheit, unmittelbar dabei zu sein, wie eine neue Gaststätte gebaut und eingerichtet wurde. Eine spannende Geschichte. Ich wurde verpflichtet, ein halbes Jahr vor der Eröffnung die Bauaufsicht zu übernehmen. Es standen 550 qm Fläche zur Verfügung.

Ich durfte sogar die Bauunterlagen einsehen. Der Rohbau war schon fertig.

Beim ersten Blick in die Unterlagen erschien mir völlig unverständlich, dass zwei Drittel der Gesamtfläche Wirtschafts- und Nebenräume waren und nur ein Drittel Galsträume. Für meine Begriffe Unwirtschaftlichkeit gleich in Beton gegossen. Es war zu spät, um Korrekturen oder Änderungen für die Innenwände und Einrichtungen einzureichen.

Man konnte aber einschätzen, dass einige andere Fehler, die in der Vergangenheit beim Neubau eines Restaurants gemacht wurden, weitgehend ausgeschlossen waren.

Zum Beispiel fehlende Lagerräume oder Umkleideräume für das Personal. Dennoch hatte man die Rechnung ohne den Wirt gemacht. Es fehlten offensichtlich bei der Projektierung erfahrene Gastronomen. Die Funktionäre, die solche Bauunterlagen absegneten, brauchten sich ja später nicht mit den technischen Mängeln, die den gastronomischen Abläufen im Weg standen, herumschlagen.

Meine Bauaufsicht mit meinem Stellvertreter Micha beschränkte sich also auf die Versorgung der Bauarbeiter mit Bier. Tagelang saßen sie auf den Steinen der halb fertigen Räume, tranken das aus der Kaufhalle nebenan geholte Flaschenbier, spielten Skat und warteten auf Material. Jeder Bauarbeiter musste morgens immer pünktlich sein. Die meiste Zeit des Tages wurde gewartet. Wenn Material telefonisch angekündigt wurde, fehlten die dazugehörigen Baufahrzeuge, die den Bedarf auch heranschafften. Man musste drei Tage auf das Auto warten.

Es blieb nicht bei dem halben Jahr Bauaufsicht. Eröffnungstermine wurden immer wieder und immer wieder verschoben. Es ging und ging nicht weiter, weil es zurzeit keine Fußbodenfliesen in der DDR gab. Über Wochen wurde von den Bauarbeitern nicht ein Handschlag gemacht. Nach weiteren Monaten schließlich nahm das Restaurant doch Gestalt an.

Als endlich alles für die Eröffnung fertig war, Tische für das Restaurant standen bereit, gab es tatsächlich keine Stühle.
Es waren keine Stühle aufzutreiben. Ich wurde beauftragt, in Erfurt, Leipzig oder Dresden welche zu organisieren, doch es blieb dabei: Es gab keine. Die Produktionsstätten durften nur geplante Stühle ausliefern. Eine Stuhlplanung für mein Restaurant lag aber nicht vor, da die Bauunterlagen ursprünglich erst Ledersessel und später nur gemauerte, gepolsterte Sitzbänke im Gastraum vorsahen. Eine Veränderung dieser anfänglichen Konzeption wegen Kostenersparnis, erreichte aber nicht den befugten Stuhlplaner. Auch das Hochzeitszimmer wurde in eine Planung für Stühle nicht einbezogen. Im letzten Moment siegte wieder die sozialistische Hilfe. Wir bekamen Stühle, die im Stadtbezirk Pankow für ein neues Restaurant bereitstanden. Dort gab es andere Probleme, die die Eröffnung verzögerten. Schließlich war es soweit.
Am 28. August 1987, pünktlich um 17 Uhr, durfte ich stolz die neu gebaute HO-Gaststätte eröffnen. Die Gäste standen in langen Schlangen vor der Tür. Es dauerte keine zwanzig Minuten nach Eröffnung, und nicht einer von den 150 Plätzen war noch zu ergattern. Es war alles überfüllt.
Die Gäste waren von der Einrichtung begeistert. Die „Feldmarkschenke" wich tatsächlich von allen bisher gebauten kleinen Gaststätten in Ostberlin ab. Zum allerersten Mal wurde an der Fassade nicht mehr das staatliche **HO**-Symbol, sondern nur der Name der Gaststätte angebracht. Das war überraschend neu. Konnten die Verantwortlichen schon in die Zukunft sehen? Solch ein hübsches Ambiente hatten die Gäste nicht erwartet. Bunte bleiverglaste Fenster, an den Wänden Original-Federzeichnungen der alten Feldmark. Ein großer runder massiver Stammtisch für 14 Personen und ein rustikaler Stehtisch in der Nähe der Theke. So etwas gab es noch nicht in einer neu gebauten Gaststätte. Tiffanylampen sorgten für eine angenehme, gemütliche Atmosphäre.

Ein separates Hochzeitszimmer mit einem zusätzlichen Eingang von der Straße. Alles in allem ein beeindruckendes Interieur.
Ein Super-Bierlagerraum, wo das Bier in drei großen 600-Liter-Tanks lagerte, mit einer automatischen Kühlung. Nur die 20 Meter lange, nicht gekühlte Plaste-Bierleitung vom Bierlager durch die Küche bis zur Theke verhinderte, dass das Bier auch mit der entsprechenden Temperatur ankam. Eine Begleitkühlung wie im Westen, war im Osten unbekannt. Nach den Bauunterlagen sollte es in der Zapfbrücke an der Theke mit Kristalleis nachgekühlt werden. Durch den nicht erwarteten Bierumsatz von 2000 bis 2500 Liter pro Woche brauchte man aber nicht zu jammern, denn die Kühlkette war selten unterbrochen. Das Bier konnte oft nicht so schnell gezapft werden, wie es gebraucht und aus Halblitergläsern getrunken wurde. Nur am nächsten Tag musste das Bier, das über Nacht in der langen, warmen Leitung stand, weggegossen werden. Wie von mir richtig eingeschätzt, bekamen wir nur das Pilsator, wie andere neue Restaurants auch. Ich meine, auch wenn das deutsche Reinheitsgebot für Bier mit hoher Wahrscheinlichkeit unterlaufen wurde, dass das Bier vom Zapfhahn eine gute Eigenschaft hatte. Die Schaumkrone stand stabil. Man wusste nicht genau, was alles im Bier drin war, aber der Geschmack war gut. Es brauchte keine Haltbarkeitsgarantie, weil es nie alt wurde.
Die Küchennebenräume und die Lagerräume waren für das vorgegebene festgelegte Küchen-Angebot viel zu groß. Nur die Miete, die Energie und die Nebenkosten für das Restaurant spielten keine Rolle, die bezahlte die HO der Staat. Die Sanitär- und Umkleideräume einschließlich eines Frauenruheraumes für das Personal und getrennter Duschen für Frauen und Männer wurden für 50 Mitarbeiter eingerichtet. Dazu ein großer Aufenthaltsraum für die Belegschaft. Obwohl nur 15 Personen als Angestellte von Anfang an in dem Objekt Feldmarkschenke geplant waren. Von der Bauleitung hieß es dazu:

„Ja, es stimmt, es gibt ohne jeglichen Zweifel ein paar Überdimensionierungen in der Gaststätte, aber besser so, in anderen Neubauobjekten war das bisher umgekehrt."
50 schwarze Röcke und 50 farbige Blusen waren für die Serviererinnen als Berufskleidung geschneidert worden.
Irgendjemand aus der zentralen Verwaltung hat sie lange vor Baubeginn in Auftrag gegeben. Nun hatte ich aber nur 8 Kellner, und die wollten keine Röcke oder Blusen anziehen.

Jede neu gebaute Gaststätte musste per Gesetz ab 1987 eine Behindertentoilette haben. Ich hatte sie auch. Sie war groß und so eingerichtet, dass ein Behinderter mit Rollstuhl sie mühelos benutzen sollte. Nur sie konnte von keinem Behinderten aufgesucht werden. Die Toilettentür der Behindertentoilette war breit genug, aber die vordere Tür, um überhaupt in den Toilettenvorraum zu gelangen, war für Rollstuhlfahrer zu schmal. Die Eingangstür für Toiletten konnte nachträglich nicht verändert werden, weil es sich links und rechts um tragende Wände handelte. Ein Behinderter mit einem Rollstuhl hatte also keine Chance. Sieht man noch von anderen kleineren Schildbürgerstreichen, von Belüftungsproblemen und Fehlplanungen in der Küche ab, war es schon ein Restaurant, das sich als Privatgaststätte durchaus geeignet hätte.
Es sollte, was ich nicht im Traum erahnen konnte, auch meine berufliche Endstation werden.
Das schöne separate Zimmer hat dafür gesorgt, dass ich ständig Kontrollbesuche von der Polizeiinspektion, Abteilung „Erlaubniswesen" bekam. Sie waren äußerst misstrauisch, ob auch wirklich alle geschlossenen Gesellschaften in das vorgeschriebene Veranstaltungsbuch der Gaststätte eingetragen wurden. Nicht eine einzige Feier durfte ihnen entgehen.
Jede kleine Geburtstagsfeier, Jugendweihe, Einschulungsfeier, Hochzeit oder Beerdigung musste ich nicht nur schriftlich bei der Polizei mit einem Veranstaltungsformular anmelden, sondern auch zusätzlich in diesem Veranstaltungsbuch eintragen.

Diese Eintragungen wurden von der Polizei mit den eingereichten Meldeformularen bei mir im Büro monatlich verglichen. Wer feierte wann, wie lange, aus welchem Grund? Das war das Wichtigste, das ständig, fast schon krankhaft, überwacht wurde. Mir wurde dauernd vor einer Nichteinhaltung dieser Bestimmungen gedroht. Jeder Gast, der eine kleine Feier durchführen wollte, war verpflichtet, alle seine persönlichen Daten einschließlich Adresse und Arbeitsstelle offenzulegen und eintragen zu lassen.
Besonders argwöhnisch war man bei Jugendweihefeiern, weil gelegentlich Tanten, Onkels oder Omas und Opas aus dem Westen eingeladen wurden.
Die Stasi war durch die Einreisegenehmigungen und durch die Anmeldungen der Feierlichkeiten informiert.
Da ständig alle Plätze im Restaurant besetzt waren, lief das so ab:
Gleich, wenn ich die Gaststätte öffnete, kamen zwei „unauffällige Herren" und setzten sich in die unmittelbare Nähe des Veranstaltungsraumes. Auch wenn noch einige Stunden bis zum Beginn der Privatfeier vergingen. Sie bestellten Kaffee, manchmal auch Weinbrand oder Bier. Wer diese Personen waren, sahen wir schon von Weitem. Sie wollten immer besonders vorsichtig und unbemerkt erscheinen und waren dabei auffälliger als andere. Die Kellner sahen das sofort und sagten leise am Büfett: *„Am Tisch Nr. 21 wird wieder Dienstbier getrunken."* Diese unauffälligen Herren vereinbarten vorher eine Uhrzeit mit ihrer Ablösung. Wenn sie bezahlten und aufstanden, kamen „zufälligerweise" zwei neue Zuhörer, besetzten sofort die Plätze. Sie taten so, als kannten sie die Ablösenden nicht. Wir kannten sie inzwischen. Die Dienstübergabe inklusive diverser Toilettengänge mit Ohrenspitzen war wieder geglückt. Die Gäste, die Westbesuch hatten, baten ihre Westverwandten, bitte leiser zu sprechen.
Warum, das konnten manche bunt gekleideten West-Tanten oder großzügigen Onkels oder Omis nie verstehen.

Es war ein Donnerstagnachmittag im Monat März 1988. Etwa gegen 15 Uhr kam ein Koch zu mir ins Büro und sagte: *„Wir bekommen Gurken, und der Fahrer vom Großhandel hört überhaupt nicht auf abzuladen, kommen Sie doch bitte mal schnell. Es sind große 10-Liter-Büchsen mit Gewürzgurken, es ist ein Sonderauftrag von der Abteilung Handel, extra für uns bestimmt. Was sollen wir mit so viel Gewürzgurken, wir brauchten mal frische Gurken."*
Nun ging ich an die Anlieferungsrampe nach draußen und sah mir die Bescherung an. Ich fragte den Fahrer: *„Sind die Gurkenkonserven etwa alle für uns?"* „Ja", sagte der und ließ sich nicht stören, weiter vom Lkw abzuladen. *„Hören Sie auf abzuladen! Was soll ich mit einem Lkw voller Gurkenkonserven?*
Der Fahrer konnte mir das nicht erklären. Ich rief den Handelsleiter an: *„Kannst du mir einmal verraten, was das soll? Ich brauche Jahre, um die zu verarbeiten, seid ihr tatsächlich nicht ganz bei Trost?"* Der Handelsleiter ziemlich abfallend: *„Seit Monaten jammerst du, dass du keine einzige Gurke bekommst, nun bekommst du welche, und es ist auch wieder nicht richtig. Sei zufrieden, dass du sie hast."*
Wir verstauten alle Gurken, und zum zigsten Male überlegte ich kopfschüttelnd, ob dieses System trotz schöner neu eingerichteter Restaurants überhaupt jemals in der Lage sein würde zu funktionieren. Es war kein Einzelschicksal, was ich als Leiter mit der jahrelangen Versorgungsmisere erlebte, das gehörte inzwischen zur „Normalität". Viele Menschen waren damit aufgewachsen und kannten es nicht anders. Sie nahmen es so, wie es war. Vernünftige Ein- und Verkaufshandlungen, wie ich sie als junger Mann in Westberlin erlebten durfte, waren vielen Bürgern inzwischen fremd.
Noch ein vorletztes Beispiel der märchenhaften Versorgung: Wir bekamen 1987 Berliner Weiße geliefert. Ein obergäriges Schankbier. Eine uralte Berliner Spezialität. Erfrischende Weiße wurde gern im Sommer getrunken, aber mit Schuss (Fruchtsirup). Dieser Sirup war aber im Sommer ausverkauft.

Nachbestellungen waren nicht möglich, es gab keine Reserven. Berliner Weiße wurde vom VEB Getränkekombinat produziert und produziert, konnte aber in diesen großen Mengen nicht mehr abgesetzt werden. Im Winter deckte ich mich schlau reichlich mit Sirup ein, damit mir das im nächsten Sommer nicht wieder passierte. Taktisch und geschickt einfach dem Handel ein Schnippchen schlagen. Hase und Igel lässt grüßen. Denkste. Im nächsten Sommer 1988 bekam ich zum ersten Mal nicht ausreichend Berliner Weiße geliefert. Wohin mit dem gebunkerten Sirup?

Jetzt sollte der Schweinebauch die kritische Fleischversorgung retten. Die „Aktion Schweinebauch gebacken" wurde auf Anweisung der Partei ins Leben gerufen.

Schweinebauch gebacken

Mit der Aktion Schweinebauch gebacken tragen wir nicht nur vorbildlich zur versorgungspolitischen Aufgabenstellung bei, sondern erfüllen damit auch konsequent die Beschlüsse unserer Partei und Regierung. Es kommt darauf an, Höchstleistungen im sozialistischen Wettbewerb zu erringen, um damit die Überlegenheit des Sozialismus bei der Versorgung der Bevölkerung mit Nahrungsmitteln zum Ausdruck zu bringen.

In allen gastronomischen Einrichtungen ist deshalb die folgende Weisung Nr. 6/1988 durchzusetzen.

Weber Hauptdirektor, VEB Gaststätten HO Berlin 24. Juli 1988

Es folgten viele Seiten Arbeitsanweisungen, wie viel die einzelnen Gaststätten an Schweinebauch mindestens zu verkaufen haben. Zum Beispiel die Gaststätte im Tierpark 2500 Portionen pro Woche. Verschiedene Restaurants 500 Portionen pro Woche usw. Für jede einzelne Gaststätte wurden die Portionen festgelegt. Auch in die Schüler- und Bauarbeiterversorgung sollte der Schweinebauch Einzug halten.

Es war die letzte verzweifelte politische Aktion, eine Versorgungsstabilität mit Fleisch zu erreichen, um den überlasteten Schweinesteak- und Schnitzel-Sektor zu entspannen.

Mein neuer Chef aus Hohenschönhausen hatte Geburtstag.
Er lud einige Gaststättenleiter in sein HO Büro, das vis-à-vis von meinem Restaurant im 6. Stock eines Hochhauses lag, zu einem kleinen Umtrunk. Dabei stellte er uns zwei Herren vor. Angeblich neue Kollegen. Wir brauchten keine zehn Minuten, um mitzubekommen, dass das zwei Leute vom „Spitzelkombinat horch und guck" waren. Sie hatten den Auftrag mitzufeiern.
Dabei war auch die Verantwortliche der Parteikreisleitung für Handel und Versorgung von Hohenschönhausen.
Sie meinte zu mir: *„Ich finde deine Gaststätte wunderschön, wir können ja den Abend bei dir noch ausklingen lassen."*
Gesagt, getan. Wir feierten noch eine Weile in meinem Restaurant. Die „unauffälligen neuen Kollegen" hatten sich schon verabschiedet. Nun fragte sie mich, ob es Probleme mit der Warenbelieferung gibt. Sie hat sich meine Sorgen mit der Warenbeschaffung angehört. Jetzt legte sie los:
„Wir haben in der vergangenen Woche in der Parteikreisleitung festgelegt, dass die planmäßige Versorgung der Bevölkerung noch viel besser wird." Usw. usw.
Wieder hörte ich nur Phrasen, wie immer leere Worte.
Ich sagte zu ihr: *„Wie kann eine Versorgung noch viel besser werden, wenn sie nicht einmal gut oder genügend ist?*
Was nützen Festlegungen, wenn die Umsetzungen fehlen?
Die Theorie ist Karl Marx, aber die Praxis ist reiner Murx.
Seit ich meinen beruflichen Weg vor 36 Jahren begonnen habe, immer wieder Versorgungsturbulenzen. Achterbahnen der Versorgungen. Seit Bestehen der DDR ist nicht ein einziges Jahr vergangen, in dem es einmal mit der Belieferung kontinuierlich klappte. Dazu kommt, dass es heute Probleme gibt, die es vor Jahren nicht gab. Selbst im Sommer gibt es nur selten Blumen in den Blumengeschäften (1988).
Ich habe große Mühe Blumen für Hochzeiten zu bekommen, weil keine Vorbestellungen in den Blumengeschäften mehr angenommen werden dürfen."

„*Das sozialistische System ist unbrauchbar. Nehmt ihr das nicht zur Kenntnis, oder wollt ihr das einfach nicht wahrhaben? Die Bevölkerung könnt ihr nicht auf ewig weiter für dumm verkaufen, viele werden es sich nicht mehr gefallen lassen. Wenn alle die, die von morgens bis abends kontrollieren und schnüffeln gehen, die eigene Bevölkerung ausspionieren, abhorchen, bevormunden und reglementieren und dafür gut bezahlt werden, arbeiten gehen würden, könnte es sicher etwas besser werden.*"
Die Parteifunktionärin hörte sich das überrascht an und erwiderte darauf nichts.
Keine Kommentare, keine Drohungen oder Ermahnungen von ihr. Das war neu. Für diese Äußerungen wäre ich sicher noch vor einiger Zeit während des Gespräches mindestens einmal ermahnt worden. Sie ging nach Hause und vergaß auf Wiedersehen zu sagen.
Als an diesem Tag Feierabend war, verabschiedete sich ein Mitarbeiter vom Getränkebüfett mit den Worten:
„*Chef, ich wünsche ihnen alles erdenklich Gute, vermutlich war das ihr letzter Tag, wahrscheinlich werden wir uns nicht so schnell wiedersehen. Ich habe nämlich mitbekommen, was sie zu der Tussi von der Partei gesagt haben. Ich kann mir nicht vorstellen, dass das für Sie ohne Konsequenzen bleibt.*"
Ich sagte zu ihm: „*Jetzt ist mir das auch egal geworden. Mir reicht es endgültig in dem Arbeiter-Paradies. Alles, was ich in den vielen Jahren erlebt habe. Sollen sie mich doch einsperren.*"
Meine Wohnung lag in der Nähe des Restaurants.
Am nächsten Tag ging ich etwa gegen 9 Uhr zum Dienst.
Auf der Straße vor der Gaststätte standen drei Streifenwagen der Polizei. Das ist es gewesen, jetzt bist du endgültig dran, dachte ich. Aber im Restaurant keine Polizei. „*Nanu*", fragte ich die anwesende Putzfrau,
„*wo sind denn die Polizisten von den drei Streifenwagen da draußen?*"

Sie sagte: „*Nebenan in dem Juwelierwarengeschäft wurde in der Nacht eingebrochen, die sind alle nebenan.*"
Ein schöner Trost für mich.
Aber zum Glück blieb die Zeit nicht stehen. Der Zahn der Zeit nagte an dem real existierenden Sozialismus. Die Uhren liefen jetzt schneller. Längst hatte sich in der Bevölkerung herumgesprochen, dass die DDR pleite war. War etwas anderes bei solch einer politischen und wirtschaftlichen Führung zu erwarten? Für viele Bürger nicht, weil sie wussten: Wenn der Russe, die auf dem Papier stehende so heiß geliebte Sowjetunion, uns nicht mehr kommandierte, wäre es mit einem Schlag vorbei mit der Deutschen Demokratischen Republik.
Hätte die DDR ohne die Russen und ohne massive Gewalt den 17. Juni 1953 und die vielen weiteren Jahre überlebt?
Ganz gewiss nicht. Politisch und wirtschaftlich gab es jetzt Anzeichen, dass sich dringend und schnell etwas ändern musste. Unsicherheit unter den Genossen machte sich breit. Einige befürworteten den neuen Kurs der Sowjetunion mit Glasnost und Perestroika und andere klammerten sich weiter an Phrasen und alte Sprüche. Aber etliche Mitglieder hatten jegliche politische Orientierung verloren. Die Transparente mit der Aufschrift: Von der Sowjetunion lernen - heißt siegen lernen!, die in allen Städten und Gemeinden an Gebäuden, in Schaufenstern, auf Bahnhöfen, Schulen und an einigen Fassaden von Werktoren hingen, wurden nächtens abgehängt, aus dem Verkehr gezogen. Sie waren offensichtlich der Partei zu heiß geworden. Von der Sowjetunion sollten wir plötzlich nicht mehr siegen lernen.
Der Lauf der Geschichte schien sich von selbst zu beschleunigen. Tausende von Familien benutzten einen angeblich geplanten Urlaub und flohen über die Tschechoslowakei und Ungarn nach Westdeutschland. Eine dramatische, spannende und gleichzeitig tragische Fluchtwelle begann.
Über das Westfernsehen konnte man die Entwicklung verfolgen.

Die Betonköpfe des Politapparates nahmen das zur Kenntnis, sahen aber keine Notwendigkeit für eine Veränderung der Verhältnisse. Die Parteiverantwortlichen im Politbüro trauerten den flüchtenden Bürgern keine Träne nach. Das war die garstige Terminologie der Funktionäre im Ostfernsehen.
Uneinsichtig und völlig weltfremd haben sie weiter wie auf der untergehenden Titanic die Musik spielen lassen. Sangen ihre alten Kampflieder, brüllten ihre Parolen und schworen weiter mit der geballten Faust auf die Sozialistische Einheitspartei Deutschlands und deren Führungsanspruch.
Die Mauer würde noch in 100 Jahren stehen! Sie feierten hemmungslos den 40. Geburtstag der DDR mit Rotkäppchen-Sekt und lukullischen Leckerbissen wie bisher. Nahmen sie nicht zur Kenntnis, dass vor der Tür der großen Geburtstagsfeier im Palast der Republik Tausende von Menschen demonstrierten? Diese verlangten sofortige Veränderungen von den Herrschenden.
Am 9. Oktober 1989 protestierten über 70.000 Menschen in Leipzig friedlich gegen diese SED-Diktatur. Sie haben ausgesprochenen großen Mut bewiesen. Sie konnten noch nicht wissen, dass die bis an die Zähne gerüsteten bewaffneten Organe nicht schießen würden.
Sicher wäre es zu einem noch größeren Blutbad als am 17. Juni 1953 gekommen. War es nicht den Russen zu verdanken, dass es nicht passierte? Sie fuhren keine Panzer mehr auf und hatten kein erkennbares Interesse mehr an dieser ruinösen Wirtschaft. Hatten in den Jahren genügend Reparationen herausgepumpt, besaßen selbst viele politische und wirtschaftliche Probleme und wollten kein Risiko mehr eingehen.
Der neue Chef der Sowjetunion, Michail Gorbatschow, wurde zu einem gefeierten Helden und Hoffnungsträger für die Menschen.
Das Neue Forum rief in Berlin zu einer friedlichen Demonstration am 4. November 1989 auf dem Alexanderplatz auf.
Ich war dabei.

Von Hohenschönhausen wollte ich mit der Straßenbahn zum Alexanderplatz fahren, doch schon am S-Bahnhof Greifswalder Straße ging es nicht mehr weiter. Alle Bahnen standen still. Es waren Massen von Menschen unterwegs zur Kundgebung.
So viele Menschen an einem Ort versammelt hatte ich noch niemals vorher gesehen. Es sollen schätzungsweise eine Million Menschen gewesen sein, die größte Versammlung, die es jemals in der Geschichte Deutschlands gab. Ich war überaus berührt, es waren bewegende Momente in meinem Leben.
Was musste alles geschehen, damit sich so viele Menschen gegen diesen Staat mobilisierten und sich auf die Straße trauten? Niemand hatte mehr Angst vor der Obrigkeit, vor den Diktatoren der sozialistischen Arbeiter und Bauernmacht. Allen Rednern hörte ich aufmerksam zu. Der Schriftsteller Stefan Heym sprach mir aus dem Herzen, indem er sagte:

„Es ist, als habe einer die Fenster aufgestoßen. Nach all den Jahren der Stagnation – der geistigen, wirtschaftlichen, politischen; in den Jahren von Dumpfheit und Mief, von Phrasengewäsch und bürokratischer Willkür, von amtlicher Blindheit und Taubheit!"

Mir standen die Tränen in den Augen. Ich hatte mit reichlich mit meinen Emotionen zu kämpfen. Vieles, was ich erlebt hatte, rollte plötzlich wie ein Film vor meinen Augen ab. Heym traf mit seinen Worten genau ins Schwarze, in die Geschichten und Erfahrungen der anwesenden Menschen. Wie musste ich mich zusammenreißen, um nicht auf offener Straße als 51-jähriger gestandener Mann zu heulen.

Es gab auch andere Redner, die keinen Beifall, sondern nur Buh- und Pfui-Rufe von den Demonstranten ernteten.
Dazu gehörten Günter Schabowski und der ehemalige Generaloberst des Staatssicherheitsdienstes, Markus Wolf. Sie hatten in den Reden noch versucht, politische Scherben zu kitten.

Die Zeit war längst überschritten, um noch etwas aus ihrer irrealen Welt hinüberzuretten. Wir standen dicht gedrängt auf dem Alexanderplatz. Direkt neben mir stand ein 25 bis 30 Jahre junger Mann. Er regte sich auf, weil ich bei Markus Wolf mit gepfiffen hatte und meinte zu mir, ich solle nicht pfeifen, sondern besser zuhören, was der Genosse Wolf uns zu sagen hätte. Ich sah diesen jungen Mann von oben bis unten an.
Er hatte die Physiognomie und passte genau in das Profilbild eines Stasi-Spitzels. Ich sagte zu ihm:
„*Kein Wolf hat uns mehr etwas zu sagen. Wissen Sie, junger Mann, wir haben viel zu lange solchen Phrasendreschern der Partei zuhören müssen und viel zu lange geschwiegen. Jetzt reden wir und pfeifen auf das Gewäsch. Es ist zu spät für dich, mein Junge, deine Zeit ist abgelaufen.*"
Neben mir stehende Demonstranten haben mit Applaus zugestimmt. Darauf bemühte er sich gleich einen anderen Standort zu finden. Es war also zu erkennen, dass sich Stasi-Jüngelchen unter das Volk der Demonstranten mischen mussten. Trugen sie noch geladene Pistolen? Wir wussten es nicht.
Was konnten sie noch ausrichten gegen diese gewaltige Übermacht von politischen Gegnern?
Auf dem Nachhauseweg dachte ich, gar nicht schlecht, wenn möglicherweise viele Hunderte von diesen Stasi-Butlern ungewollt zusätzlich dazu beitrugen, dass die Gemeinschaft der Demonstranten noch größer wurde. Es zählte jeder mit bei der nicht mehr aufzuhaltenden Wende.
Wir erlebten äußerst aufregende Tage und Wochen. Überall zog wie ein nicht aufzuhaltendes Feuer die friedliche Revolution über das ostdeutsche Land.

Schlagartig wurde in meiner Feldmarkschenke an der Bar diskutiert. Ehemals zurückhaltende, fast stumme Stammgäste brachten laut ihre Meinung gegen diese Staatsmacht zum Ausdruck. Wie ein Wunder hatte keiner mehr Angst vor ungebetenen Zuhörern. Die Sprachlosigkeit schien endlich beendet.

Am 9. November 1989 kam das Unfassbare:
Zu Hause im Fernsehen sah ich die Übertragung der legendären Pressekonferenz und hörte die Worte von Schabowski. Ohne Erfüllung von Voraussetzungen konnten DDR-Bürger jetzt reisen. Sofort. Konnte das wahr sein? Ein Halleluja für alle Wartenden! In dieser Minute nach diesem Satz von Schabowski war ich zutiefst überzeugt: Damit wurde das Ende der DDR eingeläutet. Das hätten viele Parteichefs und Apparatschiks nicht vermutet, weil sie ständig die Komplexität der politischen und wirtschaftlichen Verhältnisse unterschätzt, und die katastrophale Lage im Lande nie wirklich erkannt hatten.
Mit Tränen in den Augen rief ich meinen Freund und Stellvertreter Micha im Restaurant an und berichtete, was los war. Noch heute weiß ich, wie mir die Hand an der Wählscheibe des Telefons zitterte. Er solle sich bitte, wenn Feierabend ist, beeilen, wir würden heute Nacht noch über die Grenze gehen und meine ehemaligen Kollegen in Westberlin besuchen. Nachts etwa um 01:30 Uhr standen wir am Prerower Platz in Hohenschönhausen und warteten auf eine Taxe. Immer mehr Menschen kamen, die ungeduldig warteten und schließlich doch zu Fuß zur S-Bahn gingen.
Nun kam eine junge Frau mit einem kleinen, etwa 2 bis 3 Jahre alten Jungen und zwei großen Koffern. Sie wollte ebenfalls eine Taxe. Ich fragte sie: *„Wo wollen Sie denn hin, jetzt in der Nacht mit den Koffern?"* Sie antwortete: *„Die Grenzen sind vielleicht nur eine Nacht auf, ich will unbedingt weg von hier, ich kann hier nicht mehr leben."* Ich erwiderte: *„Jetzt brauchen Sie keine Sorgen mehr zu haben, das System ist gestorben. Die DDR wird bald Geschichte sein. Die Grenzen können niemals mehr dichtgemacht werden. Lassen sie mal ihre Koffer zu Hause."*
Mit meinem Freund Micha erlebte ich die Euphorie, die ungeheuren Szenarien, die sich am Grenzübergang Invalidenstraße abspielten. Die Freude war unbeschreiblich.

Man sah in die verdatterten, verblüfften Mienen der uniformierten Grenzsoldaten. Manche standen wie paralysiert da. Aus aktiven schussbereiten Grenzorganen wurden von jetzt auf gleich Komparsen. Sie wussten nicht, ob sie mitjubeln oder trauern sollten. Es wurde nichts mehr befohlen.
Nun schämte ich mich nicht mehr meiner Tränen. Freudentränen, wohin man sah, von alten und jungen Menschen.
Am Kurfürstendamm brach der Autoverkehr zusammen. Hunderttausende jubilierten und feierten in der Nacht und tanzten zusammen mitten auf der Straße. Man muss Zeuge gewesen sein, um dieses unbeschreibliche Glücksgefühl jemals nachzuempfinden. Immer wieder fielen sich völlig unbekannte Menschen in die Arme. Überall Begeisterung und riesige Freude.
Wir besuchten zwei alte Ost-Freunde von mir, die sich schon 1973 im Kofferraum eines Pkws nach Westberlin schleusen ließen und die ich durch den Mauerbau nicht mehr sehen konnte. Sie hatten in Westberlin ein Lokal.
Es war der „Oldtimer" in Charlottenburg. Beim Betreten des Lokals gab es ein Freudengeschrei. Eine unbeschreibliche Wiedersehensfreude nach so vielen Jahren mit Peter und Wolfgang. Nach dem wir uns aus der Umarmung gelöst hatten, wurde getanzt und gejubelt. Die Getränke wurden für alle Gäste gratis verabreicht. Es war die Nacht der Nächte.
In den nächsten Tagen überschlugen sich die politischen Ereignisse. Der Name der verhassten Stasi wurde geändert und sollte von nun an nicht mehr Staatssicherheitsdienst, sondern Amt für nationale Sicherheit lauten. Auch neue Namen konnten die Entwicklung nicht bremsen. Die Menschen misstrauten allen Versprechungen, die von den ehemaligen Bonzen kamen. Viele Bürger konnten sich noch an die Versprechungen vom 17. Juni 1953 erinnern: *„Niemand wird bestraft!"* Auch an die Lügen von Walter Ulbricht zum Mauerbau in der Pressekonferenz im Juni 1961: *„Niemand hat die Absicht, eine Mauer zu errichten!"* Zwei Monate später wurde sie gebaut.

Für Montag, den 15. Januar 1990, rief das Neue Forum zu einer Demonstration um 17 Uhr vor der Stasi-Zentrale in Lichtenberg auf. Meine Mitarbeiter baten mich, dabei sein zu dürfen. Darüber informierte ich telefonisch meinen neuen Direktor: *„Das gesamte Gaststättenkollektiv, alle meine 14 Mitarbeiter, möchten an der Kundgebung, der Demonstration vor der Stasi-Zentrale teilnehmen."*
Er: *„Ihr seid wohl ganz und gar verrückt geworden, was ist den in euch gefahren, dem wird niemals stattgegeben!"*
Ich solle mir das bestens überlegen, um nicht als Rädelsführer bestraft zu werden. Total aufgelöst kam er in das Restaurant und fragte mich erneut, ob das unglaubliche, provokatorische Vorhaben tatsächlich ernst gemeint war.
„Ich werde dich bestrafen, wenn du nicht davon ablässt!"
„Wie willst du mich noch bestrafen? Denk bitte daran, eure Zeit mit dem HO-System ist bald abgelaufen, ihr werdet nicht mehr gebraucht!" Er merkte, ich ließ mich nicht davon abbringen. Nachdem er telefoniert hatte, begann er unbeholfen nachzugeben. Er meinte: *„Na ja, also wenn ihr um 16 Uhr dort unbedingt hingehen wollt, dann bringe bitte an die Tür ein Schild an:* Wegen Inventur geschlossen! *„Nein",* meinte ich, *„warum immer weiter lügen?"* Ich wollte ein Schild anbringen mit der Aufschrift: Wir sind alle bei der STASI!
Der Direktor diskutierte mit mir, bis wir uns darauf einigten, ein Schild: Aus technischen Gründen geschlossen! anzubringen. Sein letzter Wille war: Nach der Demonstration spätestens ab 20 Uhr sollten wir wieder öffnen.
Ich erlebte mit den Kollegen zusammen die Stürmung der Stasi-Zentrale in der Normannenstraße in Lichtenberg.
Wir haben pünktlich um 20 Uhr geöffnet, arbeiteten wie immer und taten so, als wäre nichts geschehen.
Gleich fünf Minuten nach 20 Uhr kam der Genosse Direktor und kontrollierte zur vereinbarten Zeit die Öffnung der Gaststätte. Er sprach nicht ein Wort mit mir darüber, welche Szenen wir in der Stasi-Zentrale erlebt haben.

Der Schluss könnte ein Treppenwitz meiner Lebensgeschichte sein, wenn es nicht so ernst wäre.
Ausgerechnet im Saalbau Friedrichshain, wo ich viele Jahre tätig war, gab es den sogenannten verbalen „Todesstoß" für die Handelsfunktionäre. Ich wurde von dem Wirte-Sprecherrat der einzelnen Stadtbezirke gewählt, um die vorbereitete Rede zu halten. Vor 1000 Gastronomen und Gastwirten sprach ich am Freitag, dem 9. März 1990, frühmorgens pünktlich um 8 Uhr vor dieser versammelten großen Mannschaft. Jeder Stuhl war in dieser morgendlichen Frühe im Saal besetzt. Diese Veranstaltung war einmalig in der Geschichte der Gastronomie.
Im Präsidium nahmen sechs noch im Amt befindliche Funktionäre einschließlich des Stadtrates für Handel und Versorgung, Genosse Herbert und dem Hauptdirektor der HO-Gaststätten Berlins, Genosse Erich Weber, Platz.
Es herrschte eine überaus emotionsgeladene Atmosphäre. Der Saal kochte vor Wut über das jahrzehntelange Missmanagement, über die Unfähigkeit und Großkotzigkeit der Funktionäre in der Gastronomie. Die Stunde war endlich gekommen, dass wir uns nichts mehr gefallen ließen.
Als erster Redner begann ich am Rednerpult laut ins Mikrofon:
„Dieses System der Gastronomie ist zu Ende! Jetzt rufen wir: Weg mit euch, die ihr uns 40 Jahre lang belogen, betrogen und ausspioniert habt! 40 Jahre Verteilung des Mangels mit Maßnahmenplänen sind endgültig genug. Wir wollen euch nicht mehr folgen und wir folgen euch nicht mehr! Die Gesinnungsschnüffelei ist unwiderruflich vorbei!"
Die Funktionäre, die im Präsidium saßen, waren fassungslos, aber unter den 1000 Gastronomen brach erst einmal ein stürmischer, lang anhaltender Beifall aus.
Ich habe geschildert, wie viele Steine den Gastronomen in den Weg gelegt wurden, die eine gute und akkurate Gastronomie über 40 Jahre verhinderten. *„Sozialismus und Gastronomie passen nicht zusammen."*

„Es darf nie mehr zugelassen werden, das die Partei über unsere Arbeit in der Gastronomie entscheidet.
Es gibt keine Alternative zu einer Privatisierung, um die Arbeitsplätze unter den neuen Bedingungen zu erhalten. Alle Restaurants und Kneipen müssen Privatbesitz werden!"
(begeisterter Beifall)

Noch in dieser Versammlung versuchte man, unserer Forderung entgegenzuwirken. Die Chefökonomin von Berlin wollte uns mit ihrer Rede überzeugen, dass eine Privatisierung der Restaurants nicht möglich wäre, da wir keine Ahnung von der Betriebsabrechnung hätten. Außerdem keine Löhne der Mitarbeiter berechnen könnten. Das wäre eine Arbeit, die nur von Mitarbeitern der zentralen volkseigenen Verwaltungen zu bewältigen wäre. Welche armseligen und schäbigen Gedanken äußerte die noch immer scheinbar überzeugte Genossin?
Sie wurde teilweise mit beleidigenden Zwischenrufen und Häme verspottet, machte sich unglaublich lächerlich vor allen Gastronomen. Hatte sie noch nie etwas von Steuerberatern gehört? Der Hauptdirektor, Genosse Weber, dem zu diesem Zeitpunkt etwa noch 16.000 Beschäftigte in der Ostberliner Gastronomie unterstanden, schlug uns, dem Sprecherrat, eine Holdingorganisation vor. Das lehnten wir kategorisch ab. Wollte er diese zentralen Strukturen, die Machtbefugnise und seinen Sessel retten? Es hätte sich kaum etwas geändert.
Er kassierte dafür reichliche laute Pfiffe und Buhrufe von allen Versammelten.
Schließlich stellten wir ein Ultimatum, forderten seinen Rücktritt und drohten mit Streik, sollte es nicht zu einer Privatisierung kommen. Als Genosse Weber ins Mikrofon seinen Rücktritt in Aussicht stellte, gab es Freudenausbrüche und ein anhaltendes beispielloses Gejohle von allen Versammelten. Viele sprangen wie verrückt von ihren Stühlen, klatschten stürmisch und riefen:
„Endlich, na endlich begreift der die Zeit!"

HO-Wirte schäumen: Chefs weg oder Streik

Die 1000 staatlichen „HO"-Gastwirte wollen Montag ihren Gästen den Zapfhahn abdrehen, drohen mit Streik. Am Wochenende gibt's eine Urabstimmung, bei 75 % Zustimmung bleiben die Kneipen zu. Grund des Aufstandes: Die Wirte fordern den Rücktritt der „HO"-Chefs. Der Sprecherrat der Gastwirte: „Alle Kneipen müssen Privatbesitz werden. Nur dann können sie wirtschaftlich arbeiten und Arbeitsplätze erhalten." Die Streik-Androhung zeigt schon Wirkung: „HO"-Hauptdirektor Erich Weber hat seinen Rücktritt in Aussicht gestellt."   mvs

Einer von vielen Zeitungsberichten über die Zusammenkunft der Gastronomen im Saalbau

Nach einigen zähen Beratungen am runden Tisch mit der HO-Zentrale gelang es endlich Einigungen zu erzielen.

Die Privatisierung war die einzige Möglichkeit, die Karre aus dem Dreck zu ziehen. Volkseigentum und volkseigene Betriebe wurden durch die Treuhand verkauft. Jetzt kam man kaum hinterher, um möglichst schnell die Firmen unter die Haube zu bringen. Wie man schon lange weiß, mit vielen Fehlern.
Niemals vorher gab es Erfahrungen oder Beispiele für ein solches kolossales Vorhaben. Einen ganzen maroden Staat mit vielen wettbewerbsunfähigen Betrieben abzuwickeln.
Das rief scharenweise Glücksritter, Zocker und Spekulanten aus dem Westen auf den Plan. Hatten sie alle das ehrliche Bedürfnis, die ehemaligen volkseigenen Betriebe wieder auf die Beine zu bringen? Ich vermutete das nicht.
Aber ich glaubte immer noch daran, bevor die Glücksjäger aus dem Westen einfallen würden, müsste mir doch ein kleiner Teil von dem versprochenen Volkseigentum gehören. Ich war ja vom ersten Tage an Bewohner dieses Staates und sozusagen Miteigentümer. „Zum ersten Male in der Geschichte Deutschlands gehört dem Volk das gesamte Eigentum des Staates!" Wie oft mussten wir uns das in den 40 Jahren anhören oder auch lesen? Das erste Mal hörte ich das schon als Page.
16 Millionen Menschen, das sind 16 Millionen Eigentümer. Da müsste doch jedem Bürger ein 16-millionster Teil gehören? Oder? Weit gefehlt! Pustekuchen. Volkseigentum stand nur auf dem Papier. Es gehörte wie die „Überlegenheit des Sozialismus gegenüber dem Kapitalismus" zu der 40-jährigen Märchenstunde der Politbesessenen.

Mein Restaurant konnte ich kaufen, musste die gesamten Mobilien als Abfindung teuer bezahlen.
Vertreter der Treuhand versuchten noch, zusätzlich zu dem vereinbarten Verkaufspreis, ein dickes Trinkgeld von mir unter dem Tisch herauszuschlagen. Da musste ich sie leider enttäuschen.
Als ich zum ersten Mal meinen lang ersehnten Gewerbeschein in der Hand hielt, gehörte ich zu den glücklichen Menschen.

Die Feldmarkschenke wie auf Seite 227 jetzt Privatrestaurant

Am Freitag am 1. Juni 1990, schon einen Monat vor der Einführung des Westgeldes, eröffnete ich stolz mein eigenes privates Restaurant. Für Sonnabend, den 30. Juni 1990, dem Abschiedstag für unser so belächeltes Ostgeld, organisierte ich einen Tanzabend mit der entsprechenden Ausgestaltung und

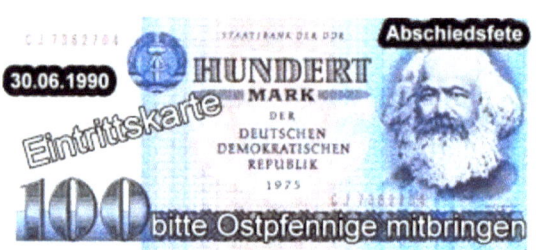

dem lang ersehnten Titel im Berliner Jargon: „Abschiedsfete von der Ostknete."

Wir waren bis zum letzten Stuhl ausgebucht.
Mehr als zu jeder Silvesterfeier brach pünktlich um 0 Uhr von den Gästen ein unbeschreiblicher Jubel aus. Sie warfen verschwenderisch Ostpfennige, die sie überreichlich in Beuteln und Tüten mitgebracht hatten, nach oben über die Köpfe der Tanzfreudigen. Um die Missachtung des Geldes zu verdeutlichen, trat man die Alu-Chips demonstrativ beim Tanzen mit den Füßen. Eine kleine Abrechnung mit dem System.

Der 1. Juli 1990 war ein sonniger, warmer Sonntag. Es war der Tag der Einführung des begehrten Westgeldes.
Für alle volkseigenen HO-Gaststätten waren noch keine Westpreise geplant und deshalb waren sie auf Anweisung geschlossen. Weit und breit war lediglich eine neue Privatgaststätte, meine „Feldmarkschenke" in Hohenschönhausen geöffnet.
Viele Gäste kamen mit den soeben von der Bank erhaltenen poppigen, noch warmen Scheinchen geraden Schrittes in stimmungsvoller Laune zu mir, um diese Freude zu begießen. Trotz des erheblichen, außergewöhnlichen Umsatzes an diesem Tage hielt sich meine Euphorie in Grenzen.
Mir war klar, der Glücksrausch würde bald verflogen sein, und dann würde es Konkurrenz geben. Nur wenn wir eine vortreffliche Gastronomie unter Beweis stellten, würden wir zum ersten Mal die Früchte unserer Arbeit selber ernten dürfen.
Eine funktionierende Klimaanlage und neue moderne Küchentechnik waren nun das Notwendigste, in das ich investieren musste. Die 50 Blusen und die 50 Röcke habe ich der Arbeiterwohlfahrt gespendet. Die überflüssigen Umkleideschränke aus Metall wollte niemand geschenkt haben, sie landeten auf dem Schrottplatz. 43 dicke Aktenordner mit diversen Anweisungen und Maßnahmen und die schönen Verpflichtungen des sozialistischen Wettbewerbes flogen im hohen Bogen in die Müllcontainer. Dazu gehörten auch diverse „Bestellkataloge", die ihren Namen niemals verdienten.
Der große Aufenthaltsraum für die Mitarbeiter und die überdimensionierten Umkleideräume wurden in Galerien Galerien ungewandelt. Wie mit einem Paukenschlag über Nacht wurden die akrobatischen Höhen- und Tiefflüge aus dem Versorgungszirkus verbannt. Es gab ab sofort stabile Verhältnisse des Warenangebotes, wie ich sie schon als junger Mann in Westberlin kennenlernen durfte. Meinen Gästen konnte ich nun eine gute, abwechslungsreiche Küche und einen vorbildlichen Service präsentieren. Die gastronomische Ausbildung im ehemaligen Hotel Adlon zahlte sich erstmalig aus.

Das Restaurant habe ich noch über 10 Jahre nach dem Mauerfall sehr erfolgreich bis in mein Rentenalter hinein geführt.
Alle Arbeitsplätze konnte ich erhalten und die Mitarbeiter am Gewinn beteiligen.
Es wurden 50 Jahre Gastronomie, zu DDR-Zeiten so, wie sie hoffentlich nie wieder und von niemandem mehr erlebt werden. Nach der Geschäftsübergabe mit vollen Auftragsbüchern an meinen Nachfolger blieben mir noch schöne Jahre, in denen ich viele Orte der Welt von Sylt bis Südamerika kennenlernen durfte. Abgesehen von der großen Freude über das Kriegsende 1945, war der 9. November 1989, der Tag des Mauerfalls, der schönste Tag meines Lebens. Ein Happy End nach der heillosen, langen Misere.
Der Traum meines Vaters, dass Lutter & Wegner wiedereröffnet wird, ging in Erfüllung, auch wenn er es nicht mehr erleben konnte. Der Traum seines Sohnes Wolfgang ebenfalls.
Das HOTEL ADLON wurde neu geboren.

Das neue HOTEL ADLON wurde am 23. August 1997 eröffnet.

Nachwort

Viele Bürger hatten sich in der DDR eingerichtet und mit dem politischen System abgefunden. Sie beklagten sich nicht über soziale Missstände. Jeder hatte seinen festen Arbeitsplatz mit einer geregelten Arbeitszeit. Außer ums Kinderkriegen kümmerte sich der Staat um alles. Von der Wiege bis zur Bahre. Niemand hat hungern müssen. Im Gegenteil.
Die DDR wollte den Westen im Verbrauch von Fleisch überholen und schaffte das auch. Der Pro-Kopf-Verbrauch von Fleisch betrug in der DDR 1955: 45 Kilo, 1988: fast 90 Kilo.
Es gab Schwierigkeiten, den weiteren hohen Anstieg zu decken. Der Verbrauch lag in der Bundesrepublik bei etwas über 70 Kilo. Im Bierverbrauch lag die DDR schon 1980 mit 138 Liter an der Weltspitze, und der Spirituosenverbrauch war dreimal höher als im Westen. Man trank mehr Alkohol als in Polen oder in der UdSSR. Wohl eher ein zweifelhafter Wohlstand.
Dennoch brachte die sozialistische Planwirtschaft bis zur politischen Wende 1989, eine beispiellose Mangel- und Kommandowirtschaft hervor.
Seit Beginn der Deutschen Demokratischen Republik gehörten Engpässe, Fehlplanungen und Verschwendungen zur Tagesordnung oder lösten sich gegenseitig ab.
Hätten nicht sowieso eines Tages die geringe Arbeitsproduktivität, die Wettbewerbsunfähigkeit auf dem Weltmarkt, die marode Technik und das perfide, hinterlistige Überwachungssystem zum Kollaps geführt?
Wem nützt ein Staat mit billigen Brötchen, Bier und Wodka und billigsten Mieten, wenn dem Staat die Leistungsfähigkeit, die volkswirtschaftlichen Einnahmen und die Konvertibilität der Währung fehlen?
Waren es nicht ursächlich die politischen und zentralistischen Strukturen, die der Entwicklung jeder Individualität im Wege standen?

Wer als Koch oder Kellner aus der DDR in der Welt berufliche Erfahrungen sammeln wollte, hatte dazu keine Möglichkeiten.

Die Welt war verbaut.

Wer es trotzdem gegen den Willen des sozialistischen Staates versuchte, wurde eingesperrt oder an der Grenze erschossen. Der letzte an der Mauer von der DDR erschossene Bürger war ein Kellner:

Chris Gueffroy †

Er war 20 Jahre alt und wollte am 5. Februar 1989 über die Mauer nach Westberlin fliehen.
Chris arbeitete im Restaurant Moskau.
Seinen Wunsch die Welt zu bereisen verhinderte mit Gewalt der real existierende Sozialismus.

Neue verbesserte Auflage 13. August 2016
Herstellung und Verlag:
BoD – Books on Demand, Norderstedt
ISBN 9783741276774